中國遠征軍系列叢書

叢書主編◎周惠民

東南亞戰場的
情報與敵後工作

吳淑鳳
李道緝 主編

政大人文中心

政大出版社
Chengchi University Press

國家圖書館出版品預行編目（CIP）資料

東南亞戰場的情報與敵後工作 / 吳淑鳳, 李道緝, 陳穎
賢, 彭思齊, 廖文碩, 鄭宏興, 鄺智文著 ; 吳淑鳳, 李道緝
主編. -- 初版. -- 臺北市 : 國立政治大學政大出版社, 國
立政治大學人文中心出版 : 國立政治大學發行, 2022.12
　　面；　公分. --（中國遠征軍系列叢書）
　　ISBN　978-626-97015-1-3（平裝）

　　1.CST: 第二次世界大戰　2.CST: 中日戰爭
　　3.CST: 軍事史

　　628.58　　　　　　　　　　　　　111021842

中國遠征軍系列叢書

東南亞戰場的情報與敵後工作

主　　編｜吳淑鳳、李道緝
著　　者｜吳淑鳳、李道緝、陳穎賢、彭思齊、廖文碩
　　　　　鄭宏興、鄺智文

發 行 人　李蔡彥
發 行 所　國立政治大學
出 版 者　國立政治大學政大出版社
合作出版　國立政治大學人文中心
執行編輯　朱星芸、黃瑜平
封面設計　蘇海、談明軒
地　　址　116011臺北市文山區指南路二段64號
電　　話　886-2-82375671
傳　　真　886-2-82375663
網　　址　http://nccupress.nccu.edu.tw

經　　銷　元照出版公司
地　　址　100007臺北市中正區館前路28號7樓
網　　址　http://www.angle.com.tw
電　　話　886-2-23756688
傳　　真　886-2-23318496
戶　　名　元照出版有限公司
郵撥帳號　19246890

法律顧問　黃旭田律師
電　　話　886-2-23913808

排　　版　弘道實業有限公司
印　　製　鴻柏印刷事業股份有限公司
初版一刷　2022年12月
定　　價　300元
Ｉ Ｓ Ｂ Ｎ　9786269701513
Ｇ Ｐ Ｎ　1011102371

政府出版品展售處
• 國家書店松江門市：104472臺北市松江路209號1樓
　電話：886-2-25180207
• 五南文化廣場臺中總店：400002臺中市中山路6號
　電話：886-4-22260330

目　次

叢書序

　　2017 年開始，國立政治大學人文中心便推動中國遠征軍的研究，執行「中國遠征軍與第二次世界大戰研究計畫」。近代以來，中國軍事技術發展滯後，抵禦外侮時經常力不從心。雖然在自強新政時期，李鴻章（1823-1901）等謀國之士不斷主張富國強兵，但積重難返。民國成立之後，政府也力求強化國力，聘用外國軍事顧問與採購武器，但多消耗於內鬥，面對強敵環伺，頗有力不從心之嘆。從 1931 年起，日本即不斷蠶食鯨吞，由東北而華北，半壁河山，都在日本陰影之下。1937 年，國人已忍無可忍，讓無可讓，盧溝橋事變與淞滬會戰向日本宣示抗戰的決心。

　　1941 年底，中國已經獨立抗戰四年，戰火燃燒中國，並無外援可恃，局勢相當緊急。就在此時，太平洋戰爭爆發，日軍揮兵東南亞，壓迫長期盤據當地的大英帝國與尼德蘭。大英帝國日漸窘迫，只得求助於中、美。政府乃決定派遣國軍，出境作戰，這也是近代以來，第一次有中國軍隊在異域與盟邦並肩作戰。幾場重要作戰中，遠征軍英勇表現，改變列強對中國軍隊的刻板印象，中國更成為第二次世界大戰後的五強之一，實至名歸。

　　政府遷臺之後，不斷整理出版第二次世界大戰的文獻檔案，提倡戰史研究，數十年來，成果非凡。但遠征軍的研究相對較為缺乏，原因不一而足：許多將領滯留大陸，評價不易；英、美等國檔案資料解讀困難。七十餘年後，幾番代謝，人事具成古今，而歷史勝跡，且待我輩復臨。

　　政治大學人文中心乃邀請學界俊彥，重新檢視遠征軍相關課題，並從太平洋戰爭乃至第二次世界大戰的角度，微觀與宏觀並進，檢討遠征軍的意義與影響。其微觀者如仁安羌作戰研究，將 1942 年 4 月 18、19 兩日仁安羌作

戰的實況，重新梳理。宏觀者如從英、美、德等國的檔案，觀察中途島海戰以後，太平洋戰區與第二次世界大戰各地戰區的關聯。

「中國遠征軍與第二次世界大戰研究計畫」分年依不同進程及步驟實施。第一年，由專家組建團隊，邀請青年學子參與，定期討論，舉辦期初論文研討會，凝聚共識，形成課題，包括：「遠征軍組織與編制」、「兩次入緬作戰行動」、「遠征軍與國際關係」、「緬北反攻影像實錄」等。第二年的期中論文研討，再廣邀學者，博訪周諮。第三年結案研討會之後，才將論文彙整出版。參與研究計畫的青年學者經過長期討論薰陶，也分別從外交、宣傳等角度，發表論文，頗有可採。

另一方面，人文中心多方蒐整國內外檔案，包含國史館、國家發展委員會檔案管理局、中央研究院近代史研究所檔案館、中央研究院臺灣史研究所檔案館、中國國民黨文化傳播委員會黨史館、中國第二歷史檔案館、日本國立公文書館亞洲歷史資料中心（国立公文書館アジア歴史資料センター）、英國國家檔案局（The National Archives）、美國國家檔案暨文件署（National Archives and Records Administration）、德國聯邦檔案館（Das Bundesarchiv）等重要檔案館所藏文書。自二次世界大戰結束以來的專刊、論文、報章等也在蒐集之列。此外，許多遠征軍官兵及其家屬也紛紛將所藏相片、文件等提供人文中心以為研究之用，一併統整建置成數位聯合目錄，裨益檢索之便。

三年多以來，研究團隊經過數十次的學術討論、三次大型研討會，將研究成果出版成書，分享讀者。計有專書 9 冊、檔案史料彙編 2 冊，集結為「中國遠征軍系列叢書」。付梓之際，特說明本叢書緣起，並祈高明不吝賜教，以補罅漏。

第一章
導論

　　古今中外的戰爭，如能獲得有效的情報，幾乎是戰場上的決勝關鍵，甚至有效的情報還能制敵機先，殺敵於無形，是戰場上不可忽視的戰力。然而情報是雙面刃，能制敵也會為敵所欺，最終端視決策者的判斷能否正確。因此，過往戰爭主要在戰場上以廝殺見真章，投注於情報工作的，較為有限。在時代快速變遷下，20 世紀已非往昔可比擬，甚至可以稱之為戰爭的世代。隨著熱戰規模擴大，不再只是兩國交戰，而是世界諸多國家捲入大戰，只有少數國家能真正中立，遠離戰火。在各國的合縱連橫、各方軍隊的跨境作戰下，敵我陣營的訊息傳遞與獲得，比過往的需求更為迫切，是以情報作戰在第一次世界大戰已受到矚目。至第二次世界大戰時，情報戰儼然成為正面戰場之外的另一個戰場。

　　對情報作戰情有獨鍾的，如英國首相邱吉爾（Winston Churchill, 1874-1965）、美國總統羅斯福（Franklin D. Roosevelt, 1882-1945）。1940年，英國成立特殊行動執行處（Special Operations Executive, SOE），屬於英國經濟戰部（Ministry of Economic Warfare），是英國在戰時成立的準軍事機構，獨立於英國海陸空三軍的情報作戰部門。美國總統羅斯福則鑑於英國特殊行動執行處的成效，於 1941 年 7 月批准成立情報協調局（Coordinator of Information, COI），由具有從政經驗和法律背景的情報人員唐諾文准將（William J. Donovan, 1883-1959）出任首腦，目的是搜集戰略情報。1941 年底太平洋戰爭爆發，美國參戰後，對情報工作予以強化，於 1942 年 5 月將情報協調局改組為美國戰略情報局（Office of Strategic Services, OSS），仍

由唐諾文主事，負責美國在全球的對外情報工作，並肩負游擊行動。[1]

　　早在 1940 年英國感受到日本南進政策的威脅，已命特殊行動執行處尋求與中國情報合作機會。次年因太平洋戰爭爆發，歐、亞戰場隨之合流，此時英、美深知在亞洲作戰必須取得亞洲戰場有用的情報，且需深入敵後才能贏得先機。然在人種、膚色及語言的限制下，英美人員難以潛入亞洲敵後地區從事情報工作，在亞洲尋求合作伙伴變得迫切。為此，英、美縱使清楚戰時中國的情報能力有限，仍不得不與中國情報合作，俾利作戰需求。因此，戰時中國與盟國的情報合作，是研究二戰時期情報作戰極為重要的課題，可相關研究卻不多見。

　　基於戰時中國並非鐵板一塊，在國民政府之外，有汪精衛（1883-1944）帶領與日本合作的政權，還有中國共產黨在邊區是中央鞭長莫及的，是以戰時英、美均嘗試與國共兩黨接觸。而本書囿於情報資料難覓、且研究領域尚有諸多空白，僅以國民政府在東南亞的情報作戰為研究範圍。

　　國民政府在黨國體制下，情報機構以中國國民黨中央執行委員會調查統計局（以下稱中統局）和國民政府軍事委員會調查統計局（以下稱軍統局）為主，也有基於特殊因素成立的組織，如王芃生（1893-1946）[2]領導的國際問題研究所（以下稱國研所）。[3]不過在七七事變前國民政府對海外情報的蒐集，主要依賴外交部派駐當地的使領館人員，如無邦交則為派駐當地商務或文化交流等辦事處人員，或由海外地區的國民黨支部、或該黨中央執行委員

1　因英、美領袖大力推動情報作戰，且相繼批准成立正規軍以外的機構專門進行這些工作，招致軍方和外交系統的情報人員的不滿。

2　王芃生，初名大楨，湖南醴陵人，曾留學日本陸軍經理學校高等科、東京帝國大學經濟學部，對日本古史、文化源流及政治得失多有研究，憑其專業參與華盛頓會議、魯案、濟南慘案之交涉，擔任顧問並進行遊說活動。九一八事變後，隨中國代表團赴國際聯盟控訴日本，曾任土耳其和日本大使館參事等職。

3　國民政府內專門負責偵譯密電的，有溫毓慶（1894-?）主持的「密電檢譯所」，毛慶祥（1898-1933）主持的「特種技術研究室」。由於電報截收、偵譯是情報工作項目之一，且密電檢譯所偵譯汪精衛政權電報成效頗為顯著，其資訊除上呈外，也分享軍統局、國研所，在情報工作方面有其貢獻。

會海外部（以下稱海外部）兼理。

　　外交部自 1927 年起增設情報司，1931 年國民政府改定《外交部組織法》，情報司成為外交部五司之一。[4] 1939 年修正組織法時，情報司仍維持於七司之列，執掌事項包括：蒐集國內外情報、宣傳外交政策、撰譯中外新聞稿件、招待接洽記者、編行出版物，以及其他屬情報事項。[5] 在 1939 年修正之《外交部處務規程》中，情報司設三科一室，其中三科業務均與出版、新聞宣傳、媒體接待有關，一室為「情報研究室」，負責國內外情報之蒐集研究、與他機關之情報聯絡交換，以及各使領館情報工作指導等事項。[6]

　　曾於抗戰末期擔任外交部情報司司長的何鳳山（1902-1997），回憶當時工作，認為應劃清「情報」與「特務」間之界線，情報司的職責是蒐集與研究情報，且著重於「外交」情報，駐外使節與館員就是情報員。何鳳山說情報司與「特務」的不同處，在於「特務」的對象包含「物」和「人」，而情報司的對象則是對「物」。[7] 因此，在何鳳山主導下，外交部情報司主要透過研讀國外書報雜誌，將研析需求向駐外的使領下達情報調查蒐集重點，以及維持與美國和他國新聞處、使領館聯繫等途徑，增加情報來源。相較國民政府其他情報機構的多元進行，情報司顯得較為「靜態」。[8] 何鳳山表示，外交人員在訓練與修養上，與情報人員存在差異，但外交人員「一旦外放，不論官階大小的外交官，在職責上都是外交部的情報員，駐外的使領館，就是外交部的情報網，使節領事即是外交部駐外的情報專員」。換言之，何鳳山必

4　劉達人、謝孟圜，《中華民國外交行政史略》（臺北：國史館，2001 年），頁 54-55。

5　「立法院長孫科呈國民政府主席林森為請公布修正外交部組織法」（1939 年 9 月 1 日），〈外交部組織法令案（二）〉，《國民政府》，國史館藏，數位典藏號：001-012071-00116-004。

6　「外交部處務規程」（1939 年 10 月 13 日修正公布），〈外交部處務規程〉，《外交部》，國史館藏，數位典藏號：020-049912-0033。

7　何鳳山，《外交生涯四十年》（香港：香港中文大學出版社，1990 年），頁 156-157。

8　何鳳山，《外交生涯四十年》（香港：香港中文大學出版社，1990 年），頁 169。何鳳山工作成績斐然，曾於 1943 年獲得侍從室委員長國際情報考績第一名之鼓勵。

須承認外放的外交人員也是情報人員，只是得靠正當方法蒐集資料。[9]而此也說明外交人員和駐外武官在情報工作上，存在類似的侷限。

自中日開戰後，中統局、軍統局才赴海外布置，辦理情報工作。由於國民黨早先在海外經營黨務時，多由當地重要僑領協助，因此成立支部時邀請僑領擔任要職。對日作戰後始赴海外布站的中統局、軍統局想在當地推展工作，往往要借助這些僑領的人脈和資源，也因此部分僑領身兼數職。

隨著 20 世紀的軍事武器、技術與軍事理論的提升，連帶使得情報工作變得多元。據基根（John Keegan, 1934-2012）指出，情報戰有五個面向：蒐集（acquisition）、傳遞（delivery）、採納（acceptance）、研判（interpretation）、行動（implementation）。具體的項目除了偵查戰場上敵方的動靜外，還包含建立電臺通訊網絡、偵破譯敵方密碼、研究分析所得情報、進行心戰，以及執行祕密行動等。其中祕密行動如誘敵、暗殺敵方重要領袖、派遣人員潛伏敵區，或蒐集資料，或隨時待命打擊金融、進行破壞重要設施與交通要道等。更甚者，於敵後組織游擊部隊，從敵人掌控的區域阻滯或打擊敵軍行動。[10]國民政府初成為同盟國一員時，其情報工作的量能是跟不上英、美情報發展的腳步。但因英、美急切需要中方的助力，於是跨國的情報合作應運而生。如英國特殊行動執行處與國民政府國研所合作，美國海軍部、戰略情報局與軍統局共組「中美特種技術合作所」（Sino-American Cooperative Organization, SACO，以下稱中美合作所）[11]。中外合作模作大抵

9　何鳳山，《外交生涯四十年》（香港：香港中文大學出版社，1990 年），頁 167-168。

10　John Keegan, *Intelligence in War: Knowledge of the Enemy from Napoleon to Al-Qaeda* (London: Pimlico, 2004), pp. 3-4. 中統局和軍統局前身，即中國國民黨中央組織部調查科和三民主義力行社特務處，其人員的情報訓練除了自身學習外，受益於顧順章（1904-1935）的指導，而顧順章是以蘇聯為師。參見林威杰，〈顧順章「自新」與「中統」的發展〉，《國史館館刊》，第 68 期（2021 年 6 月），頁 109、112。

11　1942 年 5 月美國派海軍中校梅樂斯（Milton E. Miles, 1900-1961）來華商議中美友誼合作計畫，1943 年 4 月 15 日雙方在美國華府簽訂「中美特種技術合作協定」，同年 7 月 1 日依據協定成立中美合作所。簽約日期有二種說法，一為 4 月 15 日中美雙方代表正式在華府簽字後，由梅樂斯攜至重慶讓戴笠（1897-1946）於 6 月 22 日補簽。另一說為

是英、美方提供器材、資源、武器，或給予訓練等，而中方分享所得情報，或保護合作人員的安全。這些情報合作在盟國反攻緬甸前和從華南反攻時，間接地發揮助力。

　　由於情報工作多在檯面下進行，其資料如未公開，外界難以知曉，是以當前關於第二次世界大戰情報作戰的研究成果，不若戰史研究來得豐碩。所幸英、美於 1980 年代起陸續開放相關檔案，而當事人或公開自身資料或留下回憶錄，因此其情報作戰研究起步較早。[12] 國民黨也公布了海外分支黨部、部分海外部的資料，是以 21 世紀初已有不少學者就可見的材料，完成相關議題，部分研究雖非以情報工作為名，但仍可算是海外情報戰的研究先鋒。[13] 不過，有關軍統局的研究，在 21 世紀初還是停留在大量利用時人的回憶錄階段。可經由後來公布的檔案或以他國的史料比對，這些憶述說法常有謬誤。[14]

───────

　　雙方於 4 月 1 日正式簽字。參見吳淑鳳，〈軍統局對美國戰略局的認識與合作開展〉，《國史館館刊》，第 33 期（2012 年 9 月），頁 151。

12　如「美國國家檔案暨文件署」（National Archives and Records Administration, NARA）典藏美國戰略情報局檔案；美國史丹福大學胡佛研究所（Hoover Institution, Stanford University）典藏的梅樂斯文件（Miles Paper）內有中美合作所資料。時人回憶錄如 Milton E. Miles, *A Different Kind of War: The Unknown Story of the U.S. Navy's Guerrilla Forces in World War II China* (New York: Doubleday & Company, 1967); Wilma Miles and Hawthorne Daniel, Second Printing, Taipei: Caves Books, 1986. 中譯本為：梅樂斯著、臺灣新生報編輯部特譯，《神龍・飛虎・間諜戰：戴笠和看不見的中美合作戰爭》（臺北：臺灣新生報社，1979 年）。

13　張奕善，〈二次大戰期間中國特遣隊在馬來亞的敵後活動（1942-45）〉，《國立編譯館館刊》，第 2 卷第 2 期（1973 年 9 月），頁 192-236；李盈慧，〈淪陷前國民政府在香港的文教活動〉、劉維開，〈淪陷期間中國國民黨在港九地區的活動〉，收入港澳與近代中國學術研討會論文集編輯委員會編，《港澳與近代中國學術研討會論文集》（臺北：國史館，2000 年），頁 441-476、477-499；馬振犢、邱錦，〈抗戰時期國民黨中統特工的對英合作〉，《抗日戰爭研究》，2006 年第 3 期（2006 年 8 月），頁 160-192；金以林，〈戰時國民黨香港黨務檢討〉，《抗日戰爭研究》，2007 年第 4 期（2007 年 11 月），頁 83-106；馬振犢，《國民黨特務活動史》（北京：九州出版社，2008 年）；李盈慧，〈吳鐵城與戰時國民黨在港澳的黨務活動〉，收入陳鴻瑜主編，《吳鐵城與近代中國》（臺北：華僑協會總會，2012 年），頁 65-88。

14　過去中國大陸方面對軍統局的相關論述，多依賴沈醉，《軍統內幕》（北京：文史資料

　　1997 年國史館開放蔣中正（1887-1975）的檔案，其中包含情報機構領導人物的相關報告，也彙整相當豐富的各單位蒐集的報告，大幅提升情報研究的可能性。接續，2010 年底國防部軍事情報局[15] 與國史館合作，解密戰時軍統局的部分檔案，合作項目包含整編檔案、出版重要議題的史料彙編和研究案。[16] 2012 年春，由國史館開放這次合作的史料，此後，軍統局的神祕面貌得以揭露。可惜這批檔案多數缺乏文件生成時間，也因執勤人員的化名增添研究困難。此外，國家發展委員會檔案管理局自 2010 年代起陸續向軍事情報局徵集檔案，但新公布的案卷屬於 1940 年代的仍是少數。

　　至於中統局，除了中國國民黨黨史館、中國第二歷史檔案館外，主要典藏於法務部調查局。目前調查局的典藏尚需申請且是少人引用過的。可是這些典藏多為該局人員對中共的調查報告，少數旁及對其他黨派的調查報告和部分地區的經濟調查。[17] 其中雖有中統局的組織表，但不像軍統局有主事者戴笠的指示，或者來自人員的報告和戴笠對該案的批示。就中統局在臺灣所留存的材料來看，因缺乏該局實際運作的過程，想藉此開發中統局在二戰情報戰作為的研究，是有困難的。

出版社，1984 年），即如魏斐德（Frederic Wakeman, Jr., 1937-2006）的專著 *Spymaster: Dai Li and the Chinese Secret Services*（該書由梁禾譯為《特工教父：戴笠和他的祕勤組織》，臺北：時英出版社，2004 年），也不免受沈醉（1914-1996）說法影響。中央研究院近代史研究所兼任研究員張力曾利用新開放的材料，比對這些回憶文字，評述有違事實之處。參見張力，〈關於中美特種技術合作所的歷史記憶與論述〉，收入國防部軍事情報局編，《中美合作所誌》（臺北：國防部軍事情報局，2011 年，修訂 2 版），頁 205-221。

15　軍統局於 1946 年 8 月改組為國防部保密局，1955 年 3 月又改組為國防部情報局，1985 年 7 月再與國防部特種情報室合併成立軍事情報局。

16　研究案成果為吳淑鳳、張世瑛、蕭李居編，《不可忽視的戰場：抗戰時期的軍統局》（臺北：國史館，2012 年）。此書係由多位學者通力合作，運用當時解密的軍統局檔案，以設計主題方式說明戰時軍統局的作為，是應用軍統局檔案進行研究的先驅，惟因當時開放的檔案不夠完整，論述和觀照有所限制，也未能提及在海外的運作。

17　2020 年法務部調查局曾造訪國史館，因此機緣，筆者有幸參觀該局的典藏。另，國民黨黨史館的材料目前由國立政治大學圖書館代管、提供閱覽服務，有關大陸時期的文件與先前開放的差異不大。

　　研究二戰時期國民政府在東南亞的情報作戰，多受限於情報組織、人員和行動等檔案公開不足，縱使已有公開的檔案卻有斷簡殘篇或行動時間不明的困擾，以及難以善用當地語文材料作為參照的窘境。由於此一議題重要且具研究意義，遂有少數學者利用有限的史料從事研究，成果雖未能觀照全面，但得窺戰時情報戰一隅。[18]

　　戰時國民政府的情報工作是多頭馬車，呈送中央的報告龐雜紛亂。前已提及情報有效的關鍵在於判斷正確，為此，這項工作由軍事委員會侍從室第六組擔任，彙整從各地送來的情報，篩檢重點，或整併相關部分，再呈報軍委會委員長蔣中正，以供決策用。這部分的討論，可參見《無聲的要角：蔣介石的侍從室與戰時中國》和《戰爭中的軍事委員會：蔣中正的參謀組織與中日徐州會戰》二書，闡述軍委會辦公廳機要室體系和侍從室第六組在情報體系中的角色。[19] 是以本書不再著墨此一階段，僅分析戰時國民政府在東南亞戰場上的情報和敵後作為，並梳理其與美、英、東南亞殖民政權錯綜複雜的關係。

　　本書雖稱以「東南亞」為討論範圍，但實際著重與中國相鄰的中南半島，且以緬、泰、越、馬來亞為限，並兼及印度。本書所以稱「東南亞」，實與後來盟軍成立的「東南亞戰區」有關，且此戰區的設立影響了中國對外

18　王文隆，〈戰時中國國民黨在澳門情報工作初探（1941-1945）〉，《抗戰史料研究》，第1輯（2012年3月），頁74-84；王文隆，〈抗戰時期中國國民黨對緬甸的接觸與政策〉，「再認識與再評價：二戰中的中國與亞洲民族獨立運動學術討論會」，北京：中國社科院世界史研究所，2016年12月16-19日；廖智文，〈中國國民黨調查統計局在日本占領香港時期的情報活動，1942-1945〉，《國史館館刊》，第57期（2018年9月），頁39-78；廖文碩，〈情報與外交：從檔案論王芃生與國際問題研究所（1937-1946）〉，《成大歷史學報》，第56期（2019年6月），頁91-131；陳穎賢，〈太平洋戰爭時期中國在馬來亞的情報工作〉（臺北：國立臺灣師範大學歷史學系碩士論文，2019年）。在此仍條列有關香港與澳門研究，係因國民黨部和軍統局在境外布置重鎮是香港；其次，情報人員是流動的，情報戰的運作也不會固定於一地。

19　張瑞德，《無聲的要角：蔣介石的侍從室與戰時中國》（新北：臺灣商務印書館，2017年），頁71-136；蘇聖雄，《戰爭中的軍事委員會：蔣中正的參謀組織與中日徐州會戰》（臺北：元華文創，2018年），頁99-150。

的情報合作，故以「東南亞」稱之。二戰期間中南半島多屬歐洲的殖民地，唯一獨立的國家——泰國，當時在國際上亦稱暹羅（Siam）。[20] 本書為求統一，引文依原文，餘稱泰國。泰國與法屬越南（法國稱 Indochine française〔法屬印度支那〕，以下稱法越、越南）是魚米之鄉，且產石油、橡膠，是兵家爭奪之地。而印度位處南亞大陸，雖非東南亞、滇緬戰場前線，但隨著日軍攻占緬、馬等地，英屬印度的戰略地位益顯重要，甚至影響亞洲戰局。另外，盟軍從 1941 年 12 月在華府召開阿卡迪亞會議（Arcadia Conference）開始，就把印度納為東方戰場整體考量的一環，以致於後來新德里成為中緬印戰區統帥部所在地。對國民政府而言，當緬甸失陷後，中國部分遠征軍移師印度蘭伽基地，加上中國與英國戰略情報機構合作的敵後工作「136 部隊」（136 Forces），也是在印度整訓，因此印度和東南亞戰場實密不可分。

　　本書特別編入關於華僑的助力。過往的研究大多數側重華僑對中國在金錢、物資方面的援助，較少論及華僑青年在情報上的貢獻，特別是華僑青年的「第二故鄉」——東南亞地區也淪為日軍占領區後，在報效祖國抗戰的隊伍中，因僑民身分和通曉當地語言，乃被情報機構羅致，轉為情報工作效力。又因中外的情報合作是本書討論核心之一，然英、美除與中國合作之外，也各自在華自行發展情報組織。本書以專章探析英、美在華情報戰的競合，藉以多角度觀察此一時期盟軍情報作戰的複雜和矛盾。

　　本書集結多人的研究成果整編而成，除導論、結論外，分為五個單元。本書第二章〈西南國際交通線的籌謀和東南亞情報布置〉，論述國民政府在抗日戰爭前，已理解如不免一戰，中國沿海口岸勢將遭日軍封鎖，為免落入困境，一方面需打造由西南向外的國際運輸路線，一方面需與西南接壤的政權營造友好關係。在開拓西南對外交通上，國民政府戰前即想到可能內遷，屆時通往緬甸和越南的交通，將成為對日持久作戰的生命線，從規劃到催生西南國際線通路，方有日後的滇緬公路。而派赴西南行的王芃生藉著考察的

20　1939 年 6 月 23 日暹羅改國號稱「泰國」，1945 年 9 月 8 日國號改回「暹羅」，至 1949 年 5 月 11 日復改為「泰國」，並沿用至今。

機緣，帶領了國研所對緬、泰、越等地布建情報網絡。

第三章〈戰時另類的情報員〉，說明駐外機構人員和華僑因戰爭所需，參與了東南亞戰場的情報工作。前者以中日戰爭初期對泰為例，係因泰國是獨立國家，且位居中南半島樞紐，是中日積極爭取對象。此時國民政府對泰以交涉為主，同時關注泰國動向與日泰的互動，除情報機構外，中國駐曼谷商務專員也盡力達成使命。其次，東南亞華僑本因抗戰回國獻身軍旅，當日本席捲東南亞後，國民政府情報機構從華僑隊挑選人員，給予基礎訓練，派回僑居地從事敵後工作。由於搶運、搶購亦屬情報工作一環，受徵召組成的「南洋華僑回國機工服務團」，正是肩負滇緬公路的後勤運輸，進行搶運工作，這點是過往少被提及的。

第四章，〈中國對英屬緬甸的運用〉，承繼第二章對緬情報蒐集和布置，闡述 1942 年緬甸戰役前後中國對英屬緬甸的工作。為因應日本南進政策與中國西南國際線開發，緬甸政情成為國民政府情報工作的重點。以王芃生帶領國研所與英緬總督府的宣傳合作過程，分析雙邊的歧異，藉以說明這一在滇緬戰場的反日宣傳計畫夭折、未能推行原因，另陳述國民政府其他情報機構在緬的情報運用。

第五章，〈反攻緬甸前對英屬印度和泰越的工作〉，探析日本南進致中南半島和新、馬相繼淪陷，印度成為英、美、中三方外交活動和情報工作的重要場域，加上第一次緬甸作戰後，部分中國遠征軍撤退至印度組成中國駐印軍，印度軍政情報的重要性顯著提升。然因中英兩國在西藏事務的步調不一，以及中國涉入印度民族運動，中英雙方彼此並不信任。對國民政府而言，印度不像東南亞有著華人的網絡，展開情報工作頗有困難。另因英印政府抵制，是以在印情報機構需利用外交系統進行情報工作的掩護與傳遞。至於泰越，除評述太平洋戰爭爆發後的中泰關係外，亦分析美國組建入泰和入越的工作隊原委，藉以說明在反攻緬甸前中外情報作戰，觸及盟國在東南亞殖民的利益，乃由美國戰略情報局出面向軍統局表示，不願有中方人員加入，迫使軍統局無力在檯面上施展，有失中美情報合作本意。

第六章，〈在華的英美情報機構競合〉，分析英美兩國情報機構在中、

印、緬地區的情報作戰。[21] 英國在華機構中，以特殊行動執行處和英軍服務團（British Army Aid Group）在中緬印地區有較多活動。約同時期，美國戰略情報局私下發展，在華南設置地空技術處（Air Ground Forces Resources and Technical Staff, AGFRTS）為飛虎隊提供作戰情報。1944 年，隨著日軍一號作戰陷落廣西，英美情報機關被迫撤離。此後，美國由戰略情報局及空地支援組（Air Ground Aid Section, AGAS）進行情報作戰，並利用控制駝峰航線補給運量，以及中國戰區參謀長魏德邁（Albert C. Wedemeyer, 1897-1989）利用職權壓制英國情報機構等過程。

　　本書運用原始檔案和新史料，並輔以當事人的相關資料多元考察二次大戰時期中國、東南亞、印度三個地區在戰場上相互關連的情報作戰，有助於了解中國與盟軍在東南亞戰場情報合作上的曲折變化。同時見證國民政府情報人員在戰時複雜環境下，對反攻緬甸的努力和承受的困境，以及英美在華自行成立情報機構，彼此的利益矛盾和資源排擠，從而剖析盟軍之間的情報競合關係。

21　英美的情報機構亦負特種作戰，在本書以情報作戰統稱。第二次世界大戰前，英美兩國情報作戰機構便有所發展，英國在軍事情報局（Special Intelligence Service, SIS）外，籌設了特殊行動執行處因應特種作戰需求，而美國則以戰略情報局為主。

第二章
西南國際交通線的籌謀和東南亞情報布置

　　在抗日戰爭爆發前，中國有從西南地區開拓國際交通線的想法，而日本也有所預防，中日雙方早已著手調查布置。蔣中正於 1935 年 9 月派公路處長曾養甫（1898-1969）赴雲南考察，事後曾養甫建議應積極規劃滇緬交通，惟礙於外交困難，未有進展。1937 年 4 月，四川省主席劉湘（1890-1938）也聽取建議，有過打通川緬交通之念頭。日本方面分別派員赴中國東北和華南偵察中國可能的對外交通線，謀求有效封鎖策略。[1] 可見「維持 /切斷」國際交通線，在中日雙方整體戰略規劃中占著重要地位。不過這個戰略的形成，尚存許多待釐清之處，唯可先從國研所負責人王芃生對於滇緬戰略策定，和王芃生透過考察西南開啟國民政府於抗戰初期對東南亞情報的布建討論，以明輪廓。

一、王芃生的西南考察行

　　王芃生，是有名的日本通，其外交資歷頗豐富。[2] 蔣中正視王芃生為戰略情報[3] 和國際情勢分析的重要謀士，十分重視他對日本問題分析與情報蒐

1　李君山，〈抗戰時期西南運輸的發展與困境：以滇緬公路為中心的探討（1938-1942）〉，《國史館館刊》，第 33 期（2012 年 9 月），頁 61-63。

2　詳見《王芃生先生碑銘》，收入連震東等輯，《王芃生先生紀念集》（編者自刊，1966年），無頁碼；劉鵬年，〈王芃生傳〉，收入陳爾靖編，《王芃生與臺灣抗日志士》（臺北：海峽學術出版社，2005 年），頁 438-440。

3　鄭介民（1897-1959）1943 年所著《軍事情報學》界定情報工作的範圍概分為「假想敵

集的能力。[4] 1938 年蔣中正委以主持國研所重任，抗戰時期國研所可謂與軍統局、中統局並列之情報機構。時任職外交部情報司的何鳳山指出，該所名號雖為「國際問題」，但主要業務內容集中在蒐集日本情報及對日問題的研究與探討。[5] 雖然過去各界對王芃生及國研所呈報蔣中正情報的品質褒貶不一；[6] 但從抗戰伊始蔣中正即屢屢交付滇緬國際情報部署的重任，仍可看出蔣中正對王芃生的倚重。

　　國民政府對於西南交通線，僅 1935 年曾養甫曾奉命考察西南各省內、外交通，以及龍雲（1884-1962）等雲南省地方官員，較能清晰掌握雲南對外交通狀況。[7] 其他官員對國際交通線能有具體建議者則寥寥可數。就在曾養甫踏察西南之際，甫上任之駐土耳其使館公使賀耀組（1890-1961）也向蔣中正提出開拓西南國際路線的必要性。賀耀組綜合國際形勢、日本侵略政策及中國江海交通缺陷等因素，建議可趁剿匪澄清西南之機，進一步謀劃打

國」、「預想戰場」、「戰略情報」及「戰術情報」，其中「戰略情報」又可叫做「平時情報」，或戰時的「敵後情報」；「戰術情報」又可以叫做「戰場情報」。鄭介民該書封面曾請王芃生題字，可視為接近時人想法的情報認識。詳見鄭介民，《軍事情報學》（出版者不詳，1943 年），頁 15-21。

4　鄧文儀（1905-1998）回憶稱王芃生主持國研所「也常提供不少戰略情報及研判當時國際情勢，對我外交政策貢獻殊多」。詳見鄧文儀，〈芃生先生印象記〉，收入連震東等輯，《王芃生先生紀念集》（編者自刊，1966 年），頁 11。

5　劉曉鵬，〈敵前養士：「國際關係研究中心」前傳，1937-1975〉，《中央研究院近代史研究所集刊》，第 82 期（2013 年 12 月），頁 148；何鳳山，《外交生涯四十年》（香港：香港中文大學出版社，1990 年），頁 155。

6　時任侍從室第六組組長唐縱（1905-1981）曾批評「王芃生判斷敵情，從未應驗」；曾任國研所主任祕書的龔德柏（1891-1980）回憶，認為王缺乏情報判斷力；學者張瑞德根據六組考核資料說明，國研所「呈繳情報的重要性，無法和軍統、中統相比，甚至常作出錯誤的報告」。詳見公安部檔案館編注，《在蔣介石身邊八年：侍從室高級幕僚唐縱日記》（北京：群眾出版社，1991 年），頁 101；龔德柏，〈使我們失大陸的王芃生〉，收入陳爾靖編，《王芃生與臺灣抗日志士》（臺北：海峽學術出版社，2005 年），頁 265-266；張瑞德，《無聲的要角：蔣介石的侍從室與戰時中國》（新北：臺灣商務印書館，2017 年），頁 80-81。

7　林國榮，〈滇緬公路與戰時運輸（1937-1942）〉（嘉義：國立中正大學歷史研究所碩士論文，2018 年），頁 15-17。

通西南國際路線，並加強對英的外交關係，以為日後保留一線生機。這些意見賀耀組也和曾養甫討論過，但他無法同意曾養甫以為無須利用外力，就能於五年內達成開通國際路線之意見，並認為係曾不明白中日關係才有如此想法。賀以日本藉由《邊疆支那》雜誌所論列滇事而言，多有日本駐滇領事與武官專門從事中國西方之調查與監視相關內容，是以曾養甫的開發行動難逃日本耳目。賀耀組對西南國際交通線的構想，顯然係以整體區域情勢考量，提供蔣中正不一樣的戰略視野，蔣中正閱後甚認為賀耀組關於外交與經濟之意見，較其在國內時進步。[8] 值得注意的是，此時賀耀組在土耳其使館的主要幕僚之一，正是剛從日內瓦結束國際聯盟會議任務，擔任駐土耳其使館參事的王芃生。[9] 雖目前無法證明這份報告與王芃生有直接關聯，但身為使館重要幕僚，王芃生或多或少也會就其專業提供意見，或可能閱讀過這篇報告。因此，開發西南國際交通線的想法，此時應已在王芃生腦中構思成形。

　　中日戰爭爆發初期，隨著戰局不斷擴大，王芃生也始調整對日本戰略之研判。根據王芃生的祕書辛先惠回憶，戰爭初期王芃生即向蔣中正密陳：「戰爭不出三月，日將全面封鎖包括北部灣的中國海域，外援斷絕將無以為戰。」因此建議與法越政府洽商滇越鐵路聯運，並勘修新國際通路。[10] 雖然早在抗戰爆發前，軍統局已注意並回報，川康綏靖署駐西康辦事處曾建議劉湘打通察隅至緬甸交通，以備將來戰爭發生可與英國聯絡。[11] 然而無論是中央或地方，均未有明顯積極洽商鄰邦或修築開拓通路之舉。1937 年 8 月底日軍全面封鎖中國沿海口岸，遮斷對外交通，並阻止外國船舶載運軍需至中

8　「賀耀組安戈拉致函蔣中正」（1935 年 5 月 28 日），〈一般資料—呈表彙集（二十九）〉，《蔣中正總統文物》，國史館藏，數位典藏號：002-080200-00456-168。

9　何鳳山，〈懷念好友王芃生先生〉，收入陳爾靖編，《王芃生與臺灣抗日志士》（臺北：海峽學術出版社，2005 年），頁 108-110。

10　辛先惠，〈王芃生及其國際情報工作的回憶〉，收入陳爾靖編，《王芃生與臺灣抗日志士》（臺北：海峽學術出版社，2005 年），頁 77。

11　「錢大鈞呈經營西康察隅打通緬甸情報」（1937 年 6 月 8 日），〈一般資料—呈表彙集（六十六）〉，《蔣中正總統文物》，國史館藏，數位典藏號：002-080200-00493-007。

國。[12]中國運補隨即面臨極大挑戰。因戰局逐步向內陸擴大，蔣中正指示著手規劃向周邊地區假道運輸之可能，積極開拓國際交通線，香港、越南及緬甸等地，便成為少數能維持運輸的國際要道。王芃生在推動滇緬國際交通線的修築開展，及其在泰、緬、越等地布置情報網，無疑是抗戰期間的重要貢獻。[13]

　　滇緬路的拓展與建設是由多方合作努力達成，但王芃生在 1937 年 8 月初，以交通部次長身分[14]銜命赴中南半島考察，背後涉及蔣中正上述整體戰略規劃。從《蔣中正總統文物》檔案初步整理的資料顯示，王芃生在越南運作法越政府的軍運合作、建議飭請鐵道和外交二部密洽英緬政府興修鐵路等。[15]在在展現王芃生的靈活外交手腕與敏銳觀察，或可解釋為何此時王芃生成為蔣中正心目中推動西南國際交通戰略的絕佳人選。

　　1937 年 8 月王芃生以交通部次長身分，獲蔣中正電令軍需署發交王芃生三萬圓經費。[16]隨後王芃生即赴中國西南及中南半島考察，並推動國際交通線。隨行考察祕書辛先惠回憶，王芃生此行甚為低調，為防日人偵知，仍用原土耳其公使館外交護照出國，行程依序為越南河內、昆明、折返河內、西貢、曼谷、新加坡、仰光，最後入境雲南芒市，再折返昆明，歷時約半

---

12 「毛慶祥呈日無線密電摘要」（1937 年 8 月 27 日），〈一般資料—呈表彙集（六十一）〉，《蔣中正總統文物》，國史館藏，數位典藏號：002-080200-00488-057。

13 包括唐縱、龔德柏、何鳳山及國研所部屬均對此點貢獻有所回憶。詳見陳爾靖編，《王芃生與臺灣抗日志士》（臺北：海峽學術出版社，2005 年），頁 24、40、68、72、77、108、157、167、184、227、252。

14 「蔣中正函國民政府文官處」（1937 年 8 月 19 日），〈交通部官員任免（二）〉，《國民政府》，國史館藏，數位典藏號：001-032170-00002-022。

15 「王芃生南關致電蔣中正」（1937 年 12 月 27 日），〈對英法德義關係（四）〉，《蔣中正總統文物》，國史館藏，數位典藏號：002-090103-00014-126；「王芃生昆明致電蔣中正」（1937 年 11 月 3 日），〈一般資料—呈表彙集（六十）〉，《蔣中正總統文物》，國史館藏，數位典藏號：002-080200-00487-029。

16 「蔣中正電令周駿彥發王芃生參萬元」（1937 年 8 月 3 日），〈籌筆—抗戰時期（二）〉，《蔣中正總統文物》，國史館藏，數位典藏號：002-010300-00002-017。

年。[17]

　　比對王芃生考察西南國際交通線時所回報之電文，即可說明彼時工作重點。1937 年 10 月王芃生首先在法越展開外交動作，此前國民政府已於 8 月命特使孔祥熙（1880-1967）和駐法大使顧維鈞（1888-1985）積極向法方交涉，尋求假道越南運輸軍火。惟法國內閣仍顧及日軍可能為此轟炸越南，而作出禁止轉運軍火之決議，以確保其在遠東利益。[18] 在中法交涉陷入膠著之際，王芃生 10 月 20 日會晤法越總督布雷維耶（Joseph-Jules Brévié, 1880-1964）洽談後，方接濟通路與借道越南事宜。法越總督傳達的基本立場，係「表面須保中立形式，但實際力所能及者當盡量予中國以便利及援助」。對此王芃生除感謝法越當局支持，亦提及已轉知中宣部、中央社「注意言論記載，勿涉及由越運軍火問題」，同時提醒總督「望貴地雜誌勿載」，總督亦表贊同。[19] 此蓋顧及法越中立立場，並免引起日方注意之舉措。

　　首次會晤甚為順利，王芃生認為法方助華立場較英美堅決，遂續就與法越拉近關係提出應對擬案五點，除協助賑濟水災、請授勳章、解決聘員問題及贈禮，最重要者係第一點：

> 前此各自接頭，易使對方厭煩並感到不統一無條理，今後來越接
> 洽人員，統由總領事館介紹，或可兼保機密與劃一。請密派親信
> 大員為駐越臨時代表，各方來員及總領事館統受其指示亦可。[20]

　　王芃生所指各方逕自接頭一事並非空穴來風。11 月 3 日廣東保安司令兼民政廳長吳鐵城（1888-1953）致電蔣中正反應法越政府疑慮，指稱「最

17　辛先惠，〈王芃生及其國際情報工作的回憶〉，收入陳儞靖編，《王芃生與臺灣抗日志士》（臺北：海峽學術出版社，2005 年），頁 78。

18　廖文碩，〈王芃生與國民政府戰時結盟外交：以印、緬工作為中心（1937-1942）〉，「近代中印關係史國際學術討論會」，臺北：國史館，2015 年 8 月 28 日，頁 5。

19　「王芃生南關致電蔣中正」（1937 年 10 月 20 日），〈對英法德義關係（四）〉，《蔣中正總統文物》，國史館藏，數位典藏號：002-090103-00014-129。

20　「王芃生龍州致電蔣中正」（1937 年 10 月 22 日），〈對英法德義關係（四）〉，《蔣中正總統文物》，國史館藏，數位典藏號：002-090103-00014-127。

近我國人士紛紛赴越，均自稱代表逕謁越督，越督不勝其煩」，法越政府認為來洽者均非正式人員，故多不願表示立場。轉達意見的法越政府僑政司長將請法使正式詢問中方政府所派代表何人，其在國內地位與政府授予權限為何，並表示除正式代表接洽外，法越總督不再接見其他人。吳鐵城於文中另稱，法越總督對曾養甫和莫京兩人赴越，事前未經政府及法使正式通知，頗為懷疑。[21] 由此可知，前往勘查開發國際交通線者，尚有曾養甫等人同時進行。

開展西南國際交通線工作，似有多頭馬車之情形，如曾養甫在 1937 年 10 月初即曾致電宋子文（1894-1971）建請外交部向英方交涉接通中緬公路，蔣中正指示可照辦，外交部旋即展開交涉事宜。[22] 實際上，王芃生與曾養甫亦有合作之處。1937 年 10 月 18 日，顧維鈞從法國傳來消息，向蔣中正報告法國閣議決定禁止假道越南轉運軍火入華，以免日人轟炸交通機關。[23] 王芃生與曾養甫隨即掌握訊息，於 10 月 30 日回報越南方面狀況，說明法越總督多次表示願意協助，但中下僚屬尚多窒礙，為免生變，建議須與法政府取得切實諒解，互示保障，並請派專使赴法交涉，更提醒越南近期受日諜威脅，如能竭誠交涉，雙方仍能結為善國。[24]

在與越方後續交涉中，王芃生仍居主導地位。1937 年 12 月底王芃生再度密晤法越總督及重要人士，得出解決借道運輸之方，重點在：

（一）　運輸交涉不要經過法國巴黎政府，以免法政府感到困難。

---

21 「吳鐵城廣州致電蔣中正」（1937 年 11 月 3 日），〈對英法德義關係（四）〉，《蔣中正總統文物》，國史館藏，數位典藏號：002-090103-00014-131。

22 「蔣中正致電外交部王部長」（1937 年 10 月 6 日），〈滇緬運輸─公路（一）〉，《外交部》，國史館藏，數位典藏號：020-011110-0005。

23 「顧維鈞巴黎致電蔣中正」（1937 年 10 月 18 日），〈革命文獻─國際運輸〉，《蔣中正總統文物》，國史館藏，數位典藏號：002-020300-00015-005。

24 「曾養甫王芃生南關致電蔣中正」（1937 年 10 月 30 日），〈對英法德義關係（四）〉，《蔣中正總統文物》，國史館藏，數位典藏號：002-090103-00014-114。廖文碩，〈王芃生與國民政府戰時結盟外交：以印、緬工作為中心（1937-1942）〉，「近代中印關係史國際學術討論會」，臺北：國史館，2015 年 8 月 28 日，頁 5。

（二）　不要購買凡爾賽和約禁運德、義製品，運械表面以滇、桂警用名
　　　　義進行，由滇、桂向越交涉屬地方對地方性質，在越督權限，若
　　　　由中央則涉巴黎。

（三）　王芃生建請中央速訂「中法國境保安新約」，其局部交通、經濟
　　　　合作可由中央密派要員協助桂、滇與越方共組委員會商議，不須
　　　　訂約者以共營商業組織進行，應訂約者經雙方中央核准後作為附
　　　　約，暫不公布。[25]

　　上述意見獲得同行入緬的雲南省代表繆雲台（1894-1988）同意。另在
侍從室呈報的資料中，蔣中正亦核定擬辦意見，前兩項知照曾養甫等人，
第三點則俟外交部核復。[26] 外交部接獲電令，隨即請河內總領事查明相關
細節。總領事回復情形與王芃生所報略同，仍強調透過中央外交途徑緩不
濟急，不如由地方沿邊三省當局以保安名義進行談判為佳，對中方較為有
利。[27] 王芃生未再參與後續談判，但這段時間與越方的協調折衝，已初見成
效，並由外交部、西南運輸處[28]和地方政府接續辦理。[29]

　　兩次赴越行程間，王芃生於 11 月初向蔣中正呈報日本戰略時，再
提「懇及早密飭修通國際最後通路，以免軍火不濟，而操持久勝算」之對

25　「王芃生南關致電蔣中正」（1937 年 12 月 27 日），〈對英法德義關係（四）〉，《蔣中正總
　　統文物》，國史館藏，數位典藏號：002-090103-00014-126；廖文碩，〈王芃生與國民政
　　府戰時結盟外交：以印、緬工作為中心（1937-1942）〉，「近代中印關係史國際學術討論
　　會」，臺北：國史館，2015 年 8 月 28 日，頁 5。

26　「王芃生南關致電蔣中正」（1937 年 12 月 30 日），〈一般資料—呈表彙集（六十）〉，《蔣
　　中正總統文物》，國史館藏，數位典藏號：002-080200-00487-043。

27　「關於商訂中法國境保安新約事」（1937 年 12 月 31 日至 1938 年 1 月 15 日），〈中越合
　　作及越船運米濟日〉，《外交部》，國史館藏，數位典藏號：020-011002-0022。

28　「西南運輸處」全名「西南進出口物資運輸總經理處」，1937 年 10 月 1 日設於軍委會
　　下，初始由曾養甫兼任，1938 年 2 月 3 日以曾養甫無暇兼管，改由宋子良（1899-
　　1987）任處長。參見李君山，〈抗戰時期西南運輸的發展與困境：以滇緬公路為中心的探
　　討（1938-1942）〉，《國史館館刊》，第 33 期（2012 年 9 月），頁 69。

29　廖文碩，〈王芃生與國民政府戰時結盟外交：以印、緬工作為中心（1937-1942）〉，「近
　　代中印關係史國際學術討論會」，臺北：國史館，2015 年 8 月 28 日，頁 6。

策。[30] 此時王芃生來到昆明察考雲南交通狀況。根據王芃生 11 月 8 日回報提出兩條可開通路線，其一為曾養甫所勘查經雲南沿南丁河至臘戌線，原為鐵路預定線，建議改為公路。惟王芃生研判「在中緬境內皆少已成路段可利用，時久費多，難應急」。其二為龍雲和王芃生所選通往臘戌的新路線，由下關起，經保山、龍陵、芒市、瑞麗入緬接臘戌火車站。這條新路的優點是部分路段已由雲南省、芒市土司和緬甸修築公路，只有下關至芒市需趕修，而公路入華境後多為平原，可闢建機場，且緬甸端公路可經八莫，利用伊洛瓦底江水運通海。王芃生即請中央速撥款協助，以備滇越失用時可通。[31]

　　關於雲南省國際交通線之倡議，龍雲前於 1937 年 8 月 14 日與蔣中正談話時，即已提出修築滇緬鐵路和滇緬公路之議，並爭取中央補助推辦，當時得到蔣中正正面肯定。[32] 王芃生所提出之研析意見，無疑為龍雲之滇緬國際交通線背書，最終也獲得蔣中正同意。1937 年 11 月 21 日蔣中正致電龍雲，關切滇緬公路工程進度，稱「此路有從速完成之必要。其材料經費由中央補助，征工與工價由滇省擔任。希從速趕修為盼。」[33] 此即後來西南運輸處所支持，由龍雲主持，歷時七個月開通，經費不到 1,000 萬元，扮演抗戰運輸重要角色的「滇緬公路」。[34]

---

30 「王芃生昆明致電蔣中正」（1937 年 11 月 2 日），〈一般資料—民國二十六年（五）〉，《蔣中正總統文物》，國史館藏，數位典藏號：002-080200-00280-071。

31 「王芃生昆明致電蔣中正」（1937 年 11 月 3 日），〈一般資料—呈表彙集（六十）〉，《蔣中正總統文物》，國史館藏，數位典藏號：002-080200-00487-029；辛先惠，〈王芃生及其國際情報工作的回憶〉，收入陳爾靖編，《王芃生與臺灣抗日志士》（臺北：海峽學術出版社，2005 年），頁 79。

32 龍雲，〈抗戰前後我的幾點回憶〉，收入中國人民政治協商會議全國委員會文史資料研究委員會編，《文史資料選輯》，合訂本第五冊（北京：中國文史出版社，2000 年），頁 55；林國榮，〈滇緬公路與戰時運輸（1937-1942）〉（嘉義：國立中正大學歷史研究所碩士論文，2018 年），頁 15-16。

33 「蔣介石希從速趕修滇緬公路電」（1937 年 11 月 21 日），收入雲南省檔案局（館）編，《抗戰時期的雲南：檔案史料彙編（上）》（重慶：重慶出版社，2015 年），頁 251。

34 李君山，〈抗戰時期西南運輸的發展與困境：以滇緬公路為中心的探討（1938-1942）〉，《國史館館刊》，第 33 期（2012 年 9 月），頁 65-68。

　　前述報告中，王芃生另就昆明延至川湘鐵路修築進度，建議請飭鐵道、外交兩部，向英緬政府密洽支持興修，並催原已達成修築協議的法商儘速簽訂草約，趕修川湘鐵路。軍事委員會即轉外交部辦理。[35] 此外，王芃生在離開雲南前，與龍雲及時任中央航空學校校長陳慶雲（1897-1981）中將，商擬在芒市到瑞麗之滇邊公路旁，建造大飛機場及臨時機庫，及由航空學校派員飛往配裝等意見，亦為蔣中正同意交航空委員會會辦。[36] 可知王芃生在此趟行程中的意見，多為中央所採納。

　　然而，王芃生仍遭遇難以克服之困難。依辛先惠回憶，王芃生曾建議洽修滇泰間公路，以接曼谷通往馬來西亞，除可加大運輸量，亦是最符合歐洲交通實際與抗戰需要。[37] 因此，王芃生於 1938 年 1 月獲悉日本將誘脅泰國加入防共協定時，即建請指派與國民黨關係深厚且和泰政府熟識的泰國僑領蕭佛成（1862-1940）為專使，洽談合作事宜。然蕭佛成以其僑居身分及平民商人不宜擔任專使為由婉拒，但仍建議另擇外交能員，可於 4、5 月春節期間泰政府迎外賓時往訪。是以蔣中正裁令外交部遴派外交專員前往，王芃生便於 2 月下旬親赴曼谷偵查，並得龍雲支持派員協助，研究勘查自普洱、思茅接泰國之修築路線。惟最終因中泰未建交，且泰方對中國懷有戒心等因，泰方拒絕王芃生洽談。[38]

　　如利用檔案拼出的王芃生布局西南國際交通線圖像，印證辛先惠所述，

---

35 「王芃生昆明致電蔣中正」（1937 年 11 月 2 日），〈一般資料—民國二十六年（五）〉，《蔣中正總統文物》，國史館藏，數位典藏號：002-080200-00280-071；「關於滇緬及滇川湘各鐵路修築事」（1937 年 11 月 9 日），〈關於滇緬及滇川湘各鐵路修築事〉，《外交部》，國史館藏，數位典藏號：020-011110-0024。

36 「王芃生南關致電蔣中正」（1937 年 12 月 30 日），〈一般資料—呈表彙集（六十）〉，《蔣中正總統文物》，國史館藏，數位典藏號：002-080200-00487-043。

37 辛先惠，〈王芃生及其國際情報工作的回憶〉，收入陳爾靖編，《王芃生與臺灣抗日志士》（臺北：海峽學術出版社，2005 年），頁 78-79。

38 廖文碩，〈王芃生與國民政府戰時結盟外交：以印、緬工作為中心（1937-1942）〉，「近代中印關係史國際學術討論會」，臺北：國史館，2015 年 8 月 28 日，頁 7-8；辛先惠，〈王芃生及其國際情報工作的回憶〉，收入陳爾靖編，《王芃生與臺灣抗日志士》（臺北：海峽學術出版社，2005 年），頁 78-79。

其任務和路線大致相符。唯王出行的時間點約落在 1937 年 8 月至隔年 2 月間，而辛先惠回憶則為 1938 年 2 月開始，兩者有所落差。此行得資佐證的史料有限，而辛先惠並未隨行。若將前述經過，對照雲南省府委員繆雲台之回憶，也稍有差距。繆氏認為修築公路一事，「那時中央政府正在忙於撤退，無暇他顧，因此，修築滇緬公路就完全由雲南地方政府主動承擔」，並描述王芃生與英國駐昆明總領事商談，在英方安排下於 1937 年底啟程前往緬甸，進一步接洽。繆先赴河內時遇見王芃生，知王芃生負有安排東南亞抗日工作之祕密任務，即主動請求隨行前往仰光以為掩護。到仰光後，主要係由繆氏與英緬方進行談判，王芃生則自去組織祕密工作，但隨同北上滇緬邊界勘查公路地形。[39] 繆雲台之說法，顯然不清楚外交部早於 1937 年 10 月便和英方就滇緬公路合作方案展開暗議；[40] 也應該不知王芃生在 1937 年 11 月間，即在昆明和龍雲研討可行路線，並回報蔣中正爭取支持。此外，繆氏回憶忽略了與王芃生在河內相會時，王芃生甫與法越總督和當地各要人密談中越運輸事宜。事實上，西南交通線之布局與推展，係由中央和地方分頭進行，匯集各方意見，同時由王芃生、曾養甫、繆雲台等人居中穿針引線，始能勘定路線，取得英緬方支持，並在最短時間議定開通。

　　回顧王芃生此趟行程，雖未參與後續國際線談判與興築，但在雲南、越南、緬甸等地，為布局交通線提供意見供決策參酌，或參與交涉之關鍵時刻，大抵已完成蔣中正委托之任務。誠如辛先惠所讚許，王已展現博通國際局勢，深思軍需、後勤之能力。王芃生最後於緬甸的行程，原擬規劃續往印度洽修雷多公路，然因南京失陷，蔣中正 1938 年 1 月上旬將其召回。[41] 此

39　繆雲台，《繆雲台回憶錄》（北京：中國文史出版社，1991 年），頁 99-100；張魁堂，〈關於滇緬路與王芃生的緬甸行〉，《中國建設》，1989 年第 4 期（1989 年 4 月），頁 47。

40　林國榮，〈滇緬公路與戰時運輸（1937-1942）〉（嘉義：國立中正大學歷史研究所碩士論文，2018 年），頁 20。

41　「蔣中正電邀王芃生回漢一敍」（1938 年 1 月 8 日），〈籌筆—抗戰時期（八）〉，《蔣中正總統文物》，國史館藏，數位典藏號：002-010300-00008-008。

後王即卸下交通部次長身分，專責既有之情報任務。[42]

二、國研所在東南亞的情報布建

　　1937 年 8 月 18 日王芃生代理交通部常務次長一職，賦予任務並非單純的戰時交通建設或運輸安排，而係採用王芃生於是年 2 月向蔣中正所提之對日側面工作計畫建議，給予更為艱鉅的任務。王芃生銜命完成的「對日側面工作計畫大綱」曾大膽向蔣中正提議，為從事情報、宣傳等祕密工作掩護起見，請將他安插在形式上與對日外交無直接關係之部會，俾增加保護色彩，藉免日人注意。王芃生向蔣中正自薦擔任對日側面情報工作，起於早先任職駐日使館參事期間設置之情報網獲致成效，因此在工作規劃中，側面工作著重於「側面宣傳」與「設置輔助情報路線」兩部分，後者正是獲取敵方機敏情資的重要管道。然而在王芃生的原始計畫裡，情報路線設置概分為日本國內、偽滿朝鮮、冀察綏、山東、京滬及閩臺等六區，尚未包含中國西南和中南半島上的國家，且亟需經費以遂行任務。[43]

（一）工作站布置

　　為取得蔣中正信任，抗戰爆發前王芃生持續向蔣提供有關日本對華戰略的研析意見。誠如曾與王芃生共事者之回憶，1937 年 5 月王芃生呈報一則極具價值的情報報告，預判日本內部存有政潮爆發等不穩定因素，內閣除設法苟延政權，同時極力向外求出路，是以中國此時面臨極為嚴重關頭，如日本掀起政潮，或將向華北出兵。故王研判「由現在至今冬，國際局面與日本

42　辛先惠，〈王芃生及其國際情報工作的回憶〉，收入陳爾靖編，《王芃生與臺灣抗日志士》（臺北：海峽學術出版社，2005 年），頁 78-80。

43　「王芃生呈蔣中正摘要有關日本情形及其管見以供中國國民黨三中全會提案參考暨遵擬對日側面工作計畫大綱等」（1937 年 2 月 16 日），〈國交調整（四）〉，《蔣中正總統文物》，國史館藏，數位典藏號：002-080103-00004-007。

均在大轉變之時期」，不可不由外交上「謀誘致於我有利之局面」，同時由
內政上「鞏固統一團結之陣容」，尤其在軍事上「妥速佈置，控制華北及海
疆之軍略要點，不獨有備無患」。[44] 5 月 27 日蔣中正指示侍從室蕭祕書，將
王芃生該份文件有關日本情報部分發交照辦。[45] 不久七七事變發生，雖未能
證明王芃生情報的正確度，然勢必加強蔣中正對王芃生所呈報告之關注與信
任。[46]

　　王芃生利用踏查西南交通線之機，幾乎走遍中南半島重要地區，同時展
開情報網布建，為日後該所在滇緬地區戰略情報運作奠下基礎。根據國研所
幹部回憶，該所內勤不到二百人，但外勤人員相當龐大，包括各戰區、敵後
和海外的工作網點，如越南的河內、海防、印度的新德里及緬甸等地。[47] 自
1938 年起，王芃生開始運用情報網，向蔣中正呈報越、泰、緬、印等地政

44 辛先惠，〈王芃生及其國際情報工作的回憶〉；唐縱，〈我對芃生先生之懷念〉，收入陳
　　爾靖編，《王芃生與臺灣抗日志士》（臺北：海峽學術出版社，2005 年），頁 77；167；
　　「王芃生呈軍事委員會委員長蔣中正為呈最近日本政局之趨勢及對外之活動陰謀與對華
　　之方略」（1937 年 5 月 15 日），〈日本對華軍事外交情報（五）〉，《國民政府》，國史館
　　藏，數位典藏號：001-066201-00006-002；「1937 年 5 月 23 日」〈事略稿本—民國二十六
　　年三月至六月〉，《蔣中正總統文物》，國史館藏，數位典藏號：002-060100-00123-080。
45 「軍事委員會委員長蔣中正電軍委會委員長侍從室蕭祕書為轉來王芃生五月十五日函已
　　悉可照辦所請發交日本情報一節可照辦」（1937 年 5 月 27 日），〈中日關係〉，《國民政
　　府》，國史館藏，數位典藏號：001-062000-00008-003。
46 民國 26 年 6 月 20 日《事略稿本》亦錄有一段蔣中正對王芃生認可之記錄：「二十日公
　　看外交各種意見書畢，稱王芃生為可用。」參見「1937 年 6 月 20 日」〈事略稿本—民
　　國二十六年三月至六月〉，《蔣中正總統文物》，國史館藏，數位典藏號：002-060100-
　　00123-106。
47 劉曉鵬，〈敵前養士：「國際關係研究中心」前傳，1937-1975〉，《中央研究院近代史研
　　究所集刊》，第 82 期（2013 年 12 月），頁 148、150。另可參見：郭福生，〈我所知道的
　　王芃生及國際問題研究所〉；簡伯村，〈懷念王芃生及國際問題研究所〉；劉傑佛，〈追思
　　芃生先生〉，收入陳爾靖編，《王芃生與臺灣抗日志士》（臺北：海峽學術出版社，2005
　　年），頁 62、66-68；120；184。劉達人（1908-1988）筆名劉傑佛，遼寧省遼中人，抗戰
　　間加入國際問題研究所，並曾受外交部派往緬甸、印度服務，與後來擔任大使之劉達人
　　非同一人。參考劉峨，〈人生進行事：我的父親劉達人〉（2015 年 5 月 10 日），收錄於
　　《中時電子報》：https://www.chinatimes.com/newspapers/20150510000654-260117（2015 年
　　5 月 10 日點閱）。

治情勢、英美政策變化，以及日本在該區域動向等情資。在此，就「設置情報路線」中之布置情報線與蒐研戰略情報工作成果分述如次：

　　曾在國研所追隨王芃生之部屬回憶，王芃生在各地布置的情報線來源廣泛，包括舊識同僚、臺籍反日人士、中共地下黨員、愛國進步人士和當地中層人士等。例如掌握日軍南進動向且為情報中轉重要據點的香港，先後由臺籍謝南光（1902-1969）及過去在駐日使館共事過的馬靜遠負責，兩人都對日本事務有一定了解。馬靜遠回憶國研所外派人員多到香港治裝、領經費，方時到港情報不少，尤其是關於日軍對南洋的軍事行動，來源大都是日本方面之特報員轉來。[48] 另在越南河內有留法的臺籍李萬居（1902-1966）及越南華僑黃維揚，新加坡由唐伯濤負責，泰國則拉攏前國民黨中常委、國民政府委員的華僑首富蕭佛成派人協助工作，而仰光部分爭取到外籍華僑曾克念（1908-1988）配合。此外，王芃生推薦劉達人任駐印度新德里領事，並與抗戰中期接任外交部情報司司長的何鳳山保持密切聯繫。[49] 國研所中南半島的情報網逐漸成形。

　　上述人員應只是王芃生布建情報網絡的主要負責人，已可看出其用人的多元性，包羅對日本、國際和南洋各領域人才，再加上中國戰區對敵偽布置之情報網，國研所已頗具規模與能量。王芃生對人事布置保密工作頗為謹慎，一同前往緬甸洽商修築滇緬公路的繆雲台曾指出，在緬甸考察路線過程中，「王芃生等都跟去了，回到仰光後才分手。但對他的工作，我一句話也沒有問過。」[50] 顯示王芃生不輕易透露工作任務。此外，對於情報傳遞同樣重

48　袁孟超，〈緬懷愛國主義戰士日本問題權威王芃生先生和國際問題研究所〉；馬靜遠，
　　〈我與王芃生先生〉，收入陳彌靖編，《王芃生與臺灣抗日志士》（臺北：海峽學術出版
　　社，2005 年），頁 24；158。
49　袁孟超，〈緬懷愛國主義戰士日本問題權威王芃生先生和國際問題研究所〉；郭福生，
　　〈我所知道的王芃生及國際問題研究所〉；辛先惠，〈王芃生及其國際情報工作的回憶〉；
　　何鳳山，〈懷念好友王芃生先生〉；劉傑佛，〈追思芃生先生〉，收入陳彌靖編，《王芃生
　　與臺灣抗日志士》（臺北：海峽學術出版社，2005 年），頁 24；67-68；82；111-112；
　　184；何鳳山，《外交生涯四十年》（香港：香港中文大學出版社，1990 年），頁 89-93。
50　張魁堂，〈關於滇緬路與王芃生的緬甸行〉，《中國建設》，1989 年第 4 期（1989 年 4

視保密，曾擔任國研所台長的郭福生回憶，該所外勤站甚多，「均屬秘密設置，絕對保密，具體情況只有王芃生本人和機要組長陳適生清楚。」而國外站點或利用商業電臺發報，或透過駐外使館書信往來。[51] 另辛先惠陪同王芃生考察中南半島期間，王芃生受召回國，便將王夫人與辛先惠留置昆明收轉海外信息，目的竟是以防戴笠與郵電檢查中察知海外情報網點。[52]

王芃生小心謹慎的作風，在戴笠 1938 年 6 月 6 日呈報的「同意國際問題研究所改隸軍委會調查局」簽案中表露無遺。戴笠指出「該所人事採地區包辦制，例如天津由一何某負責，凡關於人事佈置豫算，均由彼一手包辦，該所不加過問」，且有關布置名冊則「各地工作負責人均係友誼關係，能否願將名冊佈置公開，以及除王本人外誰可指揮如意而不發生中途脫退，均未能有肯定。」[53] 因此即便戴笠提出整併方案，國研所之情報工作仍自成系統，蔣中正未同意併入軍統局轄下，是年 7 月 21 日更指示「國研所准予直屬侍從室，不必由軍會調查局統轄也。」[54] 這也造成日後國研所和軍統局、中統局間形成情報各自努力並相互競爭的態勢。

（二）蒐研情報

1938 年 2 月，王芃生開始操作前此於中南半島布置之情報網，相繼回報相關情資。是年 2 月 3 日首先收到香港轉來情報，主要有關日本大本營探悉中、英、美、法、蘇五國代表在日內瓦舉行祕密會議，謀以援助中國長期

月），頁 47。

51　郭福生，〈我所知道的王芃生及國際問題研究所〉，收入陳爾靖編，《王芃生與臺灣抗日志士》（臺北：海峽學術出版社，2005 年），頁 66。

52　辛先惠，〈王芃生及其國際情報工作的回憶〉，收入陳爾靖編，《王芃生與臺灣抗日志士》（臺北：海峽學術出版社，2005 年），頁 80。

53　「戴笠報告王芃生同意國際問題研究所改隸軍委會調查局」（1938 年 6 月 6 日），〈特種情報—軍統（一）〉，《蔣中正總統文物》，國史館藏，數位典藏號：002-080102-00034-003。

54　「七月廿一日機密甲 1840 手令」（1938 年 7 月 21 日），〈一般資料—手令登錄（六）〉，《蔣中正總統文物》，國史館藏，數位典藏號：002-080200-00557-003。

抗戰。因此日本大本營決定進攻華南，同時派機轟炸滇越鐵路，中斷接濟，並間接向英、法示威。此外，日本海相米內光政（1880-1948）訓令集中日艦候命開往臺灣，陸軍亦擬切斷廣九線交通。[55] 此份情報 2 月 5 日由侍從室錢大鈞（1893-1982）上陳，而在前一日（4 日），毛慶祥亦曾上報截獲日本無線電密電「敵反對我在國聯會提案」乙情，惟內容不明。2 月 5 日毛慶祥復蒐到密電「國聯會議之情形」，始有詳細內容。另毛慶祥更早在 1 月 31 日，曾就抗戰中各方諜報，摘要日方在臺灣總督府會議提案進攻廣西方案，獲軍部批准，並動員陸軍備戰、布置潛艇於臺灣海峽一帶等情資。[56] 比對相關資料，王芃生與毛慶祥在蒐報內容與來源大抵相似，只在時間上有所差異。這在情報多頭馬車的中國，實難避免，缺點是情報缺乏統合，但蔣中正也因此得以相互驗證，確認情報資訊。

　　至少在 1938 年間，王芃生已竭力展現渠等在中國西南和中南半島區域蒐集情報之能量。他呈報之情報從日敵對香港、華南、西南之敵諜行動和海域封鎖，[57] 延伸至日敵向中南半島派出諜員等訊息，[58] 乃至趁訪泰國之際，

---

55 「王芃生昆明致電蔣中正」（1938 年 2 月 3 日），〈一般資料—呈表彙集（八十三）〉，《蔣中正總統文物》，國史館藏，數位典藏號：002-080200-00510-007。

56 「毛慶祥呈蔣中正日電譯文情報日報表等十則」（1938 年 2 月 4 日）、「毛慶祥蔣中正國聯會議情形等日電譯文情報日報表等十則」（1938 年 2 月 6 日）、「毛慶祥呈蔣中正各方諜報情報日報表等八則」（1938 年 1 月 31 日），〈一般資料—呈表彙集（七十八）〉，《蔣中正總統文物》，國史館藏，數位典藏號：002-080200-00505-032、002-080200-00505-034、002-080200-00505-028。

57 「王芃生昆明致電蔣中正」（1938 年 2 月 23 日），〈卯翼傀儡（三）〉，《蔣中正總統文物》，國史館藏，數位典藏號：002-090200-00021-221；「王芃生致電蔣中正」（1938 年 4 月 10 日）、「王芃生昆明致電蔣中正」（1938 年 2 月 16 日），〈一般資料—呈表彙集（八十三）〉，《蔣中正總統文物》，國史館藏，數位典藏號：002-080200-00510-050、002-080200-00510-018。

58 1938 年 4 月 5 日報：敵探臺籍新竹人冒充中國人，赴越南海防及西貢各地調查法國在安南之軍備實況及中國軍火由越入境等情。「王芃生漢口致電蔣中正」（1938 年 4 月 5 日），〈一般資料—呈表彙集（八十三）〉，《蔣中正總統文物》，國史館藏，數位典藏號：002-080200-00510-046。

探知泰國外長及駐泰英、法公使非親日派，並敷衍允予交換情報等情。[59] 王芃生也注意到美國船艦訪問新加坡離去前，迭與英、日陸海局情報員接近等情。[60] 然而，1938 年的情報量不多，相關情報僅到 4 月中旬，其後未有直接相關訊息，對中國戰略預警影響有限。

　　隨著 1939 年日本南進企圖提升，王芃生與國研所蒐報有關日本在中南半島之軍事動態、外交動作，以及中南半島各國之政經形勢情報日益增多，範圍擴及泰國、越南、新加坡、緬甸和印度等地，直迄 1943 年第一次滇緬作戰前始稍歇。在這段期間，掌握日本南進企圖和確保區域政權支持中國抗日，為整體戰略情報優先目標，也是確保西南國際交通線續存之關鍵所在。以下僅就國史館典藏王芃生呈報蔣中正情報資料，篩整有關日本南進動態情報、緬甸情報，以及綜合情勢研析報告進行分析說明（詳如本書附錄）。

1、日本南進動態情報

　　在王芃生呈報蔣中正的相關情報，以日本南進策略與動態為情報工作核心，亦為產情占比最高部分，且發報來源廣泛，主要以上海和香港為主，概與兩地為情報匯集中心有關。另由中南半島發送者僅仰光和新加坡各一則，分別是有關日本擬趁緬甸內部多事時，挾泰國、法越挑動世界大戰，以及在新加坡與日敵僑領談日本當前危機之情報。[61] 諸類情報中，王芃生依日本南進戰略脈絡，先後蒐報日敵拉攏盟友之重要會議，如日本定於 1939 年 9 月將召開「亞細亞防共懇談會」，「擬請臨時、維新兩偽府、偽滿、偽蒙疆

59　「王芃生昆明致電蔣中正」（1938 年 3 月 4 日），〈對英法德義關係（四）〉，《蔣中正總統文物》，國史館藏，數位典藏號：002-090103-00014-151；廖文碩，〈王芃生與國民政府戰時結盟外交：以印、緬工作為中心（1937-1942）〉，「近代中印關係史國際學術討論會」，臺北：國史館，2015 年 8 月 28 日，頁 8。

60　「王芃生昆明致電蔣中正」（1938 年 2 月 20 日），〈一般資料—呈表彙集（八十三）〉，《蔣中正總統文物》，國史館藏，數位典藏號：002-080200-00510-021。

61　「王芃生仰光致電蔣中正」（1939 年 2 月 27 日），〈一般資料—呈表彙集（九十四）〉，《蔣中正總統文物》，國史館藏，數位典藏號：002-080200-00521-030；「王芃生星國致函蔣中正」（1940 年 10 月 19 日），〈一般資料—呈表彙集（一〇二）〉，《蔣中正總統文物》，國史館藏，數位典藏號：002-080200-00529-071。

政府，及暹羅、緬甸、阿富汗、菲律賓、印度、波斯、荷屬東印度、法屬越南等派員出席。」[62] 另，探知同年 5 月 25 日日本內閣會議決定參加德義軍事同盟，且俟歐戰爆發，日本「將擔任新加坡、安南及香港等地之攻略」等情。[63] 相關情報顯露出日本對該區域日益施加壓力。

此外，王芃生適時回報日本海軍有進攻海南島之勢，意圖進攻西南，遮斷越南、緬甸國際路線；[64] 並派遣諜員、第五縱隊潛入印度、泰國、緬甸等地煽動反政府和行離間工作；[65] 以及掌握日本壓迫英政府停止開通滇緬路運輸等動態。[66] 其中 1939 年 1 月 10 日回報日海軍進攻海南島乙情，係在 1 月 13 日日本御前會議決定攻略海南島 [67] 前蒐報，理應具有一定時效性。而傅作義（1895-1974）在隨後亦有類似情報。[68] 雖然王芃生、傅作義之情報均轉交軍令部參考，但兩份情報輾轉上呈蔣中正時，均遲於日本御前會議做出決議時間，且晚了二至四日。

日本動態情報中最重要者，係 1940 年中陸續蒐報日本增兵南洋；日本與法越談判及日軍進犯策略；日諜密促泰方合作，以藉泰國為侵略南洋根

62　「王芃生香港致函蔣中正」（1939 年 2 月 26 日），〈一般資料—呈表彙集（九十二）〉，《蔣中正總統文物》，國史館藏，數位典藏號：002-080200-00519-034。

63　「王芃生上海致電蔣中正」（1939 年 5 月 26 日），〈一般資料—呈表彙集（九十二）〉，《蔣中正總統文物》，國史館藏，數位典藏號：002-080200-00519-084。

64　「王芃生北平致電蔣中正」（1939 年 1 月 10 日），〈一般資料—呈表彙集（九十四）〉，《蔣中正總統文物》，國史館藏，數位典藏號：002-080200-00521-012。

65　「王芃生天津致電蔣中正」（1939 年 4 月 10 日），〈一般資料—呈表彙集（九十一）〉，《蔣中正總統文物》，國史館藏，數位典藏號：002-080200-00518-055；「王芃生上海致電蔣中正」（1940 年 9 月 20 日），〈一般資料—呈表彙集（一〇四）〉，《蔣中正總統文物》，國史館藏，數位典藏號：002-080200-00531-073。

66　「王芃生香港致電蔣中正」（1940 年 6 月 27 日），〈一般資料—呈表彙集（一〇三）〉，《蔣中正總統文物》，國史館藏，數位典藏號：002-080200-00530-041；「王芃生呈蔣中正日軍安藤利吉對侵越緬主張」（1940 年 10 月 1 日），〈革命文獻—敵偽各情：敵情概況〉，國史館藏，數位典藏號：002-020300-00002-086。

67　日本防衛廳防衛研修所戰史室編，賴德修譯，《大事年表與軍語：陸海軍年表》，日軍對華作戰紀要叢書（43）（臺北：國防部史政編譯局，1991 年，再版），頁 46。

68　「傅作義致電蔣中正」（1939 年 1 月 5 日），〈一般資料—呈表彙集（九十四）〉，《蔣中正總統文物》，國史館藏，數位典藏號：002-080200-00521-013。

據地；日英祕密談判封鎖中國對外出路；以及 1940 年 11 月獲得日本南進
兵力部署，包括進攻仰光及新加坡路線、封鎖海域等重要情資。[69] 有關日軍
南進的情報中，1940 年 11 月 22、23 日王芃生取得「敵擬於明春（1941 年
2 月後）實行南進」之消息，並掌握日軍南進軍團番號，以及將兵分二路進
攻緬甸、新加坡之作戰計畫。[70] 相關情報在開戰時間點上，大致與日方大本
營之參謀擬案相符，惟部隊動態上，仍有不精確處，如軍團番號查無情報指
出第 28 師團的資訊。[71] 然而，前述部分軍事動態情報，多經蔣中正核准轉
軍令部，或交鄭介民轉英方參考，顯示情報已具一定價值。特別是有關日本
將從緬甸東南方之泰緬邊境進攻仰光之情報，較英國人預判敵人來自泰北更
為準確，英方對此大為驚訝。[72] 若輔以戴笠軍統局系統同一時間於南洋地區
所蒐獲之情報，包括 1940 年 5 月早一步透過美方消息掌握日敵積極準備南
進，且在泰國設有機場；11 月 20 日報告日敵南進決策，將先經泰國進攻緬
甸，以威脅馬來西亞及新加坡等訊息。[73] 這些資訊均指出日軍南進動態與戰
略意圖。

2、緬甸情報

　　緬甸局勢變化，攸關滇緬交通線之成敗。然而，王芃生在此處的情報量
有限，但關注焦點多元。

69　詳見本書附錄「日本南進動態情報」項次 11、12、17-22。
70　詳見本書附錄「日本南進動態情報」項次 17、18。
71　日本防衛廳防衛研修所戰史室編，李坤海譯，《大戰前後政略指導（三）：對中俄政略之
　　策定》，日軍對華作戰紀要叢書（38）（臺北：國防部史政編譯局，1991 年，再版），頁
　　422-423。
72　齊錫生，《劍拔弩張的盟友：太平洋戰爭期間的中美軍事合作關係，1941-1945》（臺
　　北：中央研究院、聯經出版事業公司，2012 年，修訂版），頁 85。
73　廖文碩，〈王芃生與國民政府戰時結盟外交：以印、緬工作為中心（1937-1942）〉，「近
　　代中印關係史國際學術討論會」，臺北：國史館，2015 年 8 月 28 日，頁 12-13；「賀耀
　　組、戴笠香港致電蔣中正」（1940 年 5 月 6 日）、「賀耀組、戴笠上海致電蔣中正」（1940
　　年 11 月 20 日），〈一般資料—呈表彙集（一○四）〉，《蔣中正總統文物》，國史館藏，
　　數位典藏號：002-080200-00531-029、002-080200-00531-097。

在戰略預警方面，1940 年 10 月 1 日王芃生引據法方消息，呈報「安藤（利吉，1884-1946）對英開放滇緬路，向倭府建議，應先向緬施行空襲及政治壓力，必要時當進兵緬甸邊界，使其就範」。[74] 可見王芃生之情報，已達到戰略預警效果。政治情報方面，如日本策動巴莫（Ba Maw, 1893-1977，另譯巴茂）主持之自由集團親日，招待渠等赴日本考察工商、參觀汪精衛組織、推銷日貨並安排調查泰國統治狀況。[75] 另，國研所掌握日本領事在深夜訪問仍在監禁中的巴莫之夫人，用兩國平等往來、通力合作對巴莫夫人動之以情，策動合作。[76] 此外，經濟情報有日本向緬甸採購米糧、緬印簽訂新商約，加強與英帝國集團內貿易關係等情。軍事情報則僅有歐戰擴大，緬甸加緊防空組織及嚴密監視日僑等預防工作。[77]

比對日本方面之紀錄，日軍大本營直轄的緬甸謀略機關「南機關」於 1940 年 2 月成立後，負責人鈴木敬司大佐（1897-1967，化名「南益世」）赴緬實地考察指導各項任務，日方積極接觸緬甸反對黨並協助發展獨立運動。[78] 王芃生在 1940 年 5 月至 9 月這段期間，確實也蒐報日方接觸拉攏緬方自由集團的情報，但數量有限。[79] 但對於關鍵情報，如有關日方協助德欽黨

---

74 「王芃生上海致電蔣中正」（1940 年 10 月 1 日），〈革命文獻—敵偽各情：敵情概況〉，《蔣中正總統文物》，國史館藏，數位典藏號：002-020300-00002-086。

75 「王芃生上海致電蔣中正」（1940 年 10 月 1 日），〈革命文獻—敵偽各情：敵情概況〉，《蔣中正總統文物》，國史館藏，數位典藏號：002-020300-00002-086。

76 「王芃生呈報蔣中正」（1940 年 9 月 17 日），〈一般資料—呈表彙集（一○一）〉，《蔣中正總統文物》，國史館藏，數位典藏號：002-080200-00528-083。

77 「王芃生仰光致函蔣中正」（1940 年 3 月 31 日）、「王芃生仰光致函蔣中正」（1940 年 11 月 9 日），〈一般資料—呈表彙集（一○四）〉，《蔣中正總統文物》，國史館藏，數位典藏號：002-080200-00531-020、002-080200-00531-097；「王芃生仰光致函蔣中正」（1940 年 5 月 25 日），〈一般資料—呈表彙集（一○一）〉，《蔣中正總統文物》，國史館藏，數位典藏號：002-080200-00528-036。

78 日本防衛廳防衛研修所戰史室編，李坤海譯，《大戰前後政略指導（三）：對中俄政略之策定》，日軍對華作戰紀要叢書（38）（臺北：國防部史政編譯局，1991 年，再版），頁 431-435。

79 相關情報僅二則，詳見本書附錄「緬甸情報」項次 3、4。

激進派訓練武裝游擊隊之資訊，則毫無掌握。[80] 此外，極少的情報中，值得注意的是有關日本策動巴莫自由集團赴日考察情報，侍從室特別附註有「戴副局長亦有同樣報告」之語，此狀況鮮少出現在王芃生報呈的情報中。比較同時期戴笠所呈有關滇緬情報，不僅 1940 年 5 月即已獲悉日本於泰國設置策動南洋特務大本營，且對英軍在南洋布防備戰情形、緬甸政府在臘戍和南坎兵力集結狀況等情皆有斬獲。[81] 此意味著戴笠情報系統對滇緬地區情報也開始發揮影響。

3、綜合情勢研析

　　王芃生的情報手腕之所以受到蔣中正重視，係因其擅長以宏觀角度掌握歐亞局勢、國際外交關係、日本政治與戰略走向，並加以研整分析，提出綜合性情報報告。在中南半島與滇緬戰略上，王芃生即適時展現此能力。1939 年 3 月 4 日呈送有關「張伯倫因羅斯福之鼓勵已願戰」情報和 1940 年 5 月 24 日報告「倘意大利參加歐戰，而美國態度消極時」日本之可能行動，都顯示王芃生持續關注歐戰對日本戰略之影響，認為歐戰發展係日本南進關鍵所在。[82] 此外，1940 年 10 月王芃生轉呈部屬劉曠甫的研究報告「美日關係之前途及我國應有之對策」，其中推論美國支持英國開放滇緬公路，可視為

80　日本防衛廳防衛研修所戰史室編，李坤海譯，《大戰前後政略指導（三）：對中俄政略之策定》，日軍對華作戰紀要叢書（38）（臺北：國防部史政編譯局，1991 年，再版），頁 432-434；朱浤源，〈中日首戰緬甸（1942 年）與華僑華人〉，收入黃自進、潘光哲主編，《中日戰爭和東亞變局》，下冊（新北：稻鄉出版社，2018 年），頁 132。

81　「賀耀組、戴笠香港致電蔣中正」（1940 年 5 月 6 日）、「賀耀組、戴笠仰光致電蔣中正」（1940 年 10 月 18 日）、「賀耀組、戴笠仰光致電蔣中正」（1940 年 10 月 21 日）、「賀耀組、戴笠新加坡電蔣介石」（1940 年 11 月 21 日）、「賀耀組、戴笠報告」（1940 年 11 月 23 日），〈一般資料—呈表彙集（一〇四）〉，《蔣中正總統文物》，國史館藏，數位典藏號：002-080200-00531-029、002-080200-00531-083、002-080200-00531-086、002-080200-00531-097。

82　「王芃生香港致函蔣中正」（1939 年 3 月 4 日），〈一般資料—呈表彙集（九十三）〉，《蔣中正總統文物》，國史館藏，數位典藏號：002-080200-00520-003；「王芃生香港致函蔣中正」（1940 年 5 月 24 日），〈一般資料—呈表彙集（一〇一）〉，《蔣中正總統文物》，國史館藏，數位典藏號：002-080200-00528-036。

兩國首次聯合動作，且英國似已放棄調解中日衝突，王芃生再綜合美國輿論認為「太平洋四國（中蘇美英）反日陣線之結成，已有可能，且時機亦已漸臻成熟。」[83]

　　綜合情報被視為最有價值者，係 1943 年 6 月所報「密呈由盟方探獲美蘇對日部署進度及進攻時機之續報」。該文未經摘錄，陳閱者註解「因內容頗重要，不復選摘以圈點代之，請鈞座覓暇賜閱全文為幸。」報告內容概為美蘇有望合作從西伯利亞發動攻擊，但美方考量打通滇緬路可縮短運路，因此擬先反攻緬甸、肅清地中海，秋末冬初再從西伯利亞配合反攻。王芃生認為如俟秋末冬初發動，宜催促美國勿俟滇緬路打通，應速增援軍械並加以訓練，以便趁機呼應反攻。[84] 局勢最後未如王芃生所研判，但此一構想是從西伯利亞反攻，並可牽制蘇聯在東北之發展。從該份報告可感受到王芃生和批註者急於結束抗日戰爭的心情。

　　為洞悉日本對西南國際交通線之威脅，王芃生領悟到不能只在中南半島布置，必須將範圍擴大才能發揮效益。於是，王芃生帶領國研所將觸角伸入越南、泰國、新加坡等，甚至擴及南亞的印度。這應是國研所能在國民政府對外情報運作中占有一席之地的原因。

---

83 「王芃生等呈蔣中正美日關係之前途及我國應有對策之研究報告」（1940 年 10 月 25 日），〈一般資料—呈表彙集（一○一）〉，《蔣中正總統文物》，國史館藏，數位典藏號：002-080200-00528-097。

84 「王芃生呈蔣中正由盟方探獲美蘇對日部署進度及進攻時機之續報」（1943 年 6 月 13 日），〈全面抗戰（十二）〉，《蔣中正總統文物》，國史館藏，數位典藏號：002-080103-00045-037。

第三章
戰時另類的情報員

　　抗日戰爭前夕，國民政府深切明白一旦戰爭爆發，中國沿海口岸勢必遭受日軍封鎖，中國西南將成為大後方，與中國接壤的中南半島則是大後方的屏障。國民政府除了爭取歐美國家外交的支持與軍、經援助，還需與西南周邊國家或殖民政權關係友好。基於泰國是中南半島唯一的獨立國家，是近代中國對東南亞外交工作積極爭取的對象，尤其泰國在中日戰爭爆發後，在國際外交上有親日傾向，可能威脅中國大後方安全。而日後泰國確實成為日本實施南進政策的重要軍事樞紐。其次，抗日戰爭爆發後東南亞華僑便積極參與、回國效力，曾被喻為「中國對日抗戰的四大支柱之一」。至東南亞相繼淪陷成為日本占領區後，這些回國獻身抗戰隊伍的華僑，正是情報機構所需——可以回國潛入敵後工作，特予羅致。是以部分華僑青年轉而投入中國南方邊境效力，甚至潛入東南亞地區從事情報工作，成為「無名英雄」[1]之一。

一、駐外機構人員的交涉與情蒐：
以中日戰爭初期對泰為例

　　戰爭初始，中國對東南亞即加強華僑的國族動員，以支援中國的抗戰事業，尤其是泰國問題。1938 年 10 月 18 日，蔣中正即電國民黨中執會海外部、僑委會轉海外各僑胞，以擴大徵募，接濟物資，俾軍實充盈，經濟不

1　軍統局戴笠以「無名英雄」與同志共勉。參見國防部軍事情報局編，《中美合作所誌》（臺北：國防部軍事情報局，2011 年，修訂 2 版），頁 9。

置。[2] 但 1938 年底泰國右派軍人鑾披汶（Plaek Phibunsongkhram, 1897-1964）
擔任總理後，於 1939 至 1942 年間推動「唯泰主義」運動；[3] 在「唯泰主義」
政策下，鑾披汶政府極力壓迫在泰華僑，包括限制華僑入境、摧殘華僑工商
業、對華僑行同化政策、箝制華僑思想、藉故驅逐華僑出境等。[4] 而中國的
對泰政策，一直與僑務政策糾纏不清，在泰國親日的外交政策下，華僑問題
更讓雙方關係異常敏感，使國民政府的對泰外交政策受到莫大的牽制。例如
當泰國宣布「唯泰主義」開始大力壓迫華僑時，國民政府受華僑呼籲不得
不有所反應，但又須避免刺激泰國當局使情勢更加惡化。故在 1939 年 11 月
29 日，蔣中正特地致電鑾披汶，非常委婉地提及中泰固有的良好交誼，並
「特請泰國政府對僑居泰國之中國人民，給予充分之保護。」[5] 鑾披汶雖回電
稱謝，但亦提出「但近有不肖之徒，從事非法活動，妨礙我國公共秩序，并
危害貴國良善僑民之生命財產，我方乃不得不採取必要的制止措置，專以應
付此類違法舉動，泰國政府如此所採之措施，其目的正如閣下之願望，乃為
對僑居泰國華僑之生命財產，予以充分之保護。」[6] 鑾披汶的回覆，措詞雖婉

2　〈電勉海外僑胞擴大徵募，輸財輸力，爭取抗戰勝利〉，《中央日報》（重慶），1938 年 10
　　月 18 日，版 2。

3　1939 年至 1942 年，鑾披汶先後頒布 12 個通告，泰語稱為「另泰呢榮」
　　（Ratthaniyom），字面意義為「國家主義」。而真實的含義則為「國家認可的行為準
　　則」，或「國家的要求」，透過更改國家的名稱、國歌的歌詞、人民的日常生活習慣，
　　以及某些社會價值等，建立以泰族、泰族文化為主體的現代化國家。參見他差隆祿另那
　　編，張映秋譯，〈「國家主義」的通告（一一十二號）〉，收入中山大學東南亞歷史研究
　　所編，《東南亞歷史譯叢》，第 3 集（廣州：中山大學東南亞歷史研究所，1984 年），頁
　　148-149。

4　「國際問題研究資料第一冊：少壯軍人控制下之暹羅」（1939 年），〈國際問題研究資料
　　（一）〉，《陳誠副總統文物》，國史館藏，數位典藏號：008-010602-00025-010。

5　「抄外交部蔣主席對泰文告案」（1939 年 12 月 31 日外交部抄錄），〈一般外交（三）〉，
　　《蔣中正總統文物》，國史館藏，數位典藏號：002-080106-00076-002，頁 20-21。該件是
　　蔣中正以中國國防最高委員會主席身分，發文給泰國總理鑾披汶，發出時間為 1939 年
　　11 月 29 日，泰國收文時間為 12 月 2 日。

6　「抄外交部蔣主席對泰文告案」（1939 年 12 月 31 日外交部抄錄），〈一般外交（三）〉，
　　《蔣中正總統文物》，國史館藏，數位典藏號：002-080106-00076-002。該文告正確時間
　　同註 5，1939 年 11 月 29 日發。

轉，實則悍拒了中國對泰國華僑事務的干預。

1939 年年底，國民政府開始檢討對泰的外交政策，在行政院的召集下，包括外交部、國研所、國民黨中執會海外部、僑委會、軍令部及軍委會辦公廳等單位，就外交、組織及訓練華僑、情報等方面提出計畫方案，由行政院祕書處彙整擬辦意見。在外交方面，綜合各單位所提之方案彙整成四點辦法：

1. 以成立正式邦交為處置中暹問題及對南洋外交運用之第一要著。可聯絡英法美請其從中斡旋，並電我駐英法美大使就近與暹羅駐外使節磋商，先由雙方派員組織共同委員會，對華僑之國籍、教育、經濟、商務、移民、漁業等問題開誠研討，不惜讓步遷就，俾能簽訂商約或協定，以期獲得妥協，互換使領，而後我國在暹之人力及經濟力方有保障及運用之餘地。

2. 一面由中央遴派負有國際聲譽之大員及其他名流碩學，組織親善訪問團赴暹訪問，與其朝野官紳交換意見，多方結納疏通情感，使該國人士覺悟聯日排華之失策，發動輿論督責政府，以促共同委員會之實現。

3. 再密令駐暹商務專員畀以鉅款，飭其聯絡華僑有力份子暗中進行收買暹政府要員及該國報紙，改換親日排華論調，代播我抗戰勝利消息，動搖暹政府決心，使知我國之不可侮，變更親日政策，方易就範。

4. 對暹交涉固以恢復邦交為第一要著，其促成方法尤須運用外交手段，構成英法美對暹作外交上之包圍，使其不敢親日排華。最低限度亦可使日寇不能利用暹羅危及我西南國際運輸線路。[7]

---

7 「暹羅問題之根本政策綜合各部會所提計劃方案整理擬辦對照表」（約 1939 年年底），〈對暹（泰國）政策〉，《外交部》，國史館藏，數位典藏號：020-010402-0099。暹羅雖在 1939 年更名為泰國，但在中國政府的檔案、民間記述及報章報導中，仍經常以舊稱之，這是自 1855 年以來的稱呼，例如胡文虎（1882-1954）開辦的《星暹日報》，一直

　　以上四點，可說是國民政府在面臨泰國排華措施時不得不的反制措施，但效果甚微。首先，就第 1 點而言，仍沿襲過去透過兩國駐外使節的接觸，希冀獲得訂約的機會，差別在於此次明示可以「不惜讓步」以換得訂約談判的門徑；第 2 點則延續訪問團溝通模式，希望達到親善的目的；第 3 點則更希望採金錢外交方式，試圖改換泰國官員及輿論的立場；第 4 點則希望透過英美法的外交力量，牽制泰國的外交政策。

　　1941 年初泰越衝突中，泰國藉日本調停，取得今寮國領土及柬埔寨的兩個省，即是日本慫恿泰國收復失地，實現大泰主義的成果。此刻泰國已一面倒向日本，英法在泰國已無措手之餘地。泰國似乎有意倚仗日本的支持以對外擴張，突破英法對泰國的牽制。

　　此時國民政府依 1939 年底彙整的方案，能操作的辦法中僅剩「發動輿論督責政府」，於是有 1940 年初的對泰廣播事件的出現。自 1939 年底蔣中正通電鑾披汶總理及制定國府對泰政策後，國民政府接續對泰推動相關政策，其中之一即是對泰國民眾進行泰語廣播，希望透過對泰國人民的廣播，促進泰國人民對中國抗戰事業的了解。1939 年 10 月底，國民黨中央宣傳部（以下稱中宣部）中廣事業處開始籌辦泰語廣播，並分在 1940 年 1 月 26、28 日進行兩次泰語廣播，2 月 1 日進行一次英語廣播。第一、二次廣播內容主要闡述我國抗戰意義及抗戰時之力量，同時痛斥暴日述其必敗之象徵，第 3 次則說明國民政府對旅泰僑民種種苦樂深為了解。[8] 在廣播前外交部尚去電駐泰國商務辦事處詢問，「用暹羅語向暹人廣播，有無引起暹方誤會之虞。」[9] 在獲得回覆謂「不特於暹方無礙，且可藉此以聯絡感情。」[10] 此後，廣

　　採用暹字。也因此，情報機構的報告仍以暹羅稱之，並未採用該國新國號。

8　「駐暹羅商務委員會辦事處呈電密電」（1940 年 4 月 5 日），〈對泰廣播〉，《外交部》，國史館藏，數位典藏號：020-991400-0016。

9　「中央廣播事業管理處函請代為物色播音員」（1939 年 10 月 26 日），〈對泰廣播〉，《外交部》，國史館藏，數位典藏號：020-991400-0016。

10　「暹羅商務委員辦事處電」（1939 年 11 月 18 日），〈對泰廣播〉，《外交部》，國史館藏，數位典藏號：020-991400-0016。

播工作才開始進行。不料在 2 月 12 日，外交部即接駐法大使館電稱：「據法當局面告，最近駐暹羅法使電稱『暹羅當局對重慶無線電台廣播反暹宣傳，極為不滿，擬對華僑取更不利手段。』盼我注意，並停止此種宣傳，以免暹羅當局有所藉口，致華僑蒙不良影響等語」。[11] 外交部在接獲電告後，一面函請中廣詳查廣播內容有無反暹言論，另一方面也去電詢問駐泰專員陳守明（1903-1945）。陳氏回覆泰方不滿之點有二，一為在廣播中痛陳日本的殘暴行為，泰方認為有挑撥泰國人民與日人發生惡感；其次為廣播旅泰華僑種種苦樂，中國政府深為了解一節，暗示泰政府對華僑所進行的壓迫。[12] 故此次對泰廣播，在法大使的轉告以及陳守明與英國大使的勸告下，認為此次的宣傳運用已與所求的外交關係背道而馳，遂於該年 7 月悄然中止。[13]

　　除陳守明所陳述的觀點外，更深層的原因是中國朝野上下一直視泰國為中國傳統的藩屬，即使是外交官員亦深存此種意識而輕視之，故每謂中泰關係，必從中泰間有悠久的友好邦交開頭，例如第一次廣播的開頭，即謂「提起泰國，華人進入居留頗眾且為時已久，關係密切，不能區分。」「實際上泰國與中國，確在遠古時期，已具有其密切之關係，原因不外有三：（一）地理上，兩國疆界毗連形成一片。（二）經濟上，具有密切之聯繫以及合作。（三）血統上，始終不能分開。」[14] 第二次廣播則詳述中國國力民力之偉大。[15] 第三次則提到泰方最不願與中國交涉的議題——華僑，這類想法是中國對泰國一種普遍認知。但在泰國現代化的進程中，尤其在「唯泰主義」的

---

11 「外交部函中央廣播事業處國際宣傳處密電」（1940 年 2 月 12 日），〈對泰廣播〉，《外交部》，國史館藏，數位典藏號：020-991400-0016。

12 「駐暹羅商務委員會辦事處呈電密電」（1940 年 4 月 5 日），〈對泰廣播〉，《外交部》，國史館藏，數位典藏號：020-991400-0016。

13 「關於用泰語廣播事請詧酌見是由」（1940 年 7 月 6 日），〈對泰廣播〉，《外交部》，國史館藏，數位典藏號：020-991400-0016。

14 〈重慶廣播台昨晚泰語廣播闡述中泰關係及我國抗戰意義〉，《中原報》（曼谷），1940 年 2 月 27 日，版 6。

15 〈昨晚第二次廣播詳述中國國力民力之偉大〉，《中原報》（曼谷），1940 年 2 月 29 日，版 6。

國族建構下，傳統與中國的朝貢關係被定位為一種貿易關係，否認了它的政治意涵。反藉由「泰族七次南遷」說，建構「漢族壓迫泰族」的歷史觀，[16]以強化其國民的國族意識，激發泰國人對中國及境內華人強烈的敵意。面對以漢族壓迫說產生的強烈敵意，中國還以中泰歷史關係的親近作為外交的安撫策略，恰巧弄巧成拙，得到了反效果。

　　1939 年 11 月底，在蔣中正與泰國總理鑾披汶通電換文後，因應泰國對華的態度，及上述各部會建議的對泰政策的推動，外交部重新啟動了戰前的「中泰問題討論會」，邀集國民黨海外部及僑委會召開會議（第 7 次會議後，增加軍令部及國際問題研究所，太平洋戰爭爆發後，因應戰爭狀態，自第 23 次會議之後再加入軍委會海外組），每月召集一次。此次重啟會議，主要因中泰問題日趨複雜，外交部要求各相關單位應：一、交換情報；二、齊一步驟，以免在遇事時各自為政，缺乏橫向聯繫。[17]同時，此會的目的，根據主持會議的外交部亞洲司司長楊雲竹（1901-1967）所言：「中泰雖無正式外交關係，惟華僑之散布於南洋一帶者，以在泰國者為最多，現由各有關機關組織本討論會，可就泰國政情、華僑狀況及有關中泰各項問題，相互商討、研究，作為將來兩國樹立邦交之參考與準備，至少亦求能維持在泰國華僑之現狀云。」[18]由此可知，此次討論會的召開，除商討當前外交和華僑情況外，也開始為戰後兩國建交籌謀準備。

　　討論會從 1940 年 1 月 31 日召開第 1 次會議後，持續召開至 1943 年 6 月，共計召開 33 次會議，橫跨了太平洋戰爭前後兩個時期。在太平洋戰爭爆發前，討論會總共召開過 20 次會議。討論會的組成分子與討論內容，隨

---

16 William Clifton Dodd, *The Tai Race: Elder Brother of the Chinese* (Cedar Rapids: Torch, 1923)；另參考陳呂範，〈所謂「泰族七次南遷說」剖析〉，《東南亞》，1989 年第 1 期（1989 年 3 月），頁 31。

17 「外交部亞洲司簽呈」（1940 年 11 月 29 日），〈中泰問題討論會（二）〉，《外交部》，國史館藏，數位典藏號：020-010402-0004。

18 「中泰問題討論會第 7 次會議紀錄」（1940 年 11 月 31 日），〈中泰問題討論會（二）〉，《外交部》，國史館藏，數位典藏號：020-010402-0004。

著戰爭局勢的演變而出現很大的改變。首先，就組成成分而言，初期三個部會中，僑委會與海外部工作的重心都集中在華僑事務方面，因此，初期大部分的討論內容，都集中在當前華僑狀況，例如第 1 次會議的第一案是「中暹國籍法問題」，這是僑委會長期主張，卻也是中泰關係中最困難的議題，而該案之決議「應以不損及國家民族利益為前提。」[19] 等於自我設下艱難的前提。第 7 次會議之後加入的軍令部及國研所成員，其關心的議題轉移到了近期泰國的情報，尤其是在日泰關係上。對當前中國對泰政策的形成討論的並不多，外交部代表在會議中反成為力主維穩作法的中堅。例如第 9 次會議中，列席代表主張在泰國組訓華僑時，外交部代表則持反對意見，並謂「我如在泰進行組織政黨，徒增泰國之困難，而促成中泰民族間深劇仇恨。」而主持會議之亞洲司長在結論時亦重申：「查我國現在對泰政策及本會主旨，端在謀如何維持在泰國華僑之實力，進而促成中泰樹立正常邦交。我過去對泰國華僑之組訓工作均已計劃實行，惟以不引起彼此間進一步磨擦為原則。」[20] 在第 17 次會議中，外交部代表仍主張「本部認為對泰政策，目前宜著重現有權利之維持，不宜刺激泰方感情，使日寇對泰宣傳有所藉口，故主慎重。」[21] 由此可見，在討論會進行的期間，隨著泰國排華的日趨激烈，會中對華僑權益的維護聲浪亦日益高漲，外交部代表反而常扮演著踩煞車的角色。其次，在會議內容上，激進主張的聲音日益高漲。除時局的惡化外，主要的原因是在泰國激烈排華過程中，許多激進的華僑被泰國政府驅逐出境，回到國內，他們的意見進入了中國對泰的決策體系中。例如在第 1、2 次會議期間，原泰國《中原報》社長李其雄（1909-1984）、劉世達（1909-?）、馬燦榮（三人皆被驅逐出境）的〈對暹羅僑務僑匯及中暹關係報告及改進

---

19 「中泰問題討論會第一次會議紀錄」（1940 年 1 月 31 日），〈中泰問題討論會（二）〉，《外交部》，國史館藏，數位典藏號：020-010402-0004。

20 「中泰問題討論會第九次會議紀錄」（1940 年 12 月 23 日），〈中泰問題討論會（二）〉，《外交部》，國史館藏，數位典藏號：020-010402-0004。

21 「中泰問題討論會第十七次會議紀錄」（1941 年 8 月 26 日），〈中泰問題討論會（三）〉，《外交部》，國史館藏，數位典藏號：020-010402-0005。

意見書〉，即被行政院轉交給該會參考。該意見書內容強烈攻擊主導泰國華僑意見的駐暹羅商務專員陳守明，謂其「資望難符，而能力缺乏，對祖國之認識不足，且事事畏縮，故實際不能發生作用。」他主張政府亟應另派幹練而「熱心革命」且為僑胞所信賴之人員。[22] 而在第 3 次會議後，討論會即有邀請被逐的泰國華僑參與會議，分別為第 3 次的吳碧巖（1885-?，原國民黨駐泰支部執行委員）、第 9 次陳碧笙（1908-1998）、第 11 次林藹民（胡文虎祕書）、李希穆（泰國僑商，之後即以專員身分長期與會）、第 23 次蘇宗澤（又名蘇海，泰國中華總商會祕書，後以軍委會海外部身分與會）、第 27 次蕭松琴（1902-?，蕭佛成之子）等。[23] 這些華僑的身分背景，多屬較激進的愛國分子，他們被驅逐的經驗也強化了他們對泰國政府的敵意，他們的意見摻入對泰外交的決策中，傳統強調華僑權益的對泰外交主軸重新抬頭。

隨著日本南進政策的日趨明朗，東南亞國際風雲詭譎，1941 年 11 月，由海外部、軍令部、國研所及僑委會向外交部呈交一份「對泰工作意見書」，主張由專責單位辦理全盤計畫，使領導指揮趨於統一，軍事、外交、黨務協調配合，該計畫書第一條即「呈請　總裁特派對泰工作聯絡專員一人，以秘密主持在泰各項有關軍事、外交僑務黨務及肅奸抗敵救國護僑各項工作及情報。」[24] 其工作項目第二條至第十條都是在泰布置情報工作分配。而第十一條在泰應作工作的八點中，前七點都是調查敵情及組織訓練華僑祕密

22 「李其雄等呈送對暹羅僑務僑匯及中暹關係報告及改進意見書」（1940 年 1 月 15 日，1940 年 2 月 1 日抄），〈中泰問題討論會（二）〉，《外交部》，國史館藏，數位典藏號：020-010402-0004。

23 參見「中泰問題討論會第三次會議紀錄」（1940 年 3 月 30 日）、「中泰問題討論會第九次會議紀錄」（1940 年 12 月 23 日），〈中泰問題討論會（二）〉，《外交部》，國史館藏，數位典藏號：020-010402-0004；「中泰問題討論會第十一次會議紀錄」（1941 年 2 月 28 日）、「中泰問題討論會第二十三次會議紀錄」（1942 年 3 月 26 日）、「中泰問題討論會第二十七次會議紀錄」（1942 年 8 月 31 日），〈中泰問題討論會（三）〉，《外交部》，國史館藏，數位典藏：020-010402-0005。

24 「中泰問題討論會第二十次會議紀錄」（1941 年 11 月 18 日），〈中泰問題討論會（三）〉，《外交部》，國史館藏，數位典藏號：020-010402-0005。

工作，只有最後一點是「推進中泰民族友好工作」。[25] 顯見該意見書已是準戰爭形態的工作意見書，戰前的「人民親善」已放在最後的項目了，外交部所主導的外交工作已然被架空。半個月後太平洋戰爭爆發，因應戰爭情勢的大轉變，該工作意見書所建議的內容，在下一次的討論會中（即第 21 次）被暫予保留而未執行。[26]

　　中國對泰國關注的另一原因，是泰國與日本的關係日趨緊密所致。1938年 3 月，國研所即電告蔣中正泰國與日本關係密切，[27] 由於泰國是日軍轉進滇緬之關鍵，因此王芃生自 1939 年 2 月起便持續追蹤泰國政府對與英法、日本間之競合關係，而在 1939 年 5 月至 8 月間，中國的情報單位不斷提出日泰「勾結」的情報；[28] 至 8 月下旬，軍統局幾乎確定泰國將與日德義採一致立場以壓制華人收回全部經濟權益。[29] 同時間，國研所亦提出在少壯派軍人控制下的泰國，在軍事上不但派遣大批青年軍官前往日本受訓，亦在日本貸款下向其購買軍備，在「軍事上已奉倭人為導師」。而在外交上、日本認為泰國為其南進最好的根據地，極盡手段勾結泰國，近日更協助泰國出兵越南，以期收復泰方失地，且對越的侵略已威脅越桂交通線，關係到抗戰的

25 「中泰問題討論會第二十次會議紀錄」（1941 年 11 月 18 日），〈中泰問題討論會（三）〉，《外交部》，國史館藏，數位典藏號：020-010402-0005。

26 〈中泰問題討論會第二十一次會議紀錄〉（1941 年 12 月 24 日）〈中泰問題討論會（三）〉，《外交部》，國史館藏，數位典藏號：020-010402-0005。

27 「電與暹外長及駐暹英法使密談知非親日僅敷衍兩使允許秘密交換情報」，〈對英法德義關係（四）〉，《蔣中正總統文物》，國史館藏，數位典藏號：002-090103-00014-151。

28 「谷正倫張鎮等電蔣中正日本已接獲德義同意援助日本反共戰爭並向德義與泰國徵志願兵來華作戰等情報提要等三則」（1939 年 4 月 29 日），〈一般資料—呈表彙集（九十二）〉，《蔣中正總統文物》，國史館藏，數位典藏號：002-080200-00519-088；「王芃生電蔣中正暹羅將放棄親敵」（1939 年 7 月 31 日），〈一般資料—呈表彙集（九十五）〉，《蔣中正總統文物》，國史館藏，數位典藏號：002-080200-00522-061；「顧維鈞電蔣中正日暹密約內容」（1939 年 8 月 10 日），〈一般資料—呈表彙集（九十二）〉，《蔣中正總統文物》，國史館藏，數位典藏號：002-080200-00519-004。

29 「賀耀組戴笠電蔣中正暹羅近情彙報」（1939 年 8 月 19 日），〈一般資料—呈表彙集（九十五）〉，《蔣中正總統文物》，國史館藏，數位典藏號：002-080200-00522-069。

生命線。[30] 同年 9 月，歐戰爆發，泰國雖然宣布中立，但泰日關係卻愈趨緊密。

　　1940 年 3 月 11 日，又傳出德義日邀請泰國加入防共協定的消息。[31] 至 4 月中旬，中國即接獲日泰雙方將簽訂友好條約的全文，該條約主要重點在第 3 條：「訂約雙方之一，倘遇任何第三國侵略時，則另一方須保證對此第三國不作任何物資與財力之援助。」[32] 同一時間，泰國總理鑾披汶在接見記者時復表示泰政府在承認南京汪政權問題上「承認與否實不成問題」，[33] 態度已明顯傾向日本。值此之際，迫使國民政府必須因應日益惡化的東南亞局勢。但蔣中正此時亦憂心於華北中共勢力的擴張，在內外交困的局勢下，蔣中正在 1940 年 5 月 25 日日記中寫道：「預防倭占南洋與安南，與預防共匪作亂於華北之緩急輕重，應有所決定，此時應重內而輕外，先北而後南也。倭如南進則其必介入歐戰，並與美衝突，於我政略上為有利也。」[34] 由此可知，國民政府此刻雖關心東南亞的局勢變遷，尤其是日本與泰國的結盟態勢，但基於國內情勢及國力，尚無力兼顧泰國的外交趨向。而對於日本南進的野心，「須有英美合作與美蘇合作，而且有實際表示，方能以遏止敵人南進野心。」[35] 因此，當 1940 年底，泰國與法越爆發衝突時，中國只能旁觀，坐視

30 「國際問題研究之十：少壯軍人控制下的暹羅」（1939 年），〈國際問題研究資料〉，《陳誠副總統文物》，國史館藏，數位典藏號：008-010602-00025-010。

31 「王芃生電蔣中正德意日邀請暹羅加入防共協定」（1940 年 3 月 4 日），〈一般資料—呈表彙集（九十三）〉《蔣中正總統文物》，國史館藏，數位典藏號：002-080200-00520-003。

32 「溫毓慶電蔣中正日泰友好條約全文」（1940 年 4 月 19 日），〈一般資料—呈表彙集（一二三）〉，《蔣中正總統文物》，國史館藏，數位典藏號：002-080200-00550-106。

33 「賀耀組、戴笠電蔣中正暹羅政府對汪逆偽府之表示」（1940 年 5 月 3 日），〈一般資料—呈表彙集（一二三）〉，《蔣中正總統文物》，國史館藏，數位典藏號：002-080200-00550-102。

34 「蔣中正日記」，1940 年 5 月 25 日，史丹福大學胡佛研究所藏；呂芳上主編，《蔣中正先生年譜長編》，第 6 冊（臺北：國史館，2014 年），頁 317。

35 「蔣中正電胡適宋子文日本近衛文麿內閣積極向南洋發展盼美與英有合作計畫」（1940 年 7 月 18 日），〈革命文獻—對美外交：一般交涉（一）〉，《蔣中正總統文物》，國史館藏，數位典藏號：002-020300-00028-035。

日本介入調停，而蔣中正只能說「泰越已受倭寇之脅誘，一時當在其掌握之中。」[36] 並唱嘆「泰國之愚昧極矣。」[37] 1941 年 4 月 25 日國研所回報，日本與泰國談判軍事同盟條約，內容包括將泰北邊境築陸空基地並駐軍五萬，作為進攻滇緬路用等資訊。[38] 同時，中國在英屬馬來亞駐檳榔嶼領事館員也開始注意日泰動向，1941 年 4 月送回的二次報告，其重點為：一、泰國開始實施統制米糧出口，大批米糧悉由泰國營米公司收購，再交日商運往日滬一帶，致泰境內華商米業全部停頓，華商損失慘重。二、泰國正開闢機場，有日人在旁監工，泰國政府同意日本開採泰南的鎢礦，以及允許日商三菱公司開採 Noradhavad 金礦。[39] 三、先前泰國以米、橡膠和錫交換，向日本訂購大宗軍械及飛機，在 4 月下旬運到 55 架飛機，其中 20 架飛往泰北。四、在泰國的日商三菱、三井、野村等合組貿易公司，高價收買橡膠、錫，壟斷市場。[40] 中國駐英屬馬來亞檳榔嶼領事館員看到日泰關係愈益緊密，推測泰國有意加入日本的大東亞共榮圈。

由於中泰未建交，僅設立商務辦事處，駐曼谷商務專員陳守明亦進一步指出，泰國有意加入軸心國。陳守明探知泰國務院長兼國防部長鑾披汶原意親赴東京簽署加入軸心國密約，後因事改派助理前往商議；鑾披汶還准許日本在泰設立海陸空軍根據地，以及將臨越邊境的泰軍調回，集中泰南之宋卡附近。[41] 另報，泰國教育部政次兼軍訓廳長乃巴允在赴歐考察後，有意在國

36　蔡盛琦編，《蔣中正總統檔案：事略稿本》，第 45 冊（臺北：國史館，2010 年），頁637-638，1941 年 2 月 28 日。

37　蔡盛琦編，《蔣中正總統檔案：事略稿本》，第 45 冊（臺北：國史館，2010 年），頁407，1941 年 1 月 31 日。

38　「王芃生上海致電蔣中正」（1941 年 4 月 25 日），〈革命文獻—敵偽各情：敵情概況〉，《蔣中正總統文物》，國史館藏，數位典藏號：002-020300-00002-113。

39　「檳榔嶼領事館電外交部」（1941 年 4 月 14 日），〈盟軍戰訊〉，《外交部》，國史館藏，數位典藏號：020-990700-0098。

40　「檳榔嶼領事館電外交部」（1941 年 4 月 26 日），〈盟軍戰訊〉，《外交部》，國史館藏，數位典藏號：020-990700-0098。

41　「陳守明電外交部」（1941 年 4 月 16 日），〈盟軍戰訊〉，《外交部》，國史館藏，數位典藏號：020-990700-0098。

內仿德國模式儘速訓練青年軍團，似備參加軸心之遠東侵略。[42]

英美顯然也關切泰國的動作，擔心其參加軸心國，故聯合禁運汽油售泰。泰國為此先向荷屬印度尼西亞爭取進口石油，後向美國洽商，期能打消美國禁令，泰國宣傳廳長乃威力出面強調泰國是嚴守中立國家，且不承認日本為東亞新秩序領袖之事。此一發言得到英、美不同對待，美國對泰仍採保留，拒絕泰國要求提領存美準備金，且先前泰國向美訂購 10 架飛機也被截留在菲律賓。而英國態度則轉為示好，協調將荷屬印度尼西亞之石油由馬來亞輸入泰國，立即得到泰國回饋，增加供應馬來亞米糧，年計 30 萬噸。[43]另一方面，泰國設立特別庭，一旦發現洩漏軍事祕密或涉及間諜嫌疑者，即予槍決。為此，陳守明坦言日後調查泰軍或在泰的日軍動向已愈益困難。[44]國民政府駐泰人員傳遞情報功能邊緣化，消息來源轉向祕密管道，即在泰國設立電臺。軍統局在泰電臺負責人是蕭松琴，1940 年起擔任國民政府僑務委員會委員，後接受戴笠要求趕辦電臺，惟時間不明。從檔案可以確定，軍統局在曼谷的電臺至少在 1942 年 1 月中旬仍維持運作。[45]從各種情報表明，泰國成為日本南進重要基地勢成定局，中國必須未雨綢繆，儘早因應此一局勢。

在抗日戰爭前期，中國對泰的工作，最初是因關注日本南進的動作，及泰國國族主義對華僑的壓迫日益強烈，而引起中國有關當局的矚目。此時國

---

42 「陳守明電外交部」（1941 年 4 月 29 日），〈盟軍戰訊〉，《外交部》，國史館藏，數位典藏號：020-990700-0098。

43 「檳榔嶼領事館電外交部」（1941 年 5 月 10 日）、「陳守明電外交部」（1941 年 6 月），〈盟軍戰訊〉，《外交部》，國史館藏，數位典藏號：020-990700-0098。

44 「陳守明電外交部」（1941 年 5 月 1 日），〈盟軍戰訊〉，《外交部》，國史館藏，數位典藏號：020-990700-0098。

45 戴笠詢問蕭松琴支領軍統局的薪津和蕭在曼谷組的表現，參見：「戴笠手令」，〈戴公遺墨—人事類（第 3 卷）〉，《戴笠史料》，國史館藏，數位典藏號：144-010110-0003-084。戴笠請蕭松琴轉請其夫人協助維持通訊及維持報務員等的生活，參見：「戴笠手令」，〈戴公遺墨—電訊類（第 1 卷）〉，《戴笠史料》，國史館藏，數位典藏號：144-010109-0001-010。

民政府仍依循著戰前確立下來的「親善」方針試圖改善中泰外交關係，但隨著戰爭壓力的迫近，及激進派華僑參與了外交政策的制定體系，使得對泰政策也逐漸趨於強硬，並朝向戰爭的方向轉變。1941 年 12 月 8 日太平洋戰爭爆發，泰國也捲入的第二次世界大戰中，中泰外交關係也進入新的階段。

二、東南亞華僑投入情報工作

（一）從軍旅行伍「華僑隊」到特種訓練員

七七盧溝橋事件後，許多華僑激於義憤，回國從軍，請纓殺敵。然當時中國並未缺乏兵源，還不需要向海外華僑募兵，且華僑多未受過軍事訓練，政府亦難以發派任務。故抗戰初期，政府並不鼓勵華僑回國從軍。1938 年秋，中宣部、僑委會曾先後通告海外華僑，「除空軍人才及醫師公開徵求外，切勿輕率回國。」[46] 然仍有不少華僑闖關返國投考軍校，故自 1938 年下半年開始，國民政府軍委會命令中央陸軍軍官學校廣西南寧分校，自第 15 期開始辦理招考華僑學生入伍受訓，該期華僑分配到 100 個名額。[47] 這是中央軍校第一次向海外招生。次年（1939 年），軍校海外招生規模突然擴大起來，應與當時局勢有密切關連。

武漢會戰後，由於中日戰爭激烈，部隊基層幹部急需補充，故此時中央陸軍軍官學校各分校開始大規模招生。其次，1939 年初因汪精衛出走並有意另籌組南京國民政府。重慶國民政府必須鞏固僑心，遂向海外招生，顯示政府抗戰到底的決心。[48] 三者，日本南進政策漸趨明朗，在 1939 年 5 月到 8

---

46 中國第二歷史檔案館藏，全宗號 22，目錄號（2），案卷號 35。轉見中國抗日戰爭史學會、中國人民抗日戰爭紀念館編，《海外僑胞與抗日戰爭》（北京：北京出版社，1995 年），頁 289-230。

47 （駐新嘉坡總領事館）「為呈報中央陸軍軍校廣西分校派員南來招考僑生事」附件「中央陸軍軍官學校廣西南寧分校招考第十五期學生簡章」（1938 年 2 月 8 日），〈華僑從軍（一）〉，《外交部》，國史館藏，數位典藏號：020-990500-0023。

48 「中央軍校四分校僑生考試各科試題」（1939 年 8 月），〈華僑從軍（一）〉，《外交部》，

月間，中國情報單位不斷提出日泰「勾結」的警示情報，[49] 幾乎可以確定泰國將倒向日德義三國。[50] 為未雨綢繆計，國民政府應該開始培養熟悉東南亞環境、情勢的軍事幹部，以因應未來的局勢。故 1939 年下半年，軍委會開始在國內各地及海外的新加坡、菲律賓、西貢、河內、緬甸、巴達維亞、香港廣設招生委員會，積極向華僑招募軍校學生。[51] 造成該年報考人數爆增，僅港澳地區報考者即達千餘人。1939 年原訂錄取僑生 120 名，但海外保送回來的僑生多達 200 餘名，且尚有後續到者，故該年第 4 分校共收了 254 名僑生，成立華僑學生大隊。[52] 1940 年，日本南進態勢更為明顯，僑生報考人數益眾，第 4 分校原定海外招生 253 名（上一年額度），但大量僑生回國報考，最後招收了 1,200 餘名，故將大隊擴編成為總隊，此即著名的第 4 分校 17 期 26 總隊（亦名華僑總隊）。[53] 事實上不僅僅是第 4 分校招收僑生，當時各軍校皆在廣招學生，故亦有不少僑生報考其他分校。在第 17 期中，位於四川合川的校本部第 20 總隊第 3 大隊第 9 中隊，也是全由華僑學生組成，故亦稱為華僑隊。[54]

國史館藏，數位典藏號：020-990500-0023。

[49] 「谷正倫張鎮等電蔣中正日本已接獲德義同意援助日本反共戰爭並向德義與泰國徵志願兵來華作戰等情報提要等三則」（1939 年 4 月 29 日），〈一般資料—呈表彙集（九十二）〉，《蔣中正總統文物》，國史館藏，數位典藏號：002-080200-00519-088；「王芃生電蔣中正暹羅將放棄親敵」（1939 年 7 月 31 日），〈一般資料—呈表彙集（九十五）〉，《蔣中正總統文物》，國史館藏，數位典藏號：002-080200-00522-061；「顧維鈞電蔣中正日暹密約內容」（1939 年 8 月 10 日），〈一般資料—呈表彙集（九十二）〉，《蔣中正總統文物》，國史館藏，數位典藏號：002-080200-00519-004。

[50] 「賀耀組戴笠電蔣中正暹羅近情彙報」（1939 年 8 月 19 日），〈一般資料—呈表彙集（九十五）〉，《蔣中正總統文物》，國史館藏，數位典藏號：002-080200-00522-069。

[51] （駐新嘉坡總領事館）「呈報奉僑務委員會令辦理招軍校學生經過情形」（1939 年 9 月 26 日），〈華僑從軍（一）〉，《外交部》，國史館藏，數位典藏號：020-990500-0023。

[52] 胡斯仁，〈華僑青年從軍記〉，《京華中原聯合日報》（曼谷），佛曆 2530 年（1987 年）7 月 18 日。

[53] 胡斯仁，〈華僑青年從軍記〉，《京華中原聯合日報》（曼谷），佛曆 2530 年（1987 年）7 月 18 日。

[54] 鄭國華，〈兩度同訓寫林松〉，收入泰國黃埔校友會編，《鐵血雄風：泰國華僑抗日實錄》（曼谷：泰國黃埔校友會，1991 年），頁 67。

　　根據泰國黃埔校友會出版的《鐵血雄風：泰國華僑抗日實錄》[55]（以下稱
《鐵血雄風》）一書的記載，抗戰期間，約有一千餘名泰華青年回國從軍，其
中 110 名有傳記留存，另在該書附錄中錄有 769 名失去聯絡（陣亡或滯留
大陸）同學的姓名，及 42 名復員返泰後病故同學，故從本書中可徵信的回
國從軍青年共計 921 名。[56] 泰國華僑回國投考軍校並非始自抗戰時期，黃埔
軍校第 1 期即有泰國華僑 1 名（邢田福[57]，1898-?）。而與泰僑回國從軍有密
切關係的則是第 4 期畢業的劉焜（1904-?），原籍廣東潮州潮陽人，1904 年
出生於泰國，父母在泰經商，家境堪稱富裕。1925 年，劉焜背著父母返鄉
投考、成為黃埔軍校第 4 期生，從此步上從軍之路。[58] 1935 年，劉焜隨陳
誠（1898-1965）到廣州接收陳濟棠（1890-1954）的燕塘分校歸隸陸軍軍官
學校廣州分校，後改稱第 4 分校，他則留校擔任教官、大隊長等職達八年之
久。其間，曾兩度擔任潮汕招考官，[59] 對於上述有近六成的僑生，是在國內
投考軍校發揮很大的影響。

　　《鐵血雄風》中有傳記留存的 110 人中，就第 4 分校各期分布情形如
下：

55　泰國黃埔校友會編，《鐵血雄風：泰國華僑抗日實錄》（曼谷：泰國黃埔校友會，1991
　　年）。

56　〈目錄〉；林謙、陳宗焯編，〈附錄一　我去聯絡之泰華從軍同學英名錄〉、〈附錄二　復
　　員返泰謝世缺資料同學英名錄〉，收入泰國黃埔校友會編，《鐵血雄風：泰國華僑抗日
　　實錄》（曼谷：泰國黃埔校友會，1991 年），頁 493-499。

57　邢田福，廣東文昌縣人，1898 年生，生平不詳。參見陳予歡，《軍中驕子：黃埔一期縱
　　橫論》（臺北：秀威資訊科技，2012 年），頁 56。

58　資料室〔按：該書每篇皆為人物傳記，有些是自撰，有些是他人代撰，但每一篇的作
　　者，有時是書寫本人姓名，但多數時使用「資料室」冠名。李道緝撰文時依文意做區
　　隔，自撰者用當事人名稱，他撰者用資料室名稱〕，〈劉焜生平事實〉，收入泰國黃埔校
　　友會編，《鐵血雄風：泰國華僑抗日實錄》（曼谷：泰國黃埔校友會，1991 年），頁 56-
　　57。

59　資料室，〈劉焜生平事實〉，收入泰國黃埔校友會編，《鐵血雄風：泰國華僑抗日實錄》
　　（曼谷：泰國黃埔校友會，1991 年），頁 58。

表 1　中央陸軍軍官學校第 4 分校各期泰華學生

期別	14	15	16	17.26	17 其他	小計	18	總計
人數	1	5	4	29	21	50	1	61

資料來源：整理自泰國黃埔校友會編，《鐵血雄風：泰國華僑抗日實錄》（曼谷：泰國黃埔校友會，1991 年）。

其他尚有校本部（合川）第 4 期 2 名、第 10 期 1 名、第 12 期 1 名、第 16-17 期計 29 名，合計校本部僑生有 33 名。第 2 分校 2 名、第 6 分校 3 名、第 7 分校 1 名，其他學校 10 名。由此可知，華僑學生多集中在第 4 分校及校本部的 17 期，兩者計有 79 名，占七成二的比例，誠如林謙所言「自 12 期至 19 期，尤以第 17 期人數最多。」[60] 另一方面，若從人數比例來看，校本部的僑生人數亦不在少數，這是過去所忽略的現象。

軍校生活是一段艱苦的鍛鍊。以 26 華僑總隊為例，1939 年 9 月在廣西宜山縣六坡村成立，編為 3 個大隊 9 個中隊。入伍即實施勞動服務，蓋營房、搭教室、修整民房為寢室。然尚未正式受訓，日軍即占領南寧，偷襲宜賓，宜山受到威脅，第 4 分校奉令動員組軍，向忻城一帶挺進。華僑大隊學生入伍未久，在急行軍中學習實彈射擊、尖兵、步哨、擔任警戒、諜報、押運等課程。不久，日敵陷崑崙關，第 4 分校奉命遷貴州獨山，由宜山至獨山，計程約千公里，在路上行軍三個多月才抵獨山。[61] 正值國家多難之秋，物資經費極度缺乏，26 總隊沒有校舍，只在獨山縣的五里橋劃出一大片荒地，由入伍的學生勞動服務，自己建造講堂、臥室、飯廳、廁所，以及操場和道路。從整平地基，砍樹鋸木，建造房屋，製桌椅臥鋪，次第完成，成為一個範圍廣闊而完整的大營地。[62]

60　林謙、陳宗焯編，〈附錄一　我去聯絡之泰華從軍同學英名錄〉，收入泰國黃埔校友會編，《鐵血雄風：泰國華僑抗日實錄》（曼谷：泰國黃埔校友會，1991 年），頁 493。

61　胡斯仁，〈華僑青年從軍記〉，《京華中原聯合日報》（曼谷），佛曆 2530 年（1987 年）7 月 18 日；黃惠和，〈冒險犯難從軍記〉，收入泰國黃埔校友會編，《鐵血雄風：泰國華僑抗日實錄》（曼谷：泰國黃埔校友會，1991 年），頁 262。

62　王學光，〈接受軍訓參與抗日工作〉，收入泰國黃埔校友會編，《鐵血雄風：泰國華僑抗日實錄》（曼谷：泰國黃埔校友會，1991 年），頁 215。

當時生活艱苦，學員們日後最難忘的莫過於飲食與冬季夜間教育。在飲食方面，由於獨山對外交通不便，而學生人數眾多，糧食運輸無法解決，因此不得不以學生搬運糧食，爬山越嶺，備嘗辛苦。搬運糧食最近的地方是機場，往返將近一天，遠的要到三合、荔波、平塘等縣，行程約須一週往返。去時則機會教育，實施戰備行軍，沿途演習斥候、搜索班、尖兵等動作，回程肩上負滿滿一袋米，爬過一山又一山。[63] 而每人每日二餐，按日發 22 市兩糙米，吃的是「八寶飯」（米中攙合沙、石、糠、穀等），坐的是 11 號汽車（徒步）。[64] 在太平洋戰爭爆發前，華僑學生多有家庭匯寄零用錢，可以在合作社打打小食，1942 年以後，只有泰國學生尚可以收到家中援濟，其他華僑學生則外匯斷絕，生活清苦。[65] 校方為了改善學生營養，只能自力更生，派學生開墾荒地種菜、養豬、養羊，以增加學生營養。[66] 其次是冬季夜間教育，獨山冬季寒風刺骨，還少不了霪雨霏霏。但無論夏季還是冬季，每逢週二、五晚上，必定舉行夜間演習，課目有：著裝法、視力聽力養成、靜肅行軍、點火法、方位判定、夜暗識別、射擊設施、夜間旅次及戰備行軍等，讓這些從熱帶地區來的學員，更加難以忍受。[67] 故有謂：這一群逾千人的海外青年、其中不乏大商家的少爺，最低限度亦是豐衣足食者，但在軍校穿起了襤褸的軍服與草鞋，耐著冬季的天寒地凍，每天吃著兩餐的含沙、糙米飯和缺油鹽且無肉的菜，吃的軍米還要到數十公里外背回來，對這種困苦

63 黃康寧，〈抗戰從軍行，我的感觸〉，收入泰國黃埔校友會編，《鐵血雄風：泰國華僑抗日實錄》（曼谷：泰國黃埔校友會，1991 年），頁 444。

64 資料室，〈陳慶利百戰榮歸〉、資料室，〈陳運騰簡史〉，收入泰國黃埔校友會編，《鐵血雄風：泰國華僑抗日實錄》（曼谷：泰國黃埔校友會，1991 年），頁 76、362。

65 胡斯仁，〈華僑青年從軍記〉，《京華中原聯合日報》（曼谷），佛曆 2530 年（1987 年）7 月 18 日。

66 黃康寧，〈抗戰從軍行，我的感觸〉，收入泰國黃埔校友會編，《鐵血雄風：泰國華僑抗日實錄》（曼谷：泰國黃埔校友會，1991 年），頁 444。

67 黃康寧，〈抗戰從軍行，我的感觸〉，收入泰國黃埔校友會編，《鐵血雄風：泰國華僑抗日實錄》（曼谷：泰國黃埔校友會，1991 年），頁 444。

的生活竟能甘之如飴，可算是奇蹟。[68]

　　兩年軍校生活畢業後，大部分學員分發到國軍各戰區作戰部隊，擔任排連長或參謀，馳騁沙場，另有一部分學員則繼續接受特種訓練，準備調赴敵後戰場。以特種訓練言，培訓東南亞情報網幹部，早期主要有兩個機構：一是「南洋工作人員訓練班」（簡稱「南訓班」），另一個是「中央警官學校特警班」（簡稱「特警班」或「息烽特訓班」）。1940 年國民政府研判日軍勢將南進，乃有構建南洋情報網之舉。1941 年 9 月，第 17 期華僑總隊第 1 大隊畢業時，軍統局即派梁若節（1908-?）、董宗山（1913-?）到校甄選 100 名同學赴渝，成立「南訓班」。「南訓班」前後共招收兩批華僑學員，畢業後從事於情報工作。[69] 在《鐵血雄風》一書中共有 26 名是「南訓班」成員，分別是林劍鴻、何成彤等人[70]。珍珠港事件後，東南亞華僑的身分與角色愈發重要，軍統局在 1942 年與 1943 年的畢業生中挑選百餘名學員，進入位於貴州息烽縣的「特警班」第 5 期加以特種訓練，前後亦 2 期共 200 餘名。[71]《鐵血雄風》中亦有 26 名結訓於「特警班」的學員，分別為郭子凱、林志昂等人。[72]「南訓班」受訓時間較短，約四個月，其內容則不得而知。「特警班」分為情報、警政、會計、行動、電訊五個學系，專門訓練特種技能，受訓期一年。[73] 除這兩大特訓單位外，另也有些較小規模、短期的特種訓練，例如

68　王學光，〈接受軍訓參與抗日工作〉，收入泰國黃埔校友會編，《鐵血雄風：泰國華僑抗日實錄》（曼谷：泰國黃埔校友會，1991 年），頁 215。

69　胡斯仁，〈華僑青年從軍記〉，《京華中原聯合日報》（曼谷），佛曆 2530 年（1987 年）7月 18 日。

70　泰國黃埔校友會編，《鐵血雄風：泰國華僑抗日實錄》（曼谷：泰國黃埔校友會，1991年），頁 16、19、227、74、95、99、124、135、151、237、260、265、279、282、294、316、321、327、329、333、341、343、346、347、353、359。

71　胡斯仁，〈華僑青年從軍記〉，《京華中原聯合日報》（曼谷），佛曆 2530 年（1987 年）7月 18 日。

72　泰國黃埔校友會編，《鐵血雄風：泰國華僑抗日實錄》（曼谷：泰國黃埔校友會，1991年），頁 82、87、90、93、110、112、121、123、145、148、195、207、214、219、241、286、297、310、331、361、368、376、391、394、481-482。

73　陳炎森，〈參加抗日工作憶往〉、林謙，〈林謙傳略〉，收入泰國黃埔校友會編，《鐵血雄

1942 年因應越南局勢，林明春在畢業後被軍統局派往廣西田東越南工作幹部訓練班（簡稱「越幹班」），受訓一年左右。[74] 此外，1941 年軍統局在第四戰區司令部參謀處內設立四人組特別訓練班，吳多謙奉派參加，受訓三個月後結業，旋即奉派兼任越南情報組中校組長。[75]

太平洋戰後爆發後，為了配合盟軍作戰，中英、中美雙方也在情報工作上亦相互支援。中英方面，1942 年，為了協助英國人潛入東南亞敵後作戰（英國人高鼻子藍眼睛，不適合潛入東南亞敵後），軍統局從「南訓班」結業學員中，挑選一批人赴印度受訓，第一批 12 人，包括文校僑生 4 人外（姓名不詳），其他 8 人為陳碧海、馬克武、馬燦光、林松、黃伯良、鄭膺、雲逢皓和鄭國華。他們被派往印度盟軍英國軍事經濟調查局（ME25）接受特種訓練，特別重視爆破和夜間行軍，受訓時間約二年。這組人的暗號為「紅象」，陳碧海、馬克武為正、副隊長。「紅象」每隊 12 人，然而，到底有幾組「紅象」則不得而知。在同一個訓練營中另有一組「白象」，則為「自由泰」人員所組成。[76] 1944 年，軍統局又派「特警班」結業學員赴印度東南亞盟軍總部「中英合作所」[77] 受訓，一行 20 人首先到達加爾各答體檢，一人被遣返，隨即分組授課，爆破組有林春松、黃志華、劉永堅等共 7 人。他們在普那受實物爆破訓練，在孟買受跟蹤訓練，在孟德拉斯附近的森林受生活

風：泰國華僑抗日實錄》（曼谷：泰國黃埔校友會，1991 年），頁 483、209。

74 林明春，〈從軍抗日自述〉，收入泰國黃埔校友會編，《鐵血雄風：泰國華僑抗日實錄》（曼谷：泰國黃埔校友會，1991 年），頁 385。

75 吳多謙，〈成介取義，不負男兒〉，收入泰國黃埔校友會編，《鐵血雄風：泰國華僑抗日實錄》（曼谷：泰國黃埔校友會，1991 年），頁 183。

76 鄭國華，〈兩度同訓寫林松〉、資料室，〈陳碧海事跡〉、資料室，〈馬燦光簡述〉，收入泰國黃埔校友會編，《鐵血雄風：泰國華僑抗日實錄》（曼谷：泰國黃埔校友會，1991 年），頁 70-71、350、352。

77 按：在林春松自述中稱為「中美合作所」，但在陳文波的自述中稱為「中英合作所」，而王學光及雲剛的傳略中都稱「中英合作組」或「中英合作計畫」，今依陳文波說法。參見〈林春松自述〉、陳文波，〈天上客階下囚〉、王學光，〈接受軍訓與參加抗日工作〉、資料組，〈空降敵後的雲剛〉，收入泰國黃埔校友會編，《鐵血雄風：泰國華僑抗日實錄》（曼谷：泰國黃埔校友會，1991 年），頁 301、392、215、64。

訓練，在海邊受划船訓練，在新德里附近受降落傘訓練，及在錫蘭（今斯里蘭卡）作潛水艇生活訓練，前後約一年的時間。[78] 中美方面，1943 年 7 月 1日，為了培植中國情報人才、蒐集交換情報和氣象情報、展開敵後破壞和心理作戰，以策應美軍登陸為目的的中美合作所在重慶磁器口鍾家山正式成立。[79] 在鄭國華的回憶中，軍統局撥了南訓班同學 30 人進入中美合作所受訓。[80] 其中郭澤鈞進入「參謀班」第 8 期接受參謀作業訓練。[81] 而較著名的是丁家駿（1909-1997），畢業於新加坡華英書院，抗戰爆發後棄商從軍，投入軍統局別動隊，因長於英語，被派往中美合作所，編入「翻譯人員特警訓練班」（簡稱「譯員班」），受訓為期一年。丁家駿除受術科軍事訓練及特警技術外，還有學科如國際形勢、政治學、情報學等課目，結業後，即奉派留在中美合作所任陸軍中校翻譯聯絡官，貢獻所學。[82]

　　由此可知，許多華僑青年回國報考軍校，日後多被調赴從事特種訓練，甚至接受英美特種訓練，以備從事於東南亞的敵後作戰。

（二）奔赴敵後的馬來亞華人：136 部隊

　　抗戰後期由國民政府與英軍聯合組織的「中英敵後情報工作隊」，亦即「136 部隊」（136 Forces）。這支工作隊由 1942 年從馬來亞轉進印度的新加坡國民黨員莊惠泉（1900-1974）與林謀盛（1909-1944）所領導，經過訓練後，自 1943 年起分批潛入馬來亞地區進行敵後情報收集工作，並與馬來亞

78　〈林春松自述〉，收入泰國黃埔校友會編，《鐵血雄風：泰國華僑抗日實錄》（曼谷：泰國黃埔校友會，1991 年），頁 301-302。

79　國防部軍事情報局編，《中美合作誌》（臺北：國防部軍事情報局，2011 年，修訂 2版），頁 19。

80　鄭國華，〈兩度同訓寫林松〉，收入泰國黃埔校友會編，《鐵血雄風：泰國華僑抗日實錄》（曼谷：泰國黃埔校友會，1991 年），頁 70。

81　資料室，〈郭澤鈞事略〉，收入泰國黃埔校友會編，《鐵血雄風：泰國華僑抗日實錄》（曼谷：泰國黃埔校友會，1991 年），頁 269。

82　資料室，〈丁家駿傳略〉，收入泰國黃埔校友會編，《鐵血雄風：泰國華僑抗日實錄》（曼谷：泰國黃埔校友會，1991 年），頁 478-479。

共產黨領導的「馬來亞人民抗日軍」（MPAJA）合作抗日，直至 1945 年戰
爭結束。另一方面，在陳嘉庚（1874-1961）所領導的「南洋華僑籌賑祖國
難民總會」籌賑救國的同時，1930 年成立的馬來亞共產黨，出於配合共產
國際與中共的需要，也另行成立「馬來亞華僑各界抗敵後援會」（簡稱「抗
援」），以「援八援四」（支援八路軍與新四軍）為口號。由於英屬馬來亞總
督托馬斯（Shenton Thomas, 1879-1962）要求捐款必須匯交國民政府，因此
抗援的勸募工作是以依附在「籌賑會」的半公開形式進行，所得款項則未上
繳，而是祕密匯到香港的八路軍辦事處，以支援中共所領導的抗日部隊。[83]
為了配合中共的抗戰需求，抗援除了勸募工作之外，遇到有意願回國參戰的
愛國志士，即負責安排他們回國參戰。這批志願者一般先被送往香港的八路
軍辦事處集中，再送回國內參戰。

　　1938 年 10 月，為了策應武漢會戰，日軍開始進攻華南地區。10 月 21
日，日軍攻陷廣州，此後又逐步占領珠江支流的東江下游區域。在廣州淪陷
後，中共即在東江下游數縣組建游擊隊，試圖牽制日軍行進，是為「東江縱
隊」。[84]

　　1942 年 2 月 15 日，日軍全面占領馬來亞（含新加坡），在英軍馬來亞
司令白思華中將（A. E. Percival, 1887-1966）向日軍投降的同時，一批馬、
新華社領袖與國民黨人已提前撤離新加坡，其中包括日後 136 部隊的兩位領
導人林謀盛與莊惠泉。林謀盛時為新加坡華社的重要領袖，在陳嘉庚離開新
加坡後留下來主持大局；莊惠泉則為新加坡安溪會館總務，對林謀盛甚為支
持。日軍進攻新加坡時，林謀盛組織「華僑抗日義勇軍」加以抵抗，但已無

83　潘婉明，〈馬來亞共產黨：歷史、文獻與文學〉，收入黃錦樹，《南洋人民共和國備忘
　　錄》（臺北：聯經出版事業公司，2013 年），頁 306。

84　這些游擊隊後來逐步整編為「廣東人民抗日游擊隊東江縱隊」，是「東江縱隊」的由
　　來。因本書暫不討論中共情報工作和游擊隊，僅酌予說明與本書相關者。另，關於華僑
　　與港澳人民參與東江縱隊的情況，可參考《東江縱隊史》編寫組編，《東江縱隊史》（廣
　　州：廣東人民出版社，1985 年），頁 23-26；或見《東江縱隊志》編寫組編，《東江縱隊
　　志》（北京：解放軍出版社，2003 年）；陳瑞璋，《東江縱隊：抗戰前後的香港游擊隊》
　　（香港：香港大學出版社，2012 年）。

力回天，不得不離開新加坡。他們先是撤往印尼，在印尼轉乘澳洲軍艦前往
錫蘭，再取道印度前往國民政府的戰時陪都重慶。同年 6 月，兩人奉命前往
加爾各答，參與「中國留印海員戰時工作隊」的整頓工作。[85] 1943 年，出
於收復馬來亞的需要，英國與國民政府簽署協議，組織「中英聯合軍團東南
亞華人地下抗日軍」，因部隊代號為 136，故又名「136 部隊」。林、莊二人
分別擔任馬來亞華人區正、副區長。[86]

　　按照協議，國民政府負責選送人員到印度，由英軍加以訓練後遣往南洋
（以馬來亞為主）從事敵後工作，為日後反攻馬來亞作準備。1943 年 5 月，
頭兩批被派往馬來亞的 136 部隊成員從加爾各答搭乘潛水艇前往馬來亞，並
在馬六甲海峽換船登陸。第一批隊員係以橡皮艇登陸，後續隊員也以不同形
式登陸馬來亞，其中較普遍的做法是搭乘當地事先聯絡好的漁船。這批隊員
登陸馬來亞後，一邊收集各方情資，一邊試圖與印度方面建立聯繫，同時尋
求與當地抗日勢力接洽，試圖建立合作關係。林謀盛與莊惠泉也在同年 10
月動身前往馬來亞，林謀盛並於 11 月 2 日順利登陸。在這批隊員冒死工作
下，盟軍順利與馬共領導的馬來亞人民抗日軍取得聯繫，為日後反攻建立了
基礎。而他們的任務並非一帆風順，時時面對熱帶叢林疾疫、身分暴露被日
軍圍剿等危險。林謀盛本人便在 1944 年 5 月的一次任務中遭到日軍伏擊而
被俘，囚於華都牙也（Batu Gajah）的監獄，最後病死獄中，年僅 35 歲。
二戰結束後，136 部隊也功成身退，於 1946 年解散，壯烈成仁的林謀盛於
1946 年初獲追贈陸軍少將銜。莊惠泉則返回新加坡，日後成為當地華社重

85　當時印度加爾各答有兩千餘名華裔海員滯留，為了安頓這批海員，中英雙方計劃組織一
　　個「中國留印海員戰時工作隊」，協助當地的消防救傷工作。參見林永美整理，〈林謀
　　盛（1909-1944）〉：https://libportal.nus.edu.sg/media/lib_ch/databank-linmousheng.pdf（2018
　　年 8 月 13 日點閱）。另見陳河，《米羅山營地》（天津：天津人民出版社，2013 年），頁
　　48。

86　關於 136 部隊的番號由來，目前仍在世的前隊員梁元明（1920-）曾在其網路部落格撰
　　文介紹，較簡短的敘述，參見〈Force 136 部隊中「龍組」的說明〉，收錄於「小兵的悄
　　悄話隨意窩 Xuite 日誌」：http://blog.xuite.net/ymliang2923/twblog/136565732（2018 年 8
　　月 13 日點閱）。

要領袖，於 1974 年逝世。136 部隊作為中英兩國共同組織的敵後工作隊，無論在情報工作或戰史研究都有重要意義，壯烈成仁的林謀盛在新加坡備受尊崇。

（三）肩負搶運工作：南洋華僑回國機工服務團

「南洋華僑回國機工服務團」（以下稱南僑機工）係由陳嘉庚所領導的「南僑總會」所招募的一支隊伍。這支隊伍主要由南洋各地的汽車司機與維修技工所組成，主要負責在滇緬公路上的後勤運輸工作。抗戰爆發以後，中國在戰前所仰賴的海路對外交通逐步遭到日軍封鎖，使退守重慶的國民政府不得不仰賴陸路運輸。當時的陸路對外交通線中，可用者只有西北與西南兩道交通線。然而西北線係前往蘇聯，且距離重慶太遠，可用性相當低，因此國府外援多經由西南線輸入。隨著海上交通線被日軍逐步切斷，中國西南交通線更加依賴，作為該線主要幹道的滇緬公路運輸量也隨之增加，從而衍生熟練司機與維修技工人力吃緊的現象，尤其滇緬公路路途險峻，對駕駛技術有相當高的要求，更添難度。此時陳嘉庚已在新加坡發起成立「南僑總會」，國民政府遂間接委託陳氏代為招募志願者組成機工服務團，回國支援後勤運輸，負起情報工作中的搶運一職。

南僑機工自 1939 年開始辦理招募運送工作，直至 1942 年因日本南侵才告一段落。在南僑總會的號召下，不少人報名參加，回國參與滇緬公路的物資運輸工作，冒著山路險峻與日軍轟炸的危險，為國民政府搶運戰略物資與人員。這批為數逾三千人的南僑機工，約有三分之一因轟炸或失足而殉職，埋骨異域。然而，戰爭結束初期這批南僑機工在並未得到妥善的安置，一直滯留雲南，有的甚至投身軍旅，並參與了不久後爆發的國共內戰。[87] 直至

---

87 關於個別南僑機工在雲南參軍的經過，參見〈南僑機工老戰士許海星逝世〉（2017 年 10 月 5 日），收錄於「東方網」：http://www.orientaldaily.com.my/s/215271（2018 年 8 月 13 日點閱）。

1946年，國民政府才開始著手南僑機工的復員工作，協助他們返回南洋。不過存留的兩千餘名南僑機工，最終仍有約半數選擇留在中國。這批回國支援抗戰的南僑機工在返回南洋後，多過著低調的生活，馬來西亞官方也未給予特別的待遇，只有當地華社不時表示關注，並豎立「南僑機工殉難紀念碑」，以紀念在出勤中殉職的機工。[88] 而隨著最後一位老機工李亞留（1918-2018）於2018年5月初逝世，目前馬來西亞境內的南僑機工已全數凋零。[89]

　　八年抗日戰爭，對海外華僑青年來說，是民族的聖戰，不僅將當時被視為「一盤散沙」的中國人凝聚起來，也將散布海外的華僑華人也一併凝入，可說是近代海外華人救國運動中重要的一環。除卻物資與金錢上的支援，據估計，在抗戰期間回國從軍的華僑青年，約有4萬餘人。[90] 以泰華青年為例，他們約占一千餘人，但戰後能賦歸者僅200餘人，大部分都戰死沙場，可見其犧牲之慘烈。[91] 而馬來亞華人除了奔赴戰場，有的以南僑機工的身分在滇緬公路上冒險搶運物資，有的「奔赴敵人的後方」從事游擊與情報工作。戰場上的華僑青年人數雖然不多，但每一個都是捨棄了在僑居地舒適安逸的生活，而投身於艱難危厄的險境之中。[92]

---

88 據撰文者鄭宏興說明，目前馬來西亞共有4座南僑機工紀念碑，分別位於檳城、吉隆坡、柔佛與砂拉越，第五座紀念碑也已動土興建；新加坡也有一座南僑機工紀念雕塑保存在晚晴園。

89 〈大馬最後一位南僑機工　李亞留逝世〉（2018年5月4日），收錄於「東方網」：http://www.orientaldaily.com.my/s/241861（2018年8月13日點閱）。

90 李國梁、林金枝、蔡仁龍，《華僑華人與中國革命和建設》（福州：福建人民出版社，1993年），頁187。

91 潘子明，〈前言（代序）〉，收入泰國黃埔校友會編，《鐵血雄風：泰國華僑抗日實錄》（曼谷：泰國黃埔校友會，1991年），頁2。

92 在毗鄰泰國曼谷的北攬府挽那達5公里處，有一座3層建築，名叫「泰華英烈館」，在3樓陳列著數百位參加抗戰的泰國華僑瓷像及烈士靈位。每年抗戰勝利紀念日，當地華僑都會在這裡舉辦公祭儀式。但令人遺憾的是，建成20年來，卻幾乎沒有遊客前來祭拜。

第四章
中國對英屬緬甸的運用

　　日本自 1936 年廣田弘毅（1878-1948）內閣通過「國策基準」，主張為實現東亞安定，維繫帝國生存發展，確立以大陸對華政策為核心，並逐步將南洋納入勢力範圍的對外擴張政策。1940 年 7 月，由於對華戰事進程未如預期，日本近衛文麿（1891-1945）內閣通過「基本國策綱要」，明確提出以建設「大東亞新秩序」為宗旨的南進政策目標。同月，日本為斷絕國民政府軍需補給外援，迫使英國封閉國民政府運輸要道滇緬路線 3 個月。1940 年 9 月日軍進駐法越，國民政府對外的桂越、滇越線隨即喪失。10 月上旬英國宣布重開緬甸路線，滇緬公路成為中國西南大後方唯一國際交通命脈，緬甸遂成為國民政府關切的焦點。

一、國民政府情報機構對英緬政情之認識

（一）日本南進推升英緬戰略價值

　　緬甸自 19 世紀漸次淪為英人殖民統治，成為大英帝國「王冠之珠」印度與中國、法越的緩衝。英國治緬原將其納為英屬印度之一省，由英印總督府管轄。1920 年代以降，緬人政治參與及民族觀念勃興，緬印衝突日熾，英國為因應緬人脫離印度統治體系之強烈要求，於 1935 年制定《緬甸政府法》（*Government of Burma Act*），1937 年 4 月成立英緬總督府，賦予緬人有限之自治權。儘管新法與獨立總督府標誌了緬甸地位的顯著提升，然而對於大多數的緬人政黨組織與民族運動者而言，漸進式變革方針雖可接受，擺脫

殖民統治的終極目標猶似遙不可及，失望情緒蔓延。[1]

　　英緬總督府成立後，緬人政黨組織為爭奪政權益形活躍，卻往往因利益關係成為臨時結合之集團與政治活動工具，缺乏思想行動黨綱與政策主張，政黨分合頻繁。自 1920 年成立、追求緬甸自治之全國性政黨組織緬甸各協會大會（General Council of Burmese Associations, GCBA）於 1930 年代初期瓦解後，所重組包括聯合 5 個小黨之統一黨（United GCBA，或稱五團聯盟黨或譯五星黨，Ngawbinwsaing or Five Flowers Alliance）、蘭特黨（Hlaing-Myat-Paw GCBA）等較具代表性之外，尚有首任總理巴莫為選舉組織之窮人黨（Poor Man's Party）。第二任總理吳普（U Pu, 1891-1945）、第三任總理吳紹（U Saw, 1900-1948）均出自統一黨體系，後吳紹脫黨自組愛國黨（Patriot's Party），為著名之親日派。與組閣之各政黨相抗衡，由緬甸最高學府仰光大學畢業之知識青年為主體組成「我們緬甸人協會」（Dobama Asiayone or We Burmans Association），俗稱德欽黨（Thakins），成為緬甸獨立運動主力。德欽黨人為尋求外援抗英，在與印度國民大會黨（Indian National Congress）、中國國民黨、中國共產黨、日本政府等合作路線之間游移，復於歐戰爆發後為響應團結各黨派民族主義目標，與巴莫窮人黨等組成一自由集團（Freedom Bloc）對抗總督府。

　　日軍方面著眼於與緬人抗英民族運動者合作可期，為策動緬境武裝暴動、援助緬甸獨立目的，1941 年 2 月於曼谷成立特務機關「南機關」。該機關源自 1920 年代中期以來日本海、陸軍在緬諜報活動之各自發展與整合。先是海軍方面，國分正三（1891-1974）大尉於 1924 年進入仰光，開設診所掩護行動，後與德欽黨人等多方接觸，並受託赴滇緬公路沿線等實地調查與搜羅情報。其次陸軍方面，1940 年中鈴木敬司大佐以日緬協會書記長身

1　關於英國統治緬甸至緬甸獨立，近期研究參見 Michael W. Charney, *A History of Modern Burma* (Cambridge: Cambridge University Press, 2015), pp. 5-71; Christopher Bayly and Tim Harper, *Forgotten Armies: The Fall of British Asia, 1941-1945* (Cambridge: Harvard University Press, 2005)；陳鴻瑜，《緬甸史》（新北：臺灣商務印書館，2016 年），頁 118-171。

分、化名南益世入緬，搜羅緬甸民族運動情報，隨即與德欽黨元老密切往來，同年底於東京迎接試圖與中共聯繫未果的翁山（Aung San, 1915-1947）等人，資助受總督府鎮壓而逃亡海外的緬獨運動人士。鈴木隨後出任直屬日軍大本營、別名南方企業調查會之南機關首長，該會在海軍撤出後，由陸軍人員培植組訓緬甸獨立義勇軍（Burma Independence Army），積極備戰。[2]

　　國民政府方面，在太平洋戰爭前，王芃生帶領國研所在中南半島和印度營造親中氛圍、支援外交活動，並持續布置敵後情報網，以因應日本不斷在這些地區經營和滲透所帶來的威脅。就營造親中氛圍論，如劉達人回憶所述，王芃生在緬甸積極經營中階層人士，並運用緬甸華僑商會祕書曾克念等人之關係，推動 1939 年 12 月緬甸多個社群訪華團成行，促進緬方人士對中國處境之認識，加強雙方關係。[3] 目前還未發現王芃生運作緬甸訪華團之文件，但從當時輿論刊載可見，宇巴倫（U Ba Lwin, 1892-1968）等 9 人訪華時是由曾克念陪同，王芃生也出現在各團體代表名單中。[4] 可見曾、王兩人與此次訪華團有一定的關係。此外，辛先惠也指出，國研所派駐越、緬、印三地情報人員，「各在當地中層人士中策動，組成中越訪華團、中印訪華團、中緬訪華團（均半官方性質），至重慶訪問」。[5]

2　有關鈴木敬司、國分正三個人經歷，參見秦郁彥編，《日本陸海軍綜合事典》（東京：東京大學出版会，2005 年），頁 86、209。鈴木入緬身分，另有化裝為僧侶或《讀賣新聞》記者等不同說法，本文以太田常藏研究為據。南機關研究參見太田常藏，《ビルマにおける日本軍政史の研究》（東京：吉川弘文館，1967 年），頁 37-54；日本防衛庁防衛研修所戦史室，《ビルマ攻略作戦》（東京：朝雲新聞社，1967 年），頁 8-11、117-134；Christopher Bayly and Tim Harper, *Forgotten Armies: The Fall of British Asia, 1941-1945* (Cambridge: Harvard University Press, 2005), pp. 8-14；齋藤照子，〈二戰時期日軍對緬工作機構：南機關再考〉，《南洋資料譯叢》，第 2 期（2009 年 6 月），頁 49-56。

3　劉傑佛，〈追思芃生先生〉；袁孟超，〈緬懷愛國主義戰士日本問題權威王芃生先生和國際問題研究所〉，收入陳爾靖編，《王芃生與臺灣抗日志士》（臺北：海峽學術出版社，2005 年），頁 184；24。

4　「五千人熱烈歡迎緬甸訪華團抵渝」剪報資料，〈確保緬甸馬來亞華僑安全〉，《外交部》，國史館藏，數位典藏號：020-011107-0040；〈緬甸訪華團昨抵渝〉，《中央日報》（重慶），1939 年 12 月 13 日，版 2。

5　辛先惠，〈王芃生及其國際情報工作的回憶〉，收入陳爾靖編，《王芃生與臺灣抗日志

　　1940 年 10 月上旬，英國重開滇緬運輸路線在即，10 月 8 日駐仰光總領事館回報，緬甸當地報刊已出現質疑輿論。[6] 王芃生隨即發動緬甸支持滇緬路的相關活動，10 月 11 日致函外交部，依國研所駐緬人員報稱：「仰光緬中文協及華僑救災總會等團體，為策動開放滇緬路曾發起開路運動，並于本月九日起開始舉行開路運動週」等情，建請國內文化界與有關國民外交團體去電緬方，響應開路運動。同時，國研所彙整「全緬中外人士對開路之策動與倭之阻撓」報告，條陳倫敦決定開放滇緬路後，有關緬方之布置工作，和華商商會、緬中文化協會等團體的宣傳作為，以及日方反制阻撓做法等情。[7] 此事可說明王芃生與國研所對緬甸當地親中社群，具有一定掌握度。

　　是以滇緬公路通車以來，與英緬總督府官員和在野勢力互動升溫，1939 年雙方互設中緬與緬中文化協會。緬方 1939 年 12 月有德欽黨領袖吳努（U Nu, 1907-1995）一行訪渝，1940 年 12 月緬甸記者協會親善訪問團、1941 年 1 月英緬總督府代表團訪華。國民政府為對日作戰國際交通與商務擴展等需要，初派軍事委員會西南運輸處處長宋子良赴緬接洽交涉；1939 年 4 月將仰光領事館升格為總領事館，同年 9 月派太虛法師（釋太虛，1890-1947）率佛教訪問團。1940 年 10 月考試院院長戴季陶（1891-1949）報聘，展示禮尚往來。1941 年 1、2 月國民黨中執會海外部部長吳鐵城率領宣慰南洋團、軍委會辦公廳主任商震（1888-1978）率領軍事考察團等先後抵緬；9 月長駐仰光的原任外交部次長曾鎔浦（1882-1958）[8] 奉派為行政院駐

　　士》（臺北：海峽學術出版社，2005 年），頁 82。

6　「駐仰光總領事致外交部部次長函」（1940 年 10 月 5 日），〈滇緬運輸—日軍的破壞與威脅（二）〉，《外交部》，國史館藏，數位典藏號：020-011110-0008。

7　「王芃生致外交部函」（1940 年 10 月 11 日），〈滇緬運輸—日軍的破壞與威脅（二）〉，《外交部》，國史館藏，數位典藏號：020-011110-0008；廖文碩，〈王芃生與國民政府戰時結盟外交：以印、緬工作為中心（1937-1942）〉，「近代中印關係史國際學術討論會」，臺北：國史館，2015 年 8 月 28 日，頁 8-9；朱浤源，〈中日首戰緬甸（1942 年）與華僑華人〉，收入黃自進、潘光哲主編，《中日戰爭和東亞變局》，下冊（新北：稻鄉出版社，2018 年），頁 149。

8　曾宗鑒，字鎔圃、鎔浦，福建閩侯人，南洋公學經濟科、英國劍橋大學經濟系畢，歷任

緬代表，即率代表團與英緬總督府交涉移民問題等。戰時國民政府主要情報機構如軍統局、中統局和國研所等，也應戰事需求先後派員入緬活動。

　　1941 年 12 月太平洋戰爭爆發後，日軍進駐泰國，迅速著手南北發動緬甸作戰，緬甸獨立義勇軍亦隨日軍入緬展開戰鬥。國民政府與英方協議派出援緬軍，緬戰期間蔣中正三度赴緬前線視察，中英軍隊並歸交中國戰區參謀長史迪威（Joseph W. Stilwell, 1883-1946）統籌指揮，戰事持續至 1942 年 5 月底日軍占領緬甸全境暫告休止。國民政府情報機構面對英、緬、日各方競合角力，相關工作亦隨緬戰前後情勢發展，歷經數度轉折。

（二）對英緬的認識

1、關於緬甸主要政黨動態情報

　　1940 年 2 月下旬，依蔣中正指示，由專辦情報之侍從室第六組函致國民黨中執會祕書長葉楚傖（1887-1946），附抄所整理「緬甸主要政黨動態與我方工作方針」情報一件。隨後由葉楚傖批示轉請外交部部長王寵惠（1881-1958）、國防最高委員會祕書長張羣（1889-1990）、中宣部部長王世杰（1891-1981）、副部長董顯光（1887-1971）提供意見。[9] 該情報開端即指：「緬甸政黨情形複雜，組織多不健全，極易為人操縱。政黨之具有歷史者，除統一黨

　　國民政府財政部財政整理會祕書長、中英庚款董事會董事、鐵道部常務次長、外交部常務次長、行政院駐緬甸代表，以及駐瑞典、挪威等國公使。「人事登記片」（1940 年 5 月），〈曾鎔浦〉，《軍事委員會侍從室》，國史館藏，數位典藏號：129-010000-3153；「曾宗鑒」，收錄於中央研究院近代史研究所「近現代人物資訊整合系統」：http://mhdb.mh.sinica.edu.tw/mhpeople/（2020 年 11 月 22 日點閱）。

9　「侍從室侍六第 8285 號致葉楚傖函」（1940 年 2 月 25 日），《特種檔案》，中國國民黨文化傳播委員會黨史館藏，館藏號：特 14/8.9；「國民黨中央執行委員會祕書處致王寵惠函附抄件特字第 1137 號」（1940 年 2 月 29 日），〈滇緬運輸—緬甸情報〉，《外交部》，國史館藏，數位典藏號：020-011110-0018。侍從室第六組於 1939 年 2 月下旬成立，5 月唐縱出任組長，由侍六組綜核、協調國民政府一切情報組織業務。有關侍六組之組成、角色與職掌，參見張瑞德，《無聲的要角：蔣中正的侍從室與戰時中國》（新北：臺灣商務印書館，2017 年），頁 71-136。

及平民黨外，餘不足道。最近始有一新露頭角之自主黨〔按：德欽黨〕，勢
力龐大，蔓延全緬。」其次依「緬甸現勢」、「我應聯絡自主黨」兩部分，分
述緬甸最新政情與中方所應採取之工作方針。

　　按 1937 年 4 月英緬總督府成立，依據《緬甸政府法》規定，由人民選
出之國會議員多數黨黨魁組閣，總理及閣員由總督任命。內閣最初僅設內
政、財政、土地及歲入、農林、工商、教育六部，部長由國會議員中選派，
各部另設英籍祕書掌握實權。總督則直接掌理軍事、國防、外交，且閣議通
過案件，總督具否決權，因此行政大權仍多在英人手中。[10] 首任總理巴莫組
閣後，因過分維護英印人利益、處理緬印衝突失當，遭統一黨集團中人民黨
黨魁吳普於 1939 年 2 月取而代之。[11]

　　1940 年 1 月，同屬統一黨之內政部長、1937 年曾因組閣失敗將總理職
位拱手讓予巴莫的宇巴帕（U Ba Pe, 1883-?）陰謀倒閣，但吳普得英人支
持，將宇巴帕解職並改組內閣，卻反遭宇巴帕派議員聯合運作，開除吳普統
一黨黨籍。緬甸的混亂政局，當月軍統局正副局長賀耀組、戴笠便向蔣呈
報。[12] 2 月，前文提及侍從室奉蔣抄發情報，將時任總理吳普所屬統一黨、
人民黨以外之政黨組織評為「多不足觀」，並指統一黨因吳普與甫被解職之

10　"Government of Burma Act, 1935," Myanmar Law Library, http://www.myanmar-law-
　　library.org/law-library/laws-and-regulations/constitutions/government-of-burma-act-1935.
　　html (accessed 10 July 2019); Michael W. Charney, *A History of Modern Burma* (Cambridge:
　　Cambridge University Press, 2015), pp. 46-51; Toe Toe Kyaw, "A Study on the Colonial
　　Administration in Myanmar (1886-1945)," *Hinthada University Research Journal*, Vol. 5, No.
　　1 (2014), pp. 103-113, especially pp. 106-107. 依據 1935 年《緬甸政府法》，內閣設部上限
　　為 10 部。
11　陳鴻瑜，《緬甸史》（新北：臺灣商務印書館，2016 年），頁 138-141；U Maung Maung,
　　Burmese Nationalist Movements, 1940-1948 (Honolulu: University of Hawaii Press, 1990), pp.
　　15-18.
12　「賀耀組、戴笠致蔣中正電」（1940 年 1 月 21 日、26 日），〈一般資料—呈表彙集（一〇
　　一）〉，《蔣中正總統文物》，國史館藏，數位典藏號：002-080200-00528-004。軍統局仰
　　光站由具英文專長之余素恒負責譯電，1941 年春因故離緬。「戴笠致毛人鳳電」（1941
　　年 3 月 1 日），〈戴公遺墨—人事類（第 4 卷）〉，《戴笠史料》，國史館藏，數位典藏
　　號：144-010110-0004-075。

宇巴帕相互對峙；復謂另一實力派吳紹脫黨組織愛國黨，統一黨勢力已漸告分化，吳普內閣行將崩潰，又陳述巴莫下野後拉攏昔日反對派之德欽黨等圖組新黨等情，顯示情報尚能大致掌握緬甸當局實況。該份情報接續以德欽黨聲勢浩大，認定該黨於下屆選舉勢將得勝，乃至有組閣可能等，當以聯絡德欽黨為國民政府未來工作方針，理由有三：其一，吳普內閣行將崩潰，德欽黨因巴莫關係，在政治上必有重大發展；其二，據報日方亦知德欽黨在緬頗有希望，並探知日諜國分正三曾向上級建議注意該黨活動；其三，德欽黨對國民政府抗戰極表景仰，故而幫助國民政府不遺餘力，如 1939 年 10 月間毛淡棉埠武潤地方發生華緬衝突，釀成血案，德欽黨曾派出代表與當地僑領及官方協同善後平息等。

在侍從室抄發緬甸情報之時，德欽黨要人吳努主張親華，曾於 3 個月前——即 1939 年 12 月中旬，偕扶輪社宇巴倫、緬甸作家協會宇巴崔（U Ba Choe, 1893-1947）、女性意見領袖都彌亞辛（Daw Mya Sein, 1904-1988）等一行，以緬甸戰後獨立地位、乃至脫離大英帝國國協為目標，至渝爭取國民政府支持。[13] 蔣中正於日記寫下：「緬甸訪問團……來渝。有朋自遠方來，可知名聲與國勢漸著，足慰寸衷也。」[14]

由該情報觀之，國民政府此時似與德欽黨已建立相當關係，評價該黨員多為大學畢業青年、知識分子出身，思想前進、意志堅強，且刻苦耐勞，縱使身入囹圄亦在所不惜，前途頗有希望，對德欽黨多所關注、肯定。該情報進而主張，為掌握德欽黨以分化反對勢力，國民政府宜與德欽黨黨魁時相過從，灌輸三民主義，並對該黨予以經濟援助。其後宇巴崔出版《三民主義》

13　U Maung Maung, *Burmese Nationalist Movements, 1940-1948* (Honolulu: University of Hawaii Press, 1990), p. 300.

14　「蔣中正日記」，1939 年 12 月 16 日，史丹福大學胡佛研究所檔案館藏。王世杰時任國民黨中宣部部長，於中央黨部參加招待緬甸訪華團，則感到「團中緬人尚不能予吾以特殊印象，惟團中印度某君極言亡國為奴之慘，詞長而情摯，令予感動。」參見王世杰著，林美莉編校，《王世杰日記》，上冊（臺北：中央研究院近代史研究所，2012 年），頁 240，1939 年 12 月 14 日。

緬譯本。[15]

　　然而該情報以為緬甸德欽黨聲勢高張、可能組閣，從而主張聯絡德欽黨
為國民政府工作方針，未免失之武斷、偏頗。外交部長王寵惠於函復中央黨
部徵詢對該情報意見時，即諄諄告誡：

> 查聯絡緬甸有力政黨以堅我國之外援自屬當前急務，但據本部所
> 得情報，緬甸政黨向無一定之政策，亦無真正之首領。為慎重起
> 見，我方在聯絡上似不宜稍涉偏激，致啟彼方疑竇，而供敵人宣
> 傳之資料。近來我方在緬宣傳聯絡工作已在著著進行中，似宜由
> 主管機關密令該項工作人員領導僑眾特加注意，詳細體察，隨機
> 應變，庶免顧此失彼之嫌。[16]

　　1940 年 9 月，吳普雖如該情報預測遭到倒閣，其導火線卻是為吳普支
持英國參加歐戰，巴莫、吳努及多位德欽黨領袖則因主張對歐戰維持中立、
反對英緬總督郭古倫（Archibald Cochrane, 1885-1958）徵兵，在當年夏天
接連遭到逮捕，導致國會不信任投票，且取代吳普的並非德欽黨人，是已
另組愛國黨的吳紹。與該情報相較，稍早由前任駐仰光代理總領事梁長培
（1907-?）上呈外交部之「緬甸現狀報告」，對吳紹實力、緬華關係、中日競
爭對緬策動等情，有更切實的掌握與描述。[17]

15　John F. Cady, *A History of Modern Burma* (Ithaca and London: Cornell University Press, 1958), p. 418.

16　「王寵惠函復國民黨中央執行委員會秘書處」（1940 年 3 月 4 日），《特種檔案》，中國國
　　民黨文化傳播委員會黨史館藏，館藏號：特 14/8.9；「外交部致國民黨中央執行委員會
　　秘書處箋函」（1940 年 3 月 5 日），〈滇緬運輸—緬甸情報〉，《外交部》，國史館藏，數
　　位典藏號：020-011110-0018。

17　「梁長培呈緬甸現狀報告」（1940 年 1 月），〈滇緬運輸—緬甸情報〉，《外交部》，國史
　　館藏，數位典藏號：020-011110-0018。梁長培，廣東新會人，澳洲墨爾本大學畢，歷任
　　駐澳洲總領事館副領事、駐加爾各答總領事館領事、駐仰光總領事館代理總領事、駐加
　　爾各答總領事館總領事，後回部辦事、任情報司代科長，戰後曾出任駐緬甸大使館一等
　　祕書兼總領事等。專長印度、緬甸等地理文化，王寵惠評語肯定其「辦理英國遠東屬地
　　與我國有關係事宜勝任愉快」，侍從室第三處人事評語則稱其「學能均極平庸，無政治

2、駐緬領館人員對緬觀察

　　王寵惠於 1940 年 2 月上旬核閱梁長培的「緬甸現狀報告」，係梁長培奉調回部後，寫下其在緬經歷重要事件及總領事館應切實辦理事項之具體意見。該報告正文含緬甸華僑概況、抗戰後華僑救國工作概況、各團體之工作與成績、領館之工作、緬甸政治之一斑、緬甸對華態度、緬文報紙、緬輿論對公路之態度、英文報紙之態度、日人在緬之活動、升格後之領館等，共 11 節，全文篇幅長達 35 頁，內容可謂相當完整。

　　梁長培認為英人對國民政府向來採同情態度，英緬總督府上自總督、下至內閣各部祕書均一致援助國民政府，對國民政府之要求極願設法促成，但若有引發當地政潮可能時，則總督等亦不願對內閣施以壓力；緬內閣雖對國民政府尚無不利趨勢，不過為避免反對黨藉故攻擊，凡須經過閣議或國會討論之事件，務必慎重考慮。[18]

　　梁長培指出，首任英緬總理巴莫內閣時期，議員中以時為統一黨黨員的吳紹反對最烈，然而統一黨溫和派吳普繼巴莫組閣後，吳紹僅得出任農林部長，據稱係因其野心過大，且與日人過於接近，導致各方生疑。自中日全面戰爭爆發後，日人在緬活動益發活躍，在日本領事館統制之下頗有成效，特別是成立日緬協會。該協會名為推進商業、促進日緬文化關係，實為日人聯絡緬人之重要機關，以政黨要人為名譽會長，另由日本派遣總幹事一人執行會務，惟實際會員及緬人參加者均甚少，故工作並無重大表現。[19] 此外，

頭腦，並以生長澳洲，對國內民情政況，毫不明瞭，惟品行尚端正……對南洋情形尚稱熟悉，對國內情形反多隔膜。」「人事調查表」（1940 年 3 月）、「調查報告」（1942 年），〈梁長培〉，《軍事委員會侍從室》，國史館藏，數位典藏號：129-010000-3183。

18 「梁長培呈緬甸現狀報告」（1940 年 1 月），〈滇緬運輸—緬甸情報〉，《外交部》，國史館藏，數位典藏號：020-011110-0018。該報告除正文外，並附錄緬甸華僑教育狀況、緬甸華僑之宣傳工作與日人在緬活動狀況、緬甸現內閣，以及附錄緬甸華商商會秘書處統計報告之全緬華僑救國捐款統計表（1937 年 8 月 1 日至 1939 年 8 月 20 日止）。

19 1941 年 2 月出任南機關機關長之鈴木敬司，於 1940 年 6 至 10 月在緬活動期間，即運用日緬協會書記長身分及南益世化名。惟梁長培於 1939 年下半年即返國，故其報告所指該會總幹事並非鈴木。經遍尋當前檔案，尚未得見國民政府方面掌握鈴木敬司活動之

日方尚有多項活動，如派遣僧人至緬與緬僧寺人員來往、招收學生赴日，並收買僑生對華僑刺探挑撥、散布謠言，利用臺灣籍民遇機生事等。在宣傳方面，由日領館運到大批宣傳圖畫、小型刊物，廣為分發，並由領館供給中日戰事新聞，拉攏報界包括補助《新光報》編輯、資助緬人收買《太陽報》股份等，以此兩家緬報做為日本宣傳主力。其中吳紹身兼《太陽報》總經理暨編輯，運用該報為其口舌，與日領交往尤其密切，並曾接受日方招待於1936 年訪問東京。[20] 但 1940 年初吳紹入閣後，與當時緬甸政壇主流意見相同，主張與國民政府保持聯繫。

　　繼 1939 年底吳努訪渝，吳普、巴莫曾有聯袂訪華之議，但因政局紛擾、不適遠行等因素作罷。1940 年春，長駐仰光的外交部次長曾鎔浦接獲英緬農林部通知，即轉知部長王寵惠，表示吳紹擬於是年 5 月年假期間率隨員數人前往重慶作私人旅遊，藉以拜謁朝野領袖、參觀戰時首都。[21] 曾鎔浦指出，吳紹自訪日後頗有親日之嫌，入閣後頓時改為親華，為當時緬甸內閣最有力之部長，為人豪爽、頗具肝膽，「若能引為我用，緬甸政界當得甚大之臂助」。外交部隨即以吳紹在緬政界中地位重要，當以外賓之禮相待，經行文並召集交通部、經濟部、中宣部國際宣傳處、中緬文化協會等會商協同辦理，並擬由行政院長孔祥熙及外交部等三部部長設宴招待，並安排參訪農

　　線索。秦郁彥編，《日本陸海軍綜合事典》（東京：東京大学出版会，2005 年），頁 86；太田常藏，《ビルマにおける日本軍政史の研究》（東京：吉川弘文館，1967 年），頁39。

20　U Maung Maung, *Burmese Nationalist Movements, 1940-1948* (Honolulu: University of Hawaii Press, 1990), pp. 24-25. 該日領後因對運輸軍火過境事發表激烈言論，遭英政府照會日政府將其召回。值得一提的是，梁長培報告已指出「日人對緬常極力宣傳亞細亞人之亞細亞主義，直接鼓吹脫離英國統治，間接實有據為己有之野心，有智之士均能深悉，而英國政府及在緬甸之英國官吏更隨時竭力取締，及緬文報亦有喚取緬人注意日本侵略野心而須加以防範之呼聲」，亦建議「在吾人立場，應設法使其毫無活動之可能，將彼勢力完全驅出緬境」，惟稱「日人在緬活動雖非不力，收效實極有限」，似有所輕忽。

21　"U Than Tin (Secretary of the Department of Forests and Agriculture) to T. K. Tseng（曾鎔浦）" (20 April 1940)、「曾鎔浦致王寵惠函」（1940 年 4 月 22 日），〈緬甸農林部長宇素訪華〉，《外交部》，國史館藏，數位典藏號：020-011102-0005。

林與工廠建設等行程。[22] 吳紹方面表達此行亟欲拜見蔣中正夫婦,未料出訪前卻電稱其妻病恙決計延期。據曾鎔浦推測,吳紹可能聽聞日機轟炸重慶、心生膽怯之故。[23] 另一方面,巴莫已聯合德欽黨等新組自由集團,亦於此時向曾鎔浦表示希望該年秋訪華。[24]

3、關於日本對緬活動情報

自 1937 年中日全面開戰以來,為開闢西南運輸通道而往來中南半島各地勘察布置的國研所主任王芃生,亦屢次從仰光等地呈報日人對緬活動動態。王芃生經侍從室轉呈蔣中正核閱之重要情報包括:日人策動巴莫赴日,因英緬總督府拒發護照,改派同屬自由集團之宇巴印(U Ba Yin)赴日並轉往南京、泰國考察工商及統治方法,以便代日向緬人宣傳,並推銷日貨。[25] 日駐緬新任領事欲訪問監禁中之巴莫但未得見,即向其家人慰問並發表談話,稱世界處於新秩序下,正待日緬以平等為基礎通力合作等。[26] 日軍於1940 年 9 月初續派第五縱隊百餘人,以經商為名混入緬甸,鼓吹反英等。[27]

---

22 「歡迎緬甸農林部長宇素(按:即吳紹)籌商會會議紀錄」(1940 年 4 月 30 日),〈緬甸農林部長宇素訪華〉,《外交部》,國史館藏,數位典藏號:020-011102-0005。

23 「曾鎔浦致外交部電」(1940 年 5 月 10 日)、「曾鎔浦致王寵惠函」(1940 年 5 月 12 日),〈緬甸農林部長宇素訪華〉,《外交部》,國史館藏,數位典藏號:020-011102-0005。

24 「曾鎔浦致徐謨函」(1940 年 4 月 29 日),〈緬甸農林部長宇素訪華〉,《外交部》,國史館藏,數位典藏號:020-011102-0005。巴莫未幾即因反對英緬總督徵兵遭監禁,時任駐仰光總領事榮寶澧屢次電告外交部部次長自由集團動態,包括該集團以追求緬甸民族自由解放為號召於仰光召開市民大會、集團領袖巴莫等人被捕事等。「榮寶澧電外交部部次長」(1940 年 6 月 15 日、7 月 27 日、9 月 21 日),〈滇緬運輸─緬甸情報〉,《外交部》,國史館藏,數位典藏號:020-011110-0018。

25 「王芃生呈蔣中正」(1940 年 5 月 27 日),〈一般資料─呈表彙集(一○一)〉,《蔣中正總統文物》,國史館藏,數位典藏號:002-080200-00528-042。該情報有待從室附註:戴笠亦有同樣報告。

26 「王芃生呈蔣中正」(1940 年 9 月 17 日),〈一般資料─呈表彙集(一○一)〉,《蔣中正總統文物》,國史館藏,數位典藏號:002-080200-00528-083。

27 「王芃生致蔣中正電」(1940 年 9 月 20 日),〈一般資料─呈表彙集(一○四)〉,《蔣中正總統文物》,國史館藏,數位典藏號:002-080200-00531-073。

10 月上旬，國研所聯合緬甸親華組織如緬中文化協會、旅緬僑界等響應重開滇緬公路，彙呈「全緬中外人士對開路之策動與倭之阻撓」報告，王芃生並請外交部轉知國內文化界與有關國民外交團體去電響應。[28]

　　1941 年春，軍委會辦公廳主任商震率軍事代表團為研商中緬軍事合作，赴緬泰邊境視察軍事聯絡要地，向蔣中正回報經過時，曾提醒：「景東〔按：即景棟〕等地僑胞熱烈歡迎，惟散漫無組織，常識欠缺，國情隔膜，似應注意改進工作」。[29] 4 月，中統局向中央黨部祕書處函報緬甸政治情報，亦述及該代表團訪緬受到英緬當局重視，惟因緬人迫切需求獨立，擬乘歐戰英國無暇東顧實行獨立，恐中英訂立軍事協定，國民政府勢力將侵入緬甸不利其獨立，故除少數親華緬人及在朝政黨外，大多數反對。該報告提到，緬知識分子對國民政府國策及主義思想多不瞭解，甚且以為國民政府有侵緬之野心。另據報告，日人密集接觸緬人，並以金錢收買德欽黨，在緬華人因該黨反英、多不與之接近，致使該黨與國民政府及僑界感情更加隔膜。[30] 顯見國民政府各單位在爭取緬甸政黨政要同時，感受到在英、緬矛盾下，已有難以影響緬甸人心所向之感，對僑務亦有亟待整頓的焦慮。

　　1941 年 11 月下旬，緬泰邊境由軍統局進行之情報布置工作，發生該局人員遭英緬總督府逮捕之短暫插曲。按軍統局前於滇緬交界地帶景棟設滇南站，計有站長鄭英有及工作人員共 12 人，10 月間因身分暴露正待撤退，與重慶總臺通報時遭破獲，鄭等 7 人被捕，文件、密本、收發報機等全被搜獲，一併解至仰光審訊。案發後先經駐仰光總領事館副領事曾慶集（1902-1967）商請行政院駐緬代表曾鎔浦出面，間接與英緬國防局（Burma

---

28 有關王芃生與國研所策動滇緬路重開之相關活動，參見廖文碩，〈情報與外交：從檔案論王芃生與國際問題研究所（1937-1946）〉，《成大歷史學報》，第 56 期（2019 年 6月），頁 107-108。

29 「商震致蔣中正電」（1941 年 3 月 12 日），〈一般資料—呈表彙集（一〇五）〉，《蔣中正總統文物》，國史館藏，數位典藏號：002-080200-00532-039。

30 「中央執行委員會調查統計局函報中央執行委員會秘書處」（1941 年 4 月 11 日），《特種檔案》，中國國民黨文化傳播委員會黨史館藏，館藏號：特 14/8.1。中央執行委員會祕書處隨後將此情報轉知外交部與王芃生。

Defence Bureau）交涉，戴笠獲悉後並迅向蔣中正呈報。[31] 英緬國防局為直屬英緬總督之情報機構，專司情報搜羅與利用，且協助直隸英緬總督之國防部相關工作。[32] 該局於 1937 年印緬分治時設立，前身為英印總督府犯罪調查部轄下之特別情報局（Special Intelligence Bureau of the Criminal Intelligence Department）。而特別情報局則是 1930 年代英國統治者為壓制緬甸境內民族獨立運動、緬甸共產黨等反抗勢力，維護帝國安全穩定而設。

　　為軍統局人員被捕一事，駐仰光總領事館總領事榮寶瀠亦一再與英緬總督府接洽，說明被捕 7 人確係中國政府所派，工作地點雖有時在緬泰邊境一帶，工作則純為偵查泰國境內中英共同敵人，即日人及漢奸之活動。12 月中旬，此案由英緬總督史密斯（Reginald Dorman-Smith, 1899-1977）特許釋放，將該案 7 人減罪、曾慶集速遣回國。[33] 惟據榮寶瀠幾度致電向外交部高

31　「蔣中正致郭泰祺快郵代電附戴笠報告抄件」（1941 年 12 月 17 日），〈調查統計局工作人員在緬甸景棟被捕〉，《外交部》，國史館藏，數位典藏號：020-011102-0008。曾慶集，四川安岳人，曾入北平清華大學、美國陸軍士官學校、美國騎兵學校、法國巴黎大學，參加珞珈山軍訓團將官研究班、中央訓練團黨政班，歷任軍政部學兵隊中隊長、第 22 集團軍軍部高級參謀、中央軍校西北訓練班軍事總教官、軍令部高級參謀、駐仰光總領事館副領事，後出任軍令部第二廳第二處處長，綜理國外情報搜羅與研究業務，戰後任駐加拿大、美國武官、聯勤總司令部副參謀長等。〈曾慶集〉，《軍事委員會侍從室》，國史館藏，數位典藏號：129-010000-0826。曾慶集於 1940 年依戴笠手諭與徐業道等人負責籌備各機關之防止奸諜人員訓練班，似於某種程度參與軍統局工作，由於目前資料所限，仍有待進一步深究。「戴笠手諭」（1940 年 3 月 25 日），〈戴公遺墨─訓練類（第 1 卷）〉，《戴笠史料》，國史館藏，數位典藏號：144-010107-0001-010。總領事榮寶瀠為軍統局人員被捕案呈報外交部時指稱，曾慶集在仰光期間，平日在外活動，諱莫如深，對於曾慶集與該案關係程度如何，亦毫無所知。「榮寶瀠致外交部部次長電」（1941 年 12 月 5 日），〈調查統計局工作人員在緬甸景棟被捕〉，《外交部》，國史館藏，數位典藏號：020-011102-0008。

32　E. B. Clipson, "Constructing an Intelligence State: The Development of the Colonial Security Services in Burma, 1930-1942" (Ph. D. dissertation, University of Exeter, 2010), pp. 127-129. 依據前述 1935 年《緬甸政府法》，軍事、國防、外交係總督職權，非內閣權限，國防部首長為 Counsellor，而非 Minister，直接向總督負責。

33　「外交部致軍事委員會侍從室代電轉陳蔣中正」（1941 年 12 月 26 日），〈調查統計局工作人員在緬甸景棟被捕〉，《外交部》，國史館藏，數位典藏號：020-011102-0008。外交部於 12 月 19 日原擬致英國駐華大使館節略希轉電英緬總督府釋放，獲悉被捕人已於該

層表示，英緬總督府對於國民政府隱瞞軍統局人員入境活動、遭國民政府蒙蔽情事，頗有煩言，榮寶瀮亦警示此案可能嚴重影響中方與英緬合作。[34]

4、關於緬甸親日勢力情報

　　1941 年 11 月，侍從室第六組呈報蔣中正「緬甸政黨勢力消長與我今後對策」情報一件，奉蔣批交國民黨中執會祕書長吳鐵城、外交部長郭泰祺（1888-1952）：「於今後我與緬甸政府及其愛國黨聯繫一節，極希注意參考」。[35] 該情報含緬甸「各政黨勢力之消長」、「宇素〔按：吳紹〕赴英與我今後之對策」兩部分，對於吳紹組閣以來英緬政局之發展，頗能即時掌握。按前述吳紹自出任閣揆後，即施展鐵腕，大舉推動廉政、強化治安、緬文教育、土地及農業革新、緬人出掌政府高層、限制外人入境、與英印簽訂商約促進貿易等政策，又整肅異己、消解反對聲浪，所組愛國黨亦隨之迅速壯大。

　　據該情報指出，自英緬總督府通過為歐戰停止當年大選後，反對吳紹之勢力遂行低落，吳紹政權可稱極端穩固。主因吳紹運用其政治力量，相繼逮捕反對派領袖，導致平民黨與德欽黨合組之自由集團完全瓦解，並趁機擴展愛國黨至六千餘支部，吸收黨員達 20 萬人，使該黨成為緬甸首屈一指之政黨，在國會 132 票中占 72 票，尤以教育部長宇巴印、扶輪社宇巴倫，以及緬京青年僧人仰光醫士協會全體成員之加入，勢力已臻高峰。國內大權在握，吳紹據報已於是年 10 月 24 日由緬乘機赴英，並擬於會後赴美會晤羅斯

月 18 日被釋放後未發。

34 「榮寶瀮致外交部部次長電」（1941 年 12 月 5 日、12 日），〈調查統計局工作人員在緬甸景棟被捕〉，《外交部》，國史館藏，數位典藏號：020-011102-0008。曾鎔浦不久即因病離開仰光返回昆明，戴笠致電蔣中正報稱榮寶瀮因隱瞞女傭死亡、車禍肇事逃逸二案，英緬總督府人士對榮寶瀮發生極大反感，殊不能代表政府與英緬總督府辦理重大交涉，建議應選派一外交較有地位與聲望之人員，赴緬接代曾鎔浦，交涉一切。「戴笠致蔣中正電」（1942 年），〈戴公遺墨─人事類（第 7 卷）〉，《戴笠史料》，國史館藏，數位典藏號：144-010110-0007-069。

35 「蔣中正致吳鐵城、郭泰祺蔣元侍六代電附發抄件情報侍六第 47897 號」（1941 年 11 月 13 日），《特種檔案》，中國國民黨文化傳播委員會黨史館藏，館藏號：特 14/15.1。

福。該情報復稱，吳紹此行表面上在爭取自由，據悉實則與英方要求緬甸能積極應援有關，故吳紹此行與過往緬總理赴英所獲之政治地位毫無差異。

　　該情報總結表示，吳紹政權既已穩固，政府似應改變過去僅以英大使、英緬總督、國防局為交涉對象之政策，「故今後應付之方，政府除與英交涉外，應多與緬政府發生聯繫，加深經濟合作，並運用民眾力量發動國民外交，與愛國黨取得諒解」，尋求中緬雙方能在互助目標下，如何共同合作以收取實益。與此同時，美國總統羅斯福與英國首相邱吉爾簽署《大西洋憲章》（Atlantic Charter），衝撞英帝國殖民利益，邱吉爾隨即於英國會宣稱印度、緬甸不適用，導致緬人民族運動者與英帝國當局兩造歧見呈現緊張對立。其時在倫敦使館宴請吳紹的駐英大使顧維鈞記述，緬人痛感英方對緬甸自治領地位主張模糊其詞、藉故拖延，英人基於緬甸戰略地位，必然考慮緬甸對印度、英帝國其他部分及中國等問題之影響。[36] 對於如何確實發展對緬國民外交，國民政府則在 3 個月後、緬戰爆發之初，有更進一步規劃。

二、對緬國民外交實施方案

　　1942 年 2 月中旬，國民黨中執會副祕書長兼國防最高委員會副祕書長甘乃光（1897-1956）召集各有關單位詳擬「對緬國民外交實施方案」，並為此舉行問題討論會。各機關出席人員包括：中統局副局長徐恩曾（1896-1985）、國研所主任王芃生與該所駐緬研究員劉達人、中宣部國際宣傳處處長曾虛白（1895-1994）、中緬文化協會會長杭立武（1903-1991）、前隨海外部長吳鐵城赴南洋宣慰華僑的福建省政府委員黃天爵（1903-1982），以及國民外交協會委員駱介子（1902-1998）等，會中決議由劉達人彙整修正意見。此方案有意於遠征軍指揮部下設政治總部，以組織、宣傳、諜報做為主

---

36 顧維鈞著，中國社會科學院近代史研究所譯，《顧維鈞回憶錄》，第 5 分冊（北京：中華書局，1987 年），頁 40。吳紹失落於無法從英國高層取得自治領地位承諾，改而與日方祕密協議允諾助日攻緬，後因消息走漏，於 1942 年 2 月遭英緬總督府罷黜流放。

要任務。[37]

　　該方案經王芃生於 2 月 22 日上陳時任中執會祕書長吳鐵城，正文含對緬國民外交要領、軍政工作要領、對緬國民外交之實施共三項，並附對緬工作方案參考資料共五件，包括僑生青年之召集訓練問題、華僑團體之運用、對緬宣傳工作要領、親華緬人列表、緬政府宣傳機構負責人名表。[38] 然方案草就之時，日軍已兵臨仰光城下，其內容不免急就章，且於商討階段即有工作性質爭議，執行之初又發生對緬民情隔閡和各單位人事的紛爭，該方案隨即陷入困境。

（一）方案性質的爭議

　　依據「對緬國民外交實施方案」之修正，甲項對緬國民外交要領，明定原則有三：一、以南太平洋戰爭爆發後之新形勢為前提；二、開展對緬國民外交應以軍事上之要求為準則，即以軍政工作為主，以國民外交為副，俾達中英緬協同作戰之目的；三、同時應注意中緬基本邦交之培植及不違反盟邦英國之利益。方案的實施以軍政工作為主體，密切與英軍方面取得聯繫，主動協助英軍及印緬部隊配合對緬國民外交工作，而此項工作應以緬人為主體。乙項軍政工作要領，其原則為發揮三民主義之真諦，以國外遣派軍之光榮戰績確立之，敦親睦鄰。其實施係在中國入緬軍指揮部下設立總政治部，

37　廖文碩，〈王芃生與國民政府戰時結盟外交：以印、緬工作為中心（1937-1942）〉，「近代中印關係史國際學術討論會」，臺北：國史館，2015 年 8 月 28 日，頁 14-15。

38　「中央執行委員會秘書處函甘乃光等」（1942 年 2 月 16 日），《特種檔案》，中國國民黨文化傳播委員會黨史館藏，館藏號：特 14/13.4；「中央執行委員會秘書處致甘乃光等函」（1942 年 2 月 19 日），《特種檔案》，中國國民黨文化傳播委員會黨史館藏，館藏號：特 14/13.3；「王芃生呈吳鐵城」（1942 年 2 月 20、22 日），《特種檔案》，中國國民黨文化傳播委員會黨史館藏，館藏號：特 14/13.6、特 14/13.7；「商討對緬國民外交實施方案」（1942 年 2 月 19 日），《特種檔案》，中國國民黨文化傳播委員會黨史館藏，館藏號：特 14/13.3；「對緬國民外交實施方案」（1942 年 2 月），《特種檔案》，中國國民黨文化傳播委員會黨史館藏，館藏號：特 14/13.9。

該案未施行前先依「出國作戰部隊黨部工作實施大綱」辦理。[39] 總政治部最高人選應以熟悉軍政及緬甸情形者任之，並規定政治部組織及實施辦法共15項，並言明總政治部聯絡工作應多採用僑生青年，由該部自身或委託訓練之。

　　依上述甲、乙二項指陳，該方案雖以「對緬國民外交」為名，係以軍政工作為要，國民外交次之，惟二者既於工作性質頗有落差，其工作主體與對象固亦有別：前者為軍隊之政治作戰或政治工作，後者強調國際民間交往所產生之外交意義。[40] 參與商討方案的國宣處處長曾虛白，即主張「此非國民外交而為配合入緬軍隊之政治工作」，並以入緬作戰為國際戰爭，故此項政治工作當增加熟稔國際情形及英印緬現狀之專家，且戰事既已開展中，應儘量利用各機關團體刻正在緬甸工作或徵調曾在緬甸工作之人才，集中組織指揮，俾能迅赴事功。曾虛白並指出，入緬軍隊總指揮部下政治部之工作應分五部分，包括：1. 對部隊士兵；2. 對華僑；3. 對緬甸兵民；4. 對英印部隊；5. 對國內國際宣傳。此外，國軍作戰地區在上緬甸撣部區域，撣部半在泰國、半在緬甸，日軍利用泰兵進窺上緬，目的在分化，國軍政工應儘量由熟悉撣部之人才出任，並動員協助推進此項政工人員與工具，如戲劇、漫

39　該實施大綱業於 1 月下旬訂定。參見「訂出國作戰部隊黨務實施大綱及黨部編製表預算書案」（1942 年 1 月 27 日），《會議紀錄》，中國國民黨文化傳播委員會黨史館藏，館藏號：會 5.3/180.2；「出國作戰部隊黨務工作實施大綱」（1942 年），《特種檔案》，中國國民黨文化傳播委員會黨史館藏，館藏號：特 14/13.8。

40　清末民初中國國民以組織形式，藉由製造輿論、抗爭、運動等手段對政府施壓，表達「公意為外交進行之立足點」，所稱「國民外交」理念，為特定時空背景下外交民主化之要求體現，於 1930 年代以降，隨著南京國民政府對內發展相對健全穩固，對外則面臨中日糾紛未決與日本侵略擴張，「國民外交」一詞逐漸轉向意指國民負有對外國民眾聯絡與宣傳責任，主張國際民間交往所產生之外交意義，而此類活動又往往由政府主導、具半官性質。參見廖敏淑，〈清末到巴黎和會時期的國民外交〉，收入金光耀、王建朗主編，《北洋時期的中國外交》（上海：復旦大學出版社，2006 年），頁 245-272；賈中福，〈國民外交的近代意蘊〉，《理論學刊》，2010 年第 1 期（2010 年 1 月），頁 102-105。

畫、電影，及加強昆明中波電臺對緬泰越三區之廣播節目等。[41]

　　從修正案觀之，其軍政工作要領除由軍隊內政工組織嚴格管理士兵軍風紀、肅整軍容、注意搜羅軍事諜報及防諜工作之外，仍以聯絡緬甸地方關係及促進中印緬軍隊感情為重。

　　修正案丙項復有詳陳對緬國民外交之實施，原則共四：1. 目的在發揮動員能力以達成中英印緬軍隊協同作戰之目的，但應特別注意英緬之矛盾，依最近中印關係之新開展，著重成立所謂「中緬抗日同盟」策略；2. 應利用緬人、以緬甸人為主體之方式出之；3. 對於切實親華之工作人員應予工作生活及眷屬安全保障，作成契約形式使其衷心服務到底；4. 充分利用社團關係（即附件所列各華僑團體），並注意各民族、各階層間之調協。[42] 丙項中關於實施部分，言明其主體為緬中文化協會，並以前述曾訪華之宇巴倫、宇巴崔及宇巴廷（U Ba Tin）三人為中心人物，由宇巴倫為領導負責組織工作，其餘二人擔任聯絡及宣傳工作。中緬文化協會補助該會經費以擴大組織加強行動，包括：1. 播音部：在昆明或臘戍設立中波廣播電臺一所，增播緬印英華之專門節目及對敵工作之日語廣播，與緬政府合作設立擾敵廣播臺；2. 情報部：發布每日戰報、緬印英文書報、軍事宣傳品，津貼緬記者及報紙，並與英情報部合作；3. 地區工作部：充分利用戲劇、漫畫、電影、展覽、廣播各從業員及其工具等，協助推進政工，深入民間普遍宣傳。緬中文協之外，對華僑團體則特別注意救濟及空襲服務等工作，由國民黨海外總支部及三民主義青年團等機關負責。

　　派軍入緬係國軍首次出國作戰，「對緬國民外交實施方案」以入緬軍為

---

41 「王芃生呈吳鐵城對緬國民外交實施方案修正要點草案附修改與簽註意見」（1942 年 2 月 20 日），《特種檔案》，中國國民黨文化傳播委員會黨史館藏，館藏號：特 14/13.6。國宣處於太平洋戰爭爆發前夕，除責成溫源寧（1899-1984）加強該處向國際間吐納總關口香港辦事處工作功能之外，並增設駱傳華（1902-?）主持之仰光辦事處、謝善才（1914-?）主持之印尼辦事處，以及葉公超（1904-1981）主持之新加坡辦事處。參見曾虛白，《曾虛白自傳》，上集（臺北：聯經出版事業公司，1988 年），頁 267。

42 「對緬國民外交實施方案修正案」（1942 年 2 月），《特種檔案》，中國國民黨文化傳播委員會黨史館藏，館藏號：特 14/13.9。

中心，希冀結合相關單位人員與在地資源，務實運用軍隊政工、黨務、僑界及親華人士力量，達成中英緬協同對日作戰之目的。該方案雖一再宣稱以緬人為主體、保護親華緬人之立場，然而國民政府各界普遍對緬人社會文化相對陌生，甚至持有嚴重偏見，成為發展國民外交工作的首要障礙。

（二）對緬民情的隔閡

1941 年中，國民黨中執會祕書長吳鐵城於中常會提交「宣慰南洋報告書」，詳陳自上年秋 5 個月間訪問美屬菲律賓、荷屬東印度、英屬馬來亞及緬甸各地情形。關於緬甸，吳鐵城於黨務編指稱「緬甸黨部頗能自由活動。惟以久告停頓，基礎較弱」；於社會編，則有「緬甸民性和平，尤以撣族為甚」，其衣著式樣與漢族同、能操滇音，「足徵西邦民族文化歷史關係之深」，又「緬人習於晏安，鮮事勞動，此一則由於誤解佛理……一則由於天惠獨厚……惟緬甸婦女則以勤勞賢德著稱，家庭經濟由女負責……故緬甸婦女較為獨立自由，因有東方女權國之稱」，而「華僑在緬為數不及三十萬，故緬甸社會之中心，乃在勤苦耐勞之印人，我僑不能取得主導地位」等描述。[43] 緬甸部分與該報告書各編所載的其他南洋地區相較，內容相對粗略、淺薄，可見其時國民黨政人士對緬甸認識有限。

吳鐵城的報告書對緬人評語如稱持平，1942 年初的「對緬國民外交實施方案」則流露出當局者歧視或漠然心態。該方案乙項的軍政工作要領，實施部分第 11 點稱「緬甸為女權國，女人較自由，故應嚴格管理士兵之軍風紀，以免引起惡感；而緬人平均 65% 有遺傳性性病，故應特別注意軍隊衛生；且緬人好酒好賭，均應一併注意管理」。其附件三對緬宣傳工作要領，含對緬人弱優點之分析，則稱緬人教育程度低，易於輕信，且好異思遷，缺乏忍耐性，好走極端，因此亦極易利用；對緬人心理，則有「1. 緬人在觀念

---

43 「宣慰南洋報告書」（1941 年 5 月），〈宣慰南洋報告書〉，《國民政府》，國史館藏，數位典藏號：001-067160-00001-001。

上對敵人之殘暴極表憤恨，而一般的承認日本為侵略者；2. 但仇英觀念過深，毋寧歡迎日本打倒英國，以釋舊恨；3. 因滇緬路再開後華人購買力增強，物價高漲，影響緬人生活，在意識上難免有排華思想；4. 一部教育落後之緬人乘火打劫，掠奪華印人財產」等觀察。

　　1942 年 3 月，王芃生銜蔣中正之命赴緬，希望改善中緬關係。王芃生與英國有些淵源，1941 年間，英國特殊行動執行處認為王芃生主持之國研所，為與中國情報工作最值得合作對象，而且該年中該處派員以半官方身分入華與王芃生接觸。雙方商議推動對華情報策動合作事宜，以公然反日宣傳工作、敵占區及敵國盟軍情報合作、敵國境內破壞活動，以及扶植日本、朝鮮、臺灣愛國人士革命行動等為合作重點。[44] 是以王芃生入緬時是受到印緬高層信任，然而王芃生之不解緬情，亦不免遭英人嘲諷。英緬總督史密斯在 4 月中旬向印緬事務大臣艾默里（Leopold S. Amery, 1873-1955）報告，與王芃生的初次會談過程。史密斯雖讚許王芃生給予他及內閣閣員們深刻印象，其談話令人欽佩、信服；然而「他對緬甸政治的無知與他對緬甸政治的學習欲望差堪比擬」（His ignorance of Burmese politics only equated his desire to learn about them）。[45] 可見國民政府人員普遍對緬民情有所隔閡，而隨後的內部矛盾和紛爭，使得對緬國民外交推動工作雪上加霜。

44　廖文碩，〈王芃生與國民政府戰時結盟外交：以印、緬工作為中心（1937-1942）〉，「近代中印關係史國際學術討論會」，臺北：國史館，2015 年 8 月 28 日，頁 14。

45　"Reginald Dorman-Smith to Leo S. Amery repeated to Viceroy and Chungking," 14 April 1942, *Political Situation in Free China*, FO 371/31644, TNA. 王芃生赴緬係偕軍事委員會參議余兆麒（S. K. Yee, 1902-1996）與英國經濟戰部與新聞部合聘駐華幹員 J. T. Galvin 同行，Galvin 係以反日宣傳專家與顧問角色隨行，同年於國研所與英國特殊行動執行處合作成立之顧問室（英方稱為資源調查室，Resources Investigation Institute）出任顧問。參見 "Horace James Seymour to Reginald Dorman-Smith," 16 March 1942, *Political Situation in Free China*, FO 371/31644, TNA.

（三）辦理緬文報紙的波折

　　上述「對緬國民外交實施方案」之附件三對緬宣傳工作要領，檢討過去宣傳之弱點，包括：1. 機關不統一，無正確綱領；2. 多注意英文宣傳，輕視緬文宣傳；3. 對新聞界之津貼未適當分配；4. 未充分利用緬甸宣傳之宣傳工具，如廣播在緬最普遍之歌劇等；5. 尚未設立一緬文機關報或雜誌。有關最末項，1942 年 2 月上旬，國民黨海外部曾因應局勢，資助仰光黨報《覺民日報》搬遷機器、轉移員工，同月中旬周寒梅致電部長劉維熾（1892-1955）轉中執會祕書長吳鐵城，稱該報初至八莫，現擬至臘戍發行緬文版，函請核辦。[46] 3 月中下旬，周寒梅三度致電吳鐵城，稱辦理緬文報計畫已得當地政府及緬甸各方協助，並商定在緬京或眉苗發行，電訊、機器、人力等能由當地政府提供或介紹租借，經費則需開辦費緬幣一萬盾，每月經常費約四千盾，請中央照撥。其時海外部原擬發行黨報聯合版，經吳鐵城指示應集中財力籌辦緬文報，聯合版事遂告作罷。[47]

　　至 4 月中旬，周寒梅再致函吳鐵城表示，關於辦緬文報，因各方意見紛歧，決請原於仰光辦理《仰光日報》的廖崇聖（1907-?）設法實現，並積極進行中。另，同月上旬，蔣中正來臘戍，業已批准王芃生與英緬總督商洽成立的反侵略戰爭協會，其事業經費緬幣 15 萬盾，由滇緬公路督辦公署督辦兼南洋戰區疏散協助委員會主委曾養甫督辦，王芃生負責。吳鐵城批示以中央撥付《覺民日報》遷移費五千盾，然緬文報由反侵略會辦為宜，亦或仍照原議由《覺民日報》出版緬文版，經費糾紛由黃天爵解決等，辦緬文報事仍懸而未決。[48] 未料吳鐵城批示次日，原任海外部第二處處長、時任緬甸戰

46 「李樸生致吳鐵城、劉維熾電」（1942 年 2 月 7 日），《特種檔案》，中國國民黨文化傳播委員會黨史館藏，館藏號：特 14/5.11；「周寒梅電劉維熾轉吳鐵城」（1942 年 2 月 7 日），《特種檔案》，中國國民黨文化傳播委員會黨史館藏，館藏號：特 14/5.11。周寒梅原任中宣部科長，赴緬前於吉隆坡、新加坡等地辦理黨報。

47 「周寒梅致吳鐵城電」（1942 年 3 月 19 日、26 日、31 日），《特種檔案》，中國國民黨文化傳播委員會黨史館藏，館藏號：特 14/5.4、特 14/5.16、特 14/5.5。

48 「周寒梅致吳鐵城函」（1942 年 4 月 14 日）、「吳鐵城批示」（1942 年 4 月 16 日），《特

區華僑疏散委員會組訓組主任李樸生（1896-?）即致函吳鐵城，舉報接獲指控周寒梅在臘戍領取補助費、報銷損失，卻在曼德勒販賣布匹雜貨，從事投機營業，置宣傳工作於不顧。[49] 3 日後，李樸生再去函吳鐵城，稱關於辦理緬文報刊事，現無此需要，周寒梅英文不通，緬語亦非所能，請反侵略會研究，但王芃生以為種種問題均難解決，只願出錢不願負責。吳鐵城最終只得批示辦緬文報事緩辦，周寒梅工作請海外部酌定。[50]

國民政府為改善過去宣傳之弱點，於仰光總領事館與國民黨駐緬總支部撤退後，嘗試於臘戍辦理緬文報，立意良善，惜所任非人，又缺乏相關語言人才，原由海外部人員承辦，後移交反侵略戰爭協會辦理未果，只得草草作罷。而王芃生赴緬會見英緬總督府高層商談合作的期間，英緬總督府國防局中國部主任魯賓生（I. E. Robinson）赴重慶，由中統局副局長徐恩曾出面接待，雙方商議中英戰時合作辦法，復發生與海外部工作範圍重疊情形，「對緬國民外交實施方案」難以落實。

種檔案》，中國國民黨文化傳播委員會黨史館藏，館藏號：特 14/5.3。又王芃生與英緬總督府古倫商議並向蔣回報事，詳「王芃生電蔣中正」（1941 年 3 月 26 日），〈遠征入緬（二）〉，《蔣中正總統文物》，國史館藏，數位典藏號：002-090105-00007-323。廖崇聖（1907-?），廣東番禺人，廣州嶺南大學經濟系畢，歷任嶺南大學商學院教授、廣西省經濟委員會專門委員、國民黨中央執行委員會閩粵宣傳專員辦事處設計委員、國民黨駐緬總支部執行委員、緬甸《覺民日報》總編輯、社長等，戰後於加爾各答任《印度日報》社長，因反共立場，於 1954 年被印度政府限令離境。〈廖崇聖〉，《軍事委員會侍從室》，國史館藏，數位典藏號：129-060000-1725。

49 「李樸生致吳鐵城函」（1942 年 4 月 17 日），《特種檔案》，中國國民黨文化傳播委員會黨史館藏，館藏號：特 14/5.6。

50 「李樸生致吳鐵城函」（1942 年 4 月 20 日）、「吳鐵城批示」（1942 年 4 月 26 日），《特種檔案》，中國國民黨文化傳播委員會黨史館藏，館藏號：特 14/5.6。周寒梅日後曾致函吳鐵城辯解，稱以補助費為七七宣誓獻機捐款有他人為證，遭到轟炸致報紙油墨損失等也有總領事能證明，遭受損失亦為不可抗力損害。「周寒梅致吳鐵城函」（1942 年 7 月 11 日），《特種檔案》，中國國民黨文化傳播委員會黨史館藏，館藏號：特 14/1.18。

三、緬戰期間國民政府與英緬總督府的情報合作

太平洋戰爭爆發後，日軍南進腳步加速。為強化盟軍間之合作，於1941 年 12 月 23 日中英美等國召開首次聯席軍事會議，議決確定盟軍在遠東聯合軍事行動計畫，其中以「使仰光及緬甸全境免受敵方攻擊」為首要任務，並賡續就中國協助緬甸國防辦法交小組會議討論。[51]

蔣中正認為此時正是訪印、緬時機，遂於 1942 年 1、2 月間慎重準備前往印、緬進行外交訪問。[52] 此次外交訪問得以成行，應與王芃生事前提供蔣中正建議有關。根據一件 1942 年日期不詳之文件，王芃生密呈蔣中正，分析盟軍聯合作戰的內在隱憂及建議應處做法。王芃生指出英國與屬地間之政治問題倘若紛擾不絕，則敵方知悉以少數兵力配合政治策動便能取下印緬，屆時將「誘德出近東，謀瓦解英，使美勢孤，亦能絕蘇由波斯之運路，於同盟極不利。」他發現英國已意識到危機，於是開始允許宣傳戰後給予緬甸自由及其他合作。王芃生也轉達英緬軍總司令亞歷山大（Harold Alexander, 1891-1969）表示傾服蔣中正出兵援緬，且英國情報部門遠東及駐緬負責人更迭勸蔣中正赴印遊說。同時英緬總督亦邀請後來協調印緬關係的關鍵人物克利浦斯爵士（Stafford Cripps, 1889-1952）前去，避免受敵挑撥，重印輕緬。王芃生於該文末強調，英情報部駐緬代表紐亨請求蔣中正週內飛印，謂「須趁新德里會期，並密告彼在印二十年，知印恨英，不親華則親倭。親華尤可抗日，否則大局全非，勸勿失時。」為此，王芃生遂請示蔣中正可否近期內飛印。[53] 從這份文件的始末來看，當時蔣中正應尚未決定出訪，而王芃

---

51 「蔣中正召集美英澳等國代表舉行第一次聯席軍事會議」（1941 年 12 月 23 日）、「蔣中正電宋子文在重慶召開聯席軍事會議各項決議」（1941 年 12 月 25 日），〈革命文獻—同盟國聯合作戰：重要協商（一）〉，《蔣中正總統文物》，國史館藏，數位典藏號：002-020300-00016-029、002-020300-00016-032。

52 廖文碩，〈王芃生與國民政府戰時結盟外交：以印、緬工作為中心（1937-1942）〉，「近代中印關係史國際學術討論會」，臺北：國史館，2015 年 8 月 28 日，頁 13-14。

53 「王芃生呈蔣中正盟軍聯合作戰及在印緬收容組訓事宜」（1942 年），〈盟軍聯合作戰（八）〉，《蔣中正總統文物》，國史館藏，數位典藏號：002-080103-00063-013。

生的建議是強化蔣中正出訪動機。而這份文件也說明是年 3 月何以王芃生奉派赴緬。

（一）中統局與英緬總督府國防局的合作

前述蔣中正二度訪緬同時，英緬國防局代表魯賓生為求中英合作已到訪重慶，就中方選派幹員入緬事，與中統局徐恩曾面商合作辦法。[54]

1942 年 4 月中旬，徐恩曾向吳鐵城呈報與魯賓生商談結論，擬由中統局選派大量幹部入緬，為提高工作，盡量發揮效用，除已在緬工作人員，擬再遴選幹員 10 餘人，故請中央酌予補助，俾利工作進行。吳鐵城於函復時稱蔣中正已批准合作辦法，關於補助事可專案簽呈，另應與海外部駐緬辦事處密切聯繫，並叮囑工作範圍不可重複。[55]

國民黨海外部所以設立駐緬辦事處，係該部為因應太平洋戰事擴大、緬甸情勢嚴重，屬行分區輔導制，派劉翼凌（1903-1994）為駐緬總支部書記長，譚永生前往臘戌、陳洪海赴仰光及曼德里協助宣傳等。復組設駐緬臨時辦事處，以期增強領導緬僑，致力戰時工作，並劃分區域，每一黨區派輔導員一人，前往指導各該區黨務工作；又奉飭派員參加由滇緬公路督辦公署督辦曾養甫領導之南洋戰區疏散協助委員會，辦理疏散僑民、保衛地方，徵求國軍翻譯嚮導人員、組織青年戰地服務團等。[56]

---

54 "I. E. Robinson to Konrad Hsu（徐恩曾）"（2 April 1942），〈緬甸國防局中國部主任魯賓生節略〉，《特種檔案》，中國國民黨文化傳播委員會黨史館藏，館藏號：特 14/6.3.1。魯賓生訪問重慶期間下榻嘉陵賓館，臨行前致函感謝徐恩曾接待，並表示原則同意雙方合作辦法草案。

55 「徐恩曾致吳鐵城函」（1942 年 4 月 11 日）、「吳鐵城函徐恩曾」（1942 年 4 月 16 日），《特種檔案》，中國國民黨文化傳播委員會黨史館藏，館藏號：特 14/6.3。

56 〈五屆十中全會中央海外部工作報告〉，收入劉維開編，《中國國民黨黨務發展史料：海外黨務工作》（臺北：中國國民黨中央委員會黨史委員會，1998 年），頁 330。劉翼凌（1903-1994），廣東梅縣人，上海復旦大學心理學系肄業，中央訓練團黨政訓練班第一期畢業。歷任中央警官學校講師、中央海外部第一處事務科科長、駐緬甸總支部書記長、國民外交協會仰光辦事處代表、中央海外部駐緬辦事處副主任等，戰後轉往宗教

　　前述由蔣中正核定、徐恩曾出面洽訂之中英合作辦法，正式名稱為「中國海外部駐緬辦事處、緬甸國防局戰時合作辦法」（Plan of Cooperation, for the Duration of the War, between the Burma Defense Bureau and the Burma Office of the Chinese Department of Overseas）。1942 年 9 月、12 月復由中統局與緬方二度修訂，維持雙方合作關係，總負責人為中統局羅劍雄（1914-?）。[57]海外部駐緬辦事處似僅為名義上之合作單位，並提供部分人力支援，中統局為實際主導者。

　　比較該合作辦法於緬戰期間與緬甸淪陷後之內容，修訂差異主要於工作重點上，前者係針對緬甸境內第五縱隊之宣傳與顛覆活動，進行情報搜羅與偵防，於各地預先布建情報網，並加強華僑組訓以服務中國軍隊。後者則注重偵查全緬敵偽之各項設施活動情形，加緊同盟國對緬甸關切有利之宣傳工作，密派幹員深入緬境內地從事組訓華僑、緬民共起反敵，並積極進行破壞敵人之軍事政治經濟一切設施，作同盟軍反攻時之響應，以及加強潛伏工作，以奪取物資而破壞敵人以戰養戰之陰謀。新修合作辦法列有於滇緬邊境訓練緬甸華僑，以便派遣入緬境內工作，訓練計畫另定之條目；並增列雙方遇必要時，可隨時商得同意修改，任一方向對方提出正式通知時即行終止。

　　該合作辦法的不同版本，有關界定雙方合作關係與工作範圍，則大致相同，包括七項：一、雙方所得各種情報應於最短時間內全部交換；二、對敵

――――――
　　界。人事調查報告指其曾參加共黨，後與共黨絕緣，做官思想甚為濃厚，惟對金錢觀念甚為恬淡，擅於文字，事務非其所長。參見〈劉翼凌〉，《軍事委員會侍從室》，國史館藏，數位典藏號：129-010000-0217。

57　"Plan of Cooperation" (April 1942)，〈緬甸國防局中國部主任魯賓生節略〉，《特種檔案》，中國國民黨文化傳播委員會黨史館藏，館藏號：特 14/6.3.1；「中國海外部駐緬辦事處、緬甸國防局戰時合作辦法」（1942 年 12 月），《特種檔案》，中國國民黨文化傳播委員會黨史館藏，館藏號：特 14/16.12。羅劍雄（1914-?），廣東順德人，隨父舉移居馬來亞，於檳城經商。後回國加入復興社，歷任中央軍校教導隊教官、馬來華僑回國青年服務團團長、軍委會戰幹一團少校、中統局調查員等，長於馬來半島方言、海外宣傳及僑務工作。「人事登記片」（1942 年 6 月 27 日），〈羅劍雄〉，《軍事委員會侍從室》，國史館藏，數位典藏號：129-010000-4977。

偽分子應採之祕密制裁行為，由辦事處國防局雙方合作處理之；三、國防局
如需要工作人員，可請辦事處負責介紹，其生活費工作費及需用器材，由國
防局擔負；四、辦事處工作人員如需要交通及行動之便利，國防局應盡力協
助；五、雙方應加強宣傳機構，俾得充分利用；六、為便利傳遞消息，雙方
應協力組織全緬之交通網，設置電臺及傳訊交通工具以收時效；七、為便利
合作起見，雙方互聘顧問一人，擔任聯絡及隨時商洽事項。至 1943 年中統
局與英緬國防局仍維持合作關係。[58]

（二）王芃生與英緬總督合作提案及演變

　　1942 年 3 月 17 日蔣中正致函英緬總督史密斯，表示為增進雙方團結與
聯繫，特派國防最高委員會外交專門委員王芃生馳詣慰問，蔣向史密斯介紹
王芃生「兼具政治及軍事經驗，對於中英緬印之合作意義，尤有深切理解，
且精悉敵國日本情形及敵人侵略之積惡暴行」，故派以協助「援緬軍」和華
僑團體等對英緬之聯絡合作及宣傳。史密斯對特派王芃生赴緬一事頗能諒
解，回函中肯定王芃生的辛勞及其與緬甸各部長詳盡商討計畫之專業，並說
明緬甸總理保頓爵士（Paw Tun, 1883-1953）將攜同少數忠實精選之緬人，
前往臘戍和王芃生合作，組織他所規劃成立的機構，使反日宣傳獲得新的開
展。[59] 因此，3 月王芃生入緬。
　　王芃生赴緬後，受到英帝國高層重視。此與王芃生與英國特殊行動執

58　馬振犢、邱錦合撰之〈抗戰時期國民黨中統特工的對英合作〉一文，對中統局與英緬國
　　防局達成協議後，於 1943 年間派李竹瞻（1898-1958）、陳蔚如負責該區活動，用人不
　　當、成員素質不佳等情形，有所描述。詳馬振犢、邱錦，〈抗戰時期國民黨中統特工的
　　對英合作〉，《抗日戰爭研究》，2006 年第 3 期（2006 年 8 月），頁 170-175。
59　「緬甸總督史密斯覆蔣中正函」（1942 年 3 月 27 日），〈革命文獻—同盟國聯合作戰：
　　遠征軍入緬（一）〉，《蔣中正總統文物》，國史館藏，數位典藏號：002-020300-00019-
　　025；「1942 年 3 月 17 日」，〈事略稿本—民國三十一年三月〉，《蔣中正總統文物》，國
　　史館藏，數位典藏號：002-060100-00162-017；廖文碩，〈王芃生與國民政府戰時結盟外
　　交：以印、緬工作為中心（1937-1942）〉，「近代中印關係史國際學術討論會」，臺北：
　　國史館，2015 年 8 月 28 日，頁 15。

行處的淵源有關；[60]也因受到前英國駐華大使卡爾（Archibald C. Kerr, 1882-1951）的肯定。因卡爾在 1942 年 2 月 15 日於印度新德里向來訪的蔣中正建議，由王芃生主持對日祕密宣傳。卡爾向蔣中正建議組織中英聯合對敵宣傳機關，蔣表示已經組織委員會。在卡爾聽聞蔣中正打算將此機關交給國民黨宣傳部長王世杰，認為「對敵宣傳須用不同的方法，有時表面上似乎事涉卑陋，恐非王部長所宜，所以我建議請王芃生主持，他對於這種祕密宣傳是很有經驗的。」對此，蔣中正允諾回重慶後考慮此事。[61]

經王芃生的商洽，3 月 26 日呈報蔣中正與英緬總督商議之結論，稱其計畫獲得總督同意，透過組織民眾和憲警合作，各個明密組織按軍事需要設分處，並為適應各地情形辦理下列事項：

1. 在臘戌設反侵略戰爭協會；
2. 將原有緬中文化協會擴大移設麥苗；
3. 在曼德勒密組中緬憲警合作機關，偵緝奸細，保護交通；
4. 在淪陷區及泰國加強情報合作。[62]

換言之，英緬方面同意組織民眾及憲警合作，但主張需適應各地情形需要，包括曼德勒密組的中緬憲警合作機關負偵緝奸細，保護滇緬路交通安全，以及在淪陷區及泰國加強情報合作等。在時任英緬總理保頓等官員參與支持下，王芃生向蔣中正建請軍令部第二廳副廳長、且是軍統局要員鄭介民

60　相關過程參見廖文碩，〈情報與外交：從檔案論王芃生與國際問題研究所（1937-1946）〉，《成大歷史學報》，第 56 期（2019 年 6 月），頁 108-110。

61 「董顯光呈蔣中正在印度與卡爾印緬總督暨英方負責軍官歷次談話紀錄」（1942 年 2 月），〈革命文獻—同盟國聯合作戰：蔣委員長訪印（一）〉，《蔣中正總統文物》，國史館藏，數位典藏號：002-020300-00021-052；廖文碩，〈王芃生與國民政府戰時結盟外交：以印、緬工作為中心（1937-1942）〉，「近代中印關係史國際學術討論會」，臺北：國史館，2015 年 8 月 28 日，頁 17-18。

62 「王芃生電蔣中正與總督協商密組中緬憲警合作機關事」（1942 年 3 月 26 日），〈盟軍聯合作戰（二）〉，《蔣中正總統文物》，國史館藏，數位典藏號：002-080103-00057-006；廖文碩，〈王芃生與國民政府戰時結盟外交：以印、緬工作為中心（1937-1942）〉，「近代中印關係史國際學術討論會」，臺北：國史館，2015 年 8 月 28 日，頁 16。

（1939 年任軍統局祕書主任，地位僅次正、副局長）速來共同主持工作事宜。[63]

　　3 月，日本占領仰光。4 月上旬，蔣中正再親赴緬甸前線，於眉苗與英緬總督談話，雙方會談核心係為取締緬境中國共黨活動事宜。依據中方紀錄，英緬總督以中共黨人在曼德勒大肆活動、宣傳，在緬人間謂中國士兵污辱緬甸婦女及其他種種不守規則行為，雖其中部分或已遭英緬總督府逮捕或已失蹤，然自由活動者數量仍多。英緬總督為此大感困擾，認為中國共黨之活動必須由中國人辦理，方能有效。蔣中正表示中共黨人亦在當地宣傳，中國人不需為英人利益犧牲生命，且擾亂國民政府軍隊，同意考慮多派警察及特務人員。[64]

　　英緬總督於 4 月方經上級印緬事務大臣向英國首相呈報，其中以王芃生對於雙方在緬的反日宣傳內容主軸與合作提議，最受矚目。英人著眼於緬甸戰略位置，一方面為盟軍協同作戰，尋求與國民政府宣傳合作之可行性；一方面為英國在緬利益與戰後地位，英國中央政府與總督府、中央各部會間對於與中國合作又有不同考量，隨著緬戰的情勢演變而調整策略。

　　1942 年 4 月底，印緬事務大臣艾默里向首相邱吉爾呈交備忘錄詳陳，依據英緬總督史密斯報告，王芃生以蔣中正個人代表身分入緬，以中國軍隊士氣與政治作戰為職責，自然關注在緬反日宣傳問題。該備忘錄提到目前已完成的工作，包括王芃生會見英緬閣員、雙方成立反侵略戰爭協會，以及對引導在緬宣傳提出數項具深遠意義之計畫。著眼於中國人是英緬進行反日宣傳不可或缺的最佳代理人，史密斯對王芃生的上述活動，均表同意

---

63 「王芃生致蔣中正電」（1942 年 3 月 26 日），〈遠征入緬（二）〉，《蔣中正總統文物》，國史館藏，數位典藏號：002-090105-00007-323。同年 5 月下旬，戴笠曾下手令指示鄭介民帶回與英國遠東情報主任洽商之經過，其中英方的要求當酌量給予，應簽請蔣中正准商軍令部辦理。「戴笠手令」（1942 年 5 月 25 日），〈戴公遺墨—組織類（第 1 卷）〉，《戴笠史料》，國史館藏，數位典藏號：144-010105-0001-006。

64 「蔣中正與緬甸總督談話紀錄」（1942 年 4 月 6 日），〈革命文獻—同盟國聯合作戰：遠征軍入緬（一）〉，《蔣中正總統文物》，國史館藏，數位典藏號：002-020300-00019-043。

並且歡迎。王芃生提議的在緬宣傳主軸，顯為「聯合國家在亞洲致力於對抗獨裁與侵略，為爭取自由與民主而奮鬥」（the United Nations are engaged in a struggle for freedom and democracy in Asia against dictatorship and aggression）。中國由於對日經驗豐富，最適合將這樣的訊息帶入緬甸。王芃生也坦白指出，對部分緬人來說，宣傳若要成功，其內容不能僅僅是對英人有利，例如許多傾向共產主義的德欽黨人，因反對英國而投入日本陣營，但這兩者並非自然的結盟，另以緬人之經濟困頓，在日本統治下，是不可能有所改變。[65]

對此，艾默里與史密斯持相同看法，認為就長遠計，中國人行動的可能發展必將對英人形成風險，但這些風險本身並不足畏，相較於英人對反日宣傳的急迫需要，實可謂微不足道。艾默里接著談到，王芃生建議邱吉爾公開聲明，將日據下緬人的命運與英人所宣告的戰後政策相對比，並使中國人能以緬甸的最終自由為目的，與英國人並肩作戰。此處王芃生並未明白建議英人推進對緬政策，毋寧是希望英人能強調其對緬之規劃設計與日據緬甸存在的明顯差異。艾默里因此建議邱吉爾致電蔣中正，並依上述宣傳內容主軸，檢陳草擬聲明稿。依艾默里之見，首相之公開聲明，除能有效促進雙方當前合作，尚得藉此防範英人未來之可能風險。[66]

該聲明稿首段，即向已與英印緬軍共同保衛緬甸作戰兩個月之中國軍隊致敬，中國對日本侵略者的長期戰鬥，目前已成為世界性衝突的一部分，中國、大英國協以及其他聯合國家在亞洲為保存民主自由而戰，並不下於歐洲。亞洲其他國家未能如中國，對於在這場衝突中已處於岌岌可危之境地有著明確認識，基於「朝鮮與中國滿洲及其他日占區現況」[67]，已充分說明日本

---

[65] "Leo S. Amery's Minute to Winston Churchill," 30 April 1942, *Political Warfare in the Far East*, FO 371/31787, TNA.

[66] "John M. Martin, Principal Private Secretary to Winston Churchill, to Valentine G. Lawford, Assistant Private Secretary to Anthony Eden," 12 May 1942, *Political Warfare in the Far East*, FO 371/31787, TNA.

[67] 原稿為「朝鮮、滿洲及中國其他日占區」，經英國外交部建議修改，以避免誤會朝鮮

作為侵略者與其獨裁本質，即便緬甸被賦予名義上之獨立，也將如滿洲國般成為傀儡政府。反之，大英國協植基於民主化自治政府原則，已通過內閣治理部分地將該項原則賦予緬人，在對日作戰勝利後，將獲得徹底實踐。[68] 聲明稿經邱吉爾批交其左右手外交大臣艾登（Robert Anthony Eden, 1897-1977）、新聞部部長布列肯（Brendan Bracken, 1901-1958）徵詢意見，初步認可王芃生所提議之宣傳合作計畫。[69]

　　然而 1942 年當英軍在緬甸落敗，卻遲至 2 月 15 日才同意中國軍隊大批入緬，就在中國抽調第 200 師匆匆前往緬南增援時，未料英軍已開始撤退行動。[70] 在此情況下，原規劃之相關宣傳組織及工作勢必難以展開。

　　1942 年 3 月 8 日日軍占領仰光，中國遠征軍參與第一次緬甸作戰失敗。至 5 月上旬，盟軍於緬戰迅速潰敗，中國遠征軍部分退往邊界，孫立人（1900-1990）師與英軍向印度撤退，上述聲明稿內容亦隨之失去時效。印緬事務大臣艾默里奉飭修訂，儘管於彙報中向邱吉爾極力重申對緬宣傳的急迫性，並支持王芃生的宣傳提議要旨（... it seems to me that the substance of General Wang's proposals is still to be welcomed）。[71] 然而此時的邱吉爾已有不同思考，中英立場與利益產生矛盾，致英國政府最終決定擱置王芃生的合作提案，其主要原因包括：

1. 未循正常外交管道：邱吉爾於 5 月中旬回覆艾默里表示，該合作提案最
　 好仍依通常程序由外交部辦理（... this had better go through the Foreign

　　為中國的一部分。"Lawford to Martin," 6 May 1942, *Political Warfare in the Far East*, FO 371/31787, TNA.

68　"Draft telegram from Prime Minister to General Chiang Kai-shek containing text of proposed message for publication," 30 April 1942, *Political Warfare in the Far East*, FO 371/31787, TNA.

69　"Martin to Lawford," 12 May 1942, *Political Warfare in the Far East*, FO 371/31787, TNA.

70　齊錫生，《劍拔弩張的盟友：太平洋戰爭期間的中美軍事合作關係，1941-1945》（臺北：中央研究院、聯經出版事業公司，2012 年，修訂版），頁 88-89。

71　"Amery's Minute to Churchill," 18 May 1942, *Political Warfare in the Far East*, FO 371/31788, TNA.

Office in the ordinary way）。邱吉爾認為，他對蔣中正的可能影響力，寧願施用在更大、更重要的議題上（I would rather keep any influence I may have with him for some larger matter）。[72] 次日，緬甸事務部知會外交部，有關王芃生的合作提案，現擬改由英國駐華大使薛穆（Horace J. Seymour, 1885-1978）致電中國外交部長，而檢附之聲明稿，則以個人信形式，由艾登代表英國政府署名。與原提案相較，層級已大幅降低。[73] 6月上旬，艾登先是約見中國駐英大使顧維鈞，委請代向蔣中正轉達英對遠東戰線並無輕視之意，今後對反攻緬甸問題希能早由英、美、中三方會商統籌辦法收復等 [74]。艾登並致電薛穆，委請其就王芃生之宣傳提議要旨與合作方式，向國民政府進行疏通、瞭解。艾登表示在當時情勢下，國民政府基於諸多理由未必會支持英方。[75]

2. 對國民政府宣傳策略之評價：太平洋戰爭爆發初期，英軍在東南亞一敗塗地，中國以國軍不曾投降而民族主義情緒高張，政界和輿論紛起，鼓吹中華民族不能對弱小民族前途置身事外，英國官方尤難消受西方媒體對中國戰事前景樂觀態度。[76] 與英外交部調整王芃生所提合作方案同時，盟軍東南亞戰區司令部政治顧問德寧（Esler M. Dening, 1897-1977）向外交部呈報意見，扼要指出此刻國民政府對外宣傳當務之急，在因應日本以亞洲真正的解放者自居，以及指控國民政府使東方民族自甘作帝

---

[72] "Churchill to Amery," 19 May 1942, *Political Warfare in the Far East*, FO 371/31788, TNA.

[73] "John Walton, Deputy Under-Secretary of State for Burma, to Lawford," 20 May 1942, *Political Warfare in the Far East*, FO 371/31788, TNA. 其時外交部長宋子文長期滯美，蔣中正以行政院長身分兼理外交部，兼理時期為 1941 年 12 月 27 日至 1942 年 10 月 30 日。參見張朋園、沈懷玉編，《國民政府職官年表》（臺北：中央研究院近代史研究所，1987 年），頁 102。

[74] 「顧維鈞致蔣中正電」（1942 年 6 月 1 日），〈革命文獻—同盟國聯合作戰：重要協商（一）〉，《蔣中正總統文物》，國史館藏，數位典藏號：002-020300-00016-070。

[75] "Eden to Seymour," 4 June 1942, *Political Warfare in the Far East*, FO 371/31788, TNA.

[76] 1942 年春，艾登與薛穆曾就此頻繁交換意見。參見廖文碩，〈邁向亞洲大國：太平洋戰爭時期中國地區大國角色定位與困境〉，收入呂芳上主編，《中國抗日戰爭史新編・第五編：對外關係》（臺北：國史館，2015 年），頁 298-299。

國主義馬前卒,故有必要傳達所具純粹的亞洲觀點,不論係原意或權宜之計,務須提出亞洲人「當下即刻無條件自由」(freedom now, with no strings attached)之政策主張,與國民政府其時為比照《大西洋憲章》而強烈要求制訂一《太平洋憲章》(*Pacific Charter*)若合符節。如此,王芃生原案中對緬人戰後自由之承諾,顯得過度遙遠,而中英雙方不睦氛圍,亦使國民政府恐難接受合作。[77]

3. 疑忌國民政府對緬甸領土野心:前述艾默里於 1942 年 4、5 月二度呈邱吉爾所附草擬電文稿,以及艾登於 6 月上旬致薛穆電文,均援引王芃生一再強調中國人對緬人的同情,因一眾所周知之事實而強化,那就是「中國與日本不同,中國既無領土野心,也無意干涉緬甸事務」(China, unlike Japan, has no territorial ambition nor any desire to interfere in Burmese affairs)。[78] 然而在 1942 年上半年,國民政府的諸多作為使英方存有國民政府欲干涉英帝國內政之顧慮。而這些顧慮顯非空穴來風,例如蔣中正於是年 2 月訪問印、緬,因同情印度以國大黨為首之民族運動,亟欲插手調停英印政爭。又如王芃生於 4 月在曼德里中央監獄,會見遭英緬總督府監禁之原為德欽黨中堅分子,後成為緬甸共產黨(Communist Party of Burma)領袖的德欽梭(Thakin Soe, 1906-1989)、德欽巴罕(Thakin Ba Hein, 1917-1946)、德欽覺盛(Thakin Kyaw Sein)。王芃生與渠等達成

---

77 "Dening on General Wang's proposal for propaganda concerning the Burmese," 26 May 1942, *Political Warfare in the Far East*, FO 371/31788, TNA. 1942 年 3 月,蔣中正於訪印後曾思考預備一《太平洋大憲章》,以為「凡亞洲各民族應予獨立平等之宣言」,經國防最高委員會王寵惠等人研究,僅主張補充《大西洋憲章》聯合宣言,然而美、英媒體此前已將立法院院長孫科(1891-1973)等人之相關言論大肆報導。參見廖文碩,〈邁向亞洲大國:太平洋戰爭時期中國地區大國角色定位與困境〉,收入呂芳上主編,《中國抗日戰爭史新編·第五編:對外關係》(臺北:國史館,2015 年),頁 288-289。

78 "Leo S. Amery's Minute to Winston Churchill," 30 April 1942, *Political Warfare in the Far East*, FO 371/31787, TNA; "Amery's Minute to Churchill," 18 May 1942, *Political Warfare in the Far East*, FO 371/31788, TNA; "Eden to Seymour," 4 June 1942, *Political Warfare in the Far East*, FO 371/31788, TNA.

協議，倘如邱吉爾及英緬總督府允諾緬甸戰後自治領地位，三人願放棄所有反英行動。[79] 抑或吳鐵城於同月公開宣稱緬甸戰後獨立等言論，以致美、英普遍有「中國人傾向認為中國將成為亞洲民族領導者」的觀察。[80]

1942 年 9 月下旬，王芃生透過薛穆及國研所顧問室的英籍顧問安獻今（G. Findlay Andrew, 1887-1971），向英緬總督府表示，希望英方能將兩名在印度監禁之德欽黨人釋放，由其帶回重慶。王芃生告知安獻今，若是緬戰之初英方能聽從其建議釋放巴莫，便不致發生巴莫逃獄、後轉而出任日本傀儡政權之緬甸行政府長官，對英方不啻為一場政治災難。王芃生並強調，國民政府尋求與英方協同作戰、確保雙方共同利益，於緬甸及馬來亞僅要求華僑能得到平等對待。另一方面，王芃生雖未向薛穆提出如上述有關緬甸戰後自治領地位之要求，但薛穆主動向其直言，緬甸的未來係屬高層政策問題，實非現階段能夠底定。[81] 薛穆、史密斯、緬甸事務部等，雖著眼於王芃生向來之誠意與密切合作，原則同意其接回緬人之提議，惟對於國民

[79] "Seymour to Dorman-Smith with a copy of aide-memoire by G. Findley Andrew dated Sept. 29, 1942," 3 October 1942, *Co-operation with the Chinese*, FO 371/31633, TNA. 三人之中德欽梭與德欽覺盛名列緬甸「三十志士」，即 1940 至 1942 年間以翁山等人為首之緬獨運動人士，陸續偷渡離緬赴日本占領下海南島接受軍事訓練，配合日軍入侵進行武裝起義反英行動。參見朱浤源、姚敏芝、蕭明禮，〈緬甸建國者與臺灣（上）：二戰初期（1939-1942）〉，收入鄭德美主編，《戰爭與和平：紀念抗戰勝利七十週年國際學術研討會》（桃園：國防大學，2015 年），頁 306-311。

[80] 廖文碩，〈邁向亞洲大國：太平洋戰爭時期中國地區大國角色定位與困境〉，收入呂芳上主編，《中國抗日戰爭史新編·第五編：對外關係》（臺北：國史館，2015 年），頁 299。林孝庭於戰時中英兩國在印度、西藏和南亞次大陸等問題上，因自身利益導致雙方互信關係消蝕，有深入研討。參見林孝庭，〈二戰時期中英關係再探討：以南亞問題為中心〉，《近代史研究》，2005 年第 4 期（2005 年 10 月），頁 32-56；Hsiao-ting Lin, *Tibet and Nationalist China's Frontier: Intrigues and Ethnopolitics, 1928-49* (Vancouver: University of British Columbia Press, 2006).

[81] "Seymour to Dorman-Smith with a copy of aide-memoire by G. Findley Andrew dated Sept. 29, 1942," 3 October 1942, *Co-operation with the Chinese*, FO 371/31633, TNA. 安獻今係二戰時期英國特殊行動執行處在華負責人，有關安獻今與王芃生之接觸與合作關係，參見廖文碩，〈情報與外交：從檔案論王芃生與國際問題研究所（1937-1946）〉，《成大歷史學報》，第 56 期（2019 年 6 月），頁 110-113。

政府可能就此發動之宣傳攻勢感到憂心。[82] 英國外交部如遠東司司長克拉克（Ashley Clarke, 1903-1994）特別指示薛穆等人「應盡可能阻撓中國人出自精心盤算終止英國聯繫的宣傳」（... should do your best to discourage Chinese propaganda based on the contemplated ending of the British connection）。[83]

雖然英方對國民政府猜忌猶多，但王芃生擔負滇緬戰略布局的重要任務，在緬的交涉、運作和對敵後情報網絡的布置，可謂為第二次滇緬作戰所需之戰術情報需求奠下基礎。

---

82 "Seymour to Dorman-Smith," 3 October 1942, *Co-operation with the Chinese*, FO 371/31633, TNA; "W. Johnston to Ashley Clarke," 1 December 1942, *Political Warfare in the Far East*, FO 371/31794, TNA.

83 "Clarke to Seymour," 9 November 1942, *Political Warfare in the Far East*, FO 371/31794, TNA.

第五章
反攻緬甸前對英屬印度和泰越的工作

　　太平洋戰爭的爆發，讓中國的抗戰局勢為之轉變。1941 年 12 月 31 日，美國總統羅斯福致電蔣中正，建議組織中國戰區，並告以經商得各同盟國同意，推蔣中正為中國戰區最高統帥，組織聯軍參謀部，策劃作戰方案，統帥麾下指揮中、泰、越各地區盟國軍隊作戰。[1] 其後英美兩國領袖在華盛頓逕自將遠東戰場區分為「中緬印戰區」和「中國戰區」，蔣中正實感不滿。[2] 但為確保中國能獲得國際援助以繼續對日抗戰，蔣中正一方面持續嘗試與英美發展各種可能的合作關係，另一方面避免日軍南進威脅中國西南大後方。在兩者必須兼顧情況下，蔣中正在物資援助與作戰計畫上，不斷與盟邦拉鋸，在對英關係上，面對中英關係緊繃、英屬緬甸、印度政局不穩定的接續挑戰，蔣中正既要發展對英屬緬甸的情報工作（參見第四章），還需將其戰略視線擴及過往相對陌生之印度。這是國民政府必須加強對英屬印度情報工作的重要因素。

　　此外，當日軍偷襲珍珠港時，也同時進攻香港，並強行登陸泰國，要求借道攻擊英國在東南亞的殖民地。泰國政府為日本所迫，當日即同意借道。1941 年 12 月 21 日，泰國進一步與日本簽訂攻守同盟條約，成為軸心國的一員，並於 25 日對英美宣戰。此時盟軍比過往更迫切需要在敵對的泰國和

1　「羅斯福電蔣中正建議成立中國戰區最高統帥部並請麾下負責指揮」（1941 年 12 月 31 日），〈革命文獻—同盟國聯合作戰：重要協商（一）〉，《蔣中正總統文物》，國史館藏，數位典藏號：002-020300-00016-035。

2　齊錫生，《劍拔弩張的盟友：太平洋戰爭期間的中美軍事合作關係，1941-1945》（臺北：中央研究院、聯經出版事業公司，2011 年），頁 18-19。

已淪陷的越南內蒐集情報、或從內部策反。1943 年在反攻緬甸前，中美合作所有意派遣工作隊潛入泰、越運作，然在工作隊成立後，美國戰略情報局排拒軍統局人員加入，為此中美情報合作再生齟齬。[3]

一、對英屬印度

（一）對印度情報需求日增

國民政府鑒於抗戰初期英國曾與日本有過情報合作，又為爭奪新疆、西藏等地利益，疑對該等地區曾派遣間諜滲透而引發爭議，致使中英雙方互信不足。[4] 復以國民政府亟需印度及南洋等受西方殖民之民族，為戰爭貢獻人力物力，不惜碰觸英國對殖民地管控之敏感神經，試圖介入英印政爭，以爭取印度政要和輿論支持。[5] 凡此問題，皆使蔣中正乃至國民政府有關機構，必須在傳統外交與軍事途徑外，另仰賴情報組織與幕僚深入掌握印度情勢發展，以協助決策並執行祕密活動。因此，諸如國研所王芃生與印緬高層維持密切互動；中統局 1942 年組訓「留印海員戰時工作隊」（下稱「海員戰工隊」或「戰工隊」）時，曾規劃藉該隊發展情報工作；軍統局戴笠亦在 1942年 3 月第一次緬甸作戰盟軍失利後，積極布建印度情報網等，均顯示國民政府在東南亞戰場情勢急轉直下之際，迫切需要掌握印度之情報。

另一方面，隨著日軍南進步伐加快，中南半島及新、馬等地相繼淪陷，

3　軍統局與美國戰略情報局在合作訓練項目上即互有怨懟。軍統局不滿美國戰略情報局未盡心指導中方人員，且在華私自行動；美方則怪中方提供有效情報太少，且限制行動。參見吳淑鳳，〈軍統局對美國戰略局的認識與合作開展〉，《國史館館刊》，第 33 期（2012 年 9 月），頁 165-170。

4　林孝庭，〈二戰時期中英關係再探討：以南亞問題為中心〉，《近代史研究》，2005 年第 4 期（2005 年 10 月），頁 35、36、50-57。

5　林孝庭，〈二戰時期中英關係再探討：以南亞問題為中心〉，《近代史研究》，2005 年第 4 期（2005 年 10 月），頁 42；王建朗，〈從蔣中正日記看抗戰後期的中英美關係〉，《民國檔案》，2008 年第 4 期（2008 年 11 月），頁 113。

英屬印度遂成為英、美、中等盟邦間從事外交活動、情報工作之場域。在此背景下，中英雙方雖以印度為開展馬來亞情報合作之重要基地，卻也因蔣中正介入英印政爭，引發印度政府指控中國利用駐印度領事館從事情報活動，並成立「中國情報處」（Chinese Intelligence Wing, CIW）以為反制。[6]印度政府甚至認為國民黨與英方合組之敵後特工「136 部隊」可能威脅國內政治和社會，為求因應，另於加爾各答成立「中國情報科」（the Chinese Intelligence Section, CIS）加強防範。[7]英印之反情報作為，亦印證中國在印度的情報活動確實存在，且具有一定之影響。

　　然而，不同於國民政府在南洋地區有大量華人可資運用，包括軍統局和中統局等情報機構，於印度的情報網絡均相對薄弱。其次，英方為控制印度地區之密電傳遞，在太平洋戰爭爆發前，1941 年 11 月告知中國外交部，印度境內僅准各國駐印最高級領事官有收發密電之特權，使國民政府情報傳遞途徑大幅受限。此後，駐加爾各答總領事館遂成為中國與印度密訊通電主要管道。[8]此形勢下，各情報機構雖各自試圖在印度布建據點，仍發展出

6　「中國情報處」（CIW）係 1942 年印度司令部因應大量中國部隊進入蘭伽（Ramgarh），隸屬印度政府檢查總署（CHIEF CENSOR OF INDIA），為印度內部安全而設立之組織，主要工作在檢查寄往中國之郵件。見 Christopher J. Murphy, "'Constituting a Problem in Themselves': Countering Covert Chinese Activity in India: The Life and Death of the Chinese Intelligence Section, 1944-46, " *The Journal of Imperial and Commonwealth History*, Vol. 44, No. 6 (September 2016), pp. 930-931, 935; Richard J. Aldrich, *Intelligence And the War Against Japan: Britain and the Politics of Secret Service* (New York: Cambridge University Press, 2008), p. 152；陳穎賢，〈太平洋戰爭時期中國在馬來西亞的情報工作〉（臺北：國立臺灣師範大學歷史學系碩士論文，2019 年），頁 46-48；「印度政府中國情報處之調查」（1942 年 12 月 23 日），《特種檔案》，中國國民黨文化傳播委員會黨史館藏，館藏號：特 13/2.20。

7　Christopher J. Murphy, "'Constituting a Problem in Themselves': Countering Covert Chinese Activity in India: The Life and Death of the Chinese Intelligence Section, 1944-46," *The Journal of Imperial and Commonwealth History*, Vol. 44, No. 6 (September 2016), pp. 928-951.

8　「駐仰光總領事館致函外交部」（1941 年 11 月 14 日），〈中印緬交涉〉，《外交部》，國家發展委員會檔案管理局藏，數位典藏號：0029/013.2/0001。

圍繞著外交部駐印各領事館從事情報活動之特點，情報機構與外館間的依存關係，似乎就成了對印情報能量發揮的關鍵。以下就軍統局、中統局、國研所，以及駐印度武官和外交部等，在印度各自建構之情報網絡及其相互關係，闡述國民政府在英屬印度之情報運作。

（二）軍統局之情報布置

根據國防部情報局所編《戴雨農先生全集》記述，戴笠著手布置印度情報工作，起於滇緬公路尚未被封鎖前，為掩護中國工程技術人員前往印度與盟方籌建中印公路而展開。繼隨日本攻略中南半島戰局發展，戴笠積極加強對印工作部署，曾對岑士麟（1916-?）[9]下達手令：

> 本局在印度之工作，東起孟加拉灣，西迄阿拉伯海，都應當密派
> 人員，建立組織，對整個局勢發生瞰制作用；期能對歐亞兩大軸
> 心國家在中東的會師，預為防制。[10]

前述手令具體時間並不明確，然從現有檔案可知，至遲在1942年3月8日日軍攻陷仰光前後，戴笠已意識到印度工作之急要，遂於3月9日緊急促請曾廣勛（1925-?）速飛往加爾各答布置情報，並與魏大銘（1907-1998）商討速即派遣電臺及人員。[11]

對國民政府而言，仰光失陷後在印度所需顧慮者，不僅只於蒐報印度情勢，隨緬甸戰局每下愈況，如何維持中印間之運輸更是首要。1942年5

9　岑士麟於1943年12月奉准代理軍統局國際科科務。「戴笠批示」（1943年12月2日），〈戴公遺墨－人事類（第1卷）〉，《戴笠史料》，國史館藏，數位典藏號：144-010110-0001-026。

10　國防部情報局編，《戴雨農先生全集》，上冊（臺北：上海印刷廠股份有限公司，1979年），頁176。轉引自馬振犢，《國民黨特務活動史》，下冊（北京：九州出版社，2012年，第2版），頁521。

11　「戴笠電毛人鳳」（1942年3月9日），〈戴公遺墨－情報類（第5卷）〉，《戴笠史料》，國史館藏，數位典藏號：144-010104-0005-058。

月，戴笠便要求曾廣勛儘速將加爾各答及印度境內中國物資存放情形摘要報告蔣中正。[12] 需人孔急之下，戴笠於是年 8 月致電外交部長宋子文，請求設法調派早先由軍統局、外交部兩機關合訓之「外交人員訓練班」學員 10人，支援中印運輸工作。[13] 此外，軍統局於加爾各答訓練一批海員，[14] 用以防範運輸交通線遭敵封鎖。[15]

　　在戴笠指示積極加強部署後，隨即特派陳質平（1906-1984）赴加爾各答建立工作站，在印度重要城鎮「廣建公祕據點」，同時一面派員協助外交部沈士華（1900-?）主持之駐印度專員公署業務。另一方面，軍統局以旅館、飯店、酒吧等掩護地下工作的進行，其在印組織「遍及阿薩姆窮鄉僻壤的小村落、新德里與喀喇嗤等大城市，甚至遠及錫蘭島和馬達加斯加」。[16]

　　軍統局在印度實際上之組織布建情形尚無法由檔案中釐清，但可確定加爾各答確實為該局在印度的情報核心據點，尤其駐加爾各答總領事館扮演關鍵掩護功能。1942 年 5 月，駐加爾各答總領事黃朝琴（1897-1972）奉調回本部情報司任幫辦，由保君建（1896-1970）署理總領事一職。保君建任內，軍統局人員包括曾廣勛及李能梗（1904-?）等均曾任職館內，藉以掩護

12　「戴笠手令」（1942 年 5 月 3 日），〈戴公遺墨—經理類（第 1 卷）〉，《戴笠史料》，國史館藏，數位典藏號：144-010111-0001-069。

13　「戴笠電宋子文」（1942 年 8 月 28 日），〈戴公遺墨—政治類（第 2 卷）〉，《戴笠史料》，國史館藏，數位典藏號：144-010101-0002-037。

14　軍統局在加爾各答組訓海員一事，湯晨旭認為或與留印海員問題有關。湯晨旭研究指出，1941 年 2 月 20 日滯留加爾各答海員向國民黨祕書長吳鐵城請求支援返國。吳鐵城遂電令加爾各答總領事陳質平協助處理返國事宜，且基於軍統局是較早滲入印度之情報組織（湯指 1938 年便設立工作站），因此軍統局可能於 1941 年即著手訓練海員。然而，一方面 1941 年駐加爾各答總領事係黃朝琴，另方面陳質平此時於緬甸仰光擔任西南運輸公司經理，主要於仰光處理滇緬運輸要務，故在史料欠缺情況下，軍統局訓練海員之人物、時間等尚待釐清。參見湯晨旭，〈中國留印海員戰時工作隊研究（1942-1945）〉（北京：中國社會科學院研究生院碩士論文，2014 年），頁 9-10。

15　國防部情報局編，《戴雨農先生全集》，上冊（臺北：上海印刷廠股份有限公司，1979年），頁 176。

16　國防部情報局編，《戴雨農先生全集》，上冊（臺北：上海印刷廠股份有限公司，1979年），頁 176。

情報工作。因此，戴笠竭力與保君建維持良好關係，如保君建 1943 年 1 月返國述職晉見蔣中正前，戴笠即請毛人鳳（1898-1956）代為安排軍事委員會交際科協助拜會登記事宜。[17]戴笠亦指示，「保總領事君建對吾人在印工作頗有幫助，今後吾人應與之密取聯絡」，並請李能梗寄送與保君建聯繫之密本，同時主動表示可派員協助保君建組織印度華僑自衛團。[18]此外，戴笠也交代李能梗，由於保君建在印度對軍統局人員工作贊助甚力，希望李可以在保君建的指導下，努力工作以求學識經驗之增進。[19]

保君建自 1942 年 5 月擔任駐加爾各答總領事，直至 1944 年中（10 月 24 日特任駐祕魯大使），此一期間正是太平洋戰爭爆發後中印關係發展之關鍵期。戴笠與保君建維繫良好關係，實有益軍統局在此推展情報業務。1944 年 4 月 20 日，一封來自戴笠的電報，再次印證軍統局仰賴駐加爾各答總領事館之事實。電文中戴笠請陳質平轉達保總領事，英方不至輕易放棄現有陣地，提醒應注意加爾各答面臨的空襲與敵奸暴動；戴笠並請求保君建將駐處所得各方消息隨時摘要電示。[20]戴笠之請求，凸顯了駐加爾各答總領事館在抗戰時期情報蒐集與傳遞的重要性，且在無意間透露軍統局在印度的情報工作，需仰賴保君建之協助，此或可歸因於軍統局在印情報績效不彰。戴笠曾在一則年代不詳的批示中嚴詞斥責，「印度站工作成績如此退步，用錢如是之多，應飭辦切實調整」。[21]另從 1943 年 12 月底戴笠電告陳質平，有關解決印度站經費困難情形，需切實考察各同志工作成績，汰弱留強，並稱「吾

17 「戴笠致函毛人鳳」（1943 年 1 月 23 日），〈戴公遺墨―其他類（第 4 卷）〉，《戴笠史料》，國史館藏，數位典藏號：144-010199-0004-074。

18 「戴笠手令」（1943 年 2 月 17 日），〈戴公遺墨―一般指示類（第 4 卷）〉，《戴笠史料》，國史館藏，數位典藏號：144-010113-0004-104。

19 「戴笠手令」（1943 年 8 月 30 日），〈戴公遺墨―一般指示類（第 4 卷）〉，《戴笠史料》，國史館藏，數位典藏號：144-010113-0004-074。

20 「戴笠電保君建」（1944 年 4 月 20 日），〈戴公遺墨―情報類（第 3 卷）〉，《戴笠史料》，國史館藏，數位典藏號：144-010104-0003-051。

21 「戴笠批示」（???? 年 10 月 4 日），〈戴公遺墨―一般指示類（第 4 卷）〉，《戴笠史料》，國史館藏，數位典藏號：144-010113-0004-106。

人非慈善機關，必須時刻注意工作之效能也」。[22]

　　雖然戴笠對於印度站的工作成效頗不滿意，但與東南亞盟軍總部合作，軍統局得以選派能通英、印、緬語文之人支援敵後工作。[23] 軍統局藉此反而取得情報上的優勢。1942 年因應新加坡、緬甸失陷，英國特殊行動執行處和國民黨合作簽署「馬來亞特工合作辦法」，由原「海員戰工隊」幹部林謀盛以國民黨員身分擔任英方馬來亞支部聯絡官，協助於中國招募學員赴印度訓練，作為馬來亞敵後工作人員，即成為眾所熟知的「136 部隊」之「龍組」成員。[24] 雖然參與馬來亞敵後工作之中國學員，多以國民黨海外黨員、或中統局人員身分參與。[25] 但根據英方之記錄顯示，戴笠之軍統局亦為招募來源之一，且其成員主要派往緬甸。[26] 故而與英合作的這批成員成為戴笠布置情報線的重要渠道。

　　中英雙方本應朝向通力合作，但在 1944 年英國特殊行動執行處指派 John R. E. Guild（1897-?）中校負責 136 部隊內部安全工作後，情勢出現變化。Guild 注意到戴笠似乎是藉提供人力援助，從中獲取更多英國在遠東有關政治和軍事方面的計畫情報。此外，英國軍情五處（Military Intelligence, Section 5, MI5）也認為戴笠的優秀情報組織，是用來「從中國盟友那裏蒐

22　「戴笠手令」（1943 年 12 月 27 日），〈戴公遺墨—經理類（第 1 卷）〉，《戴笠史料》，國史館藏，數位典藏號：144-010111-0001-061。

23　國防部情報局編，《戴雨農先生全集》，上冊（臺北：上海印刷廠股份有限公司，1979），頁 177。

24　陳穎賢，〈太平洋戰爭時期中國在馬來西亞的情報工作〉（臺北：國立臺灣師範大學歷史學系碩士論文，2019 年），頁 65-67；Christopher J. Murphy, "'Constituting a Problem in Themselves': Countering Covert Chinese Activity in India: The Life and Death of the Chinese Intelligence Section, 1944-46," *The Journal of Imperial and Commonwealth History*, Vol. 44, No. 6 (September 2016), pp. 933-934.

25　陳穎賢，〈太平洋戰爭時期中國在馬來西亞的情報工作〉（臺北：國立臺灣師範大學歷史學系碩士論文，2019 年），頁 66。

26　Christopher J. Murphy, "'Constituting a Problem in Themselves': Countering Covert Chinese Activity in India: The Life and Death of the Chinese Intelligence Section, 1944-46," *The Journal of Imperial and Commonwealth History*, Vol. 44, No. 6 (September 2016), pp. 934, 947.

集最大量的情報」以提供重慶。[27] 顯然戴笠在與英國特殊行動執行處合作過
程中,所進行之祕密情蒐任務,已對英方造成一定壓力,甚至進一步促成英
印在加爾各答成立「中國情報科」,以因應防範中國各情報組織在印度之祕
密行動。[28]

大抵二戰期間軍統局在印度之情報組織,均以加爾各答為核心拓展其網
絡。1944 年 10 月,保君建調任駐祕魯大使,戴笠即薦舉由陳質平接任駐加
爾各答總領事之位,並派軍統局國際科董宗山充任祕書。[29] 軍統局對駐加爾
各答總領事館掌握之深,由 1945 年 3 月底戴笠電請該館協助代購機票,讓
軍統人員李如桐、李博高飛重慶參加四一大會,並直接要求款項由總領事館
先行墊付等可以看出。[30] 國民政府駐加爾各答總領事館,幾乎已成軍統局在
印度的工作站。

(三)國民黨海外部、中統局之情報計畫與活動

1941 年 8 月 27 日,國民黨因應南洋地區戰略發展需求,推出「海外部
戰時海外工作綱領」,規劃於海外交通樞紐緬甸,設置臨時辦事處,將熟悉
海外情形且通曉外國語言之高級職員,調赴海外各地服務,以策動黨務、僑
務及一切戰時工作。依據該工作方針實施之戰時分區訓練規畫,印度和緬甸

27　Christopher J. Murphy, "'Constituting a Problem in Themselves': Countering Covert Chinese
　　Activity in India: The Life and Death of the Chinese Intelligence Section, 1944-46," *The
　　Journal of Imperial and Commonwealth History*, Vol. 44, No. 6 (September 2016), pp. 934-
　　935.

28　Christopher J. Murphy, "'Constituting a Problem in Themselves': Countering Covert Chinese
　　Activity in India: The Life and Death of the Chinese Intelligence Section, 1944-46," *The
　　Journal of Imperial and Commonwealth History*, Vol. 44, No. 6 (September 2016), pp. 936-
　　938.

29　國防部情報局編,《戴雨農先生全集》,上冊(臺北:上海印刷廠股份有限公司,1979
　　年),頁 176。

30　「戴笠致電李善中」(1945 年 3 月 26 日),〈戴公遺墨—總務類(第 4 卷)〉,《戴笠史
　　料》,國史館藏,數位典藏號:144-010112-0004-001。

一併納為第一區，集訓地點在仰光，訓練課程包括：（一）各種戰時組織；
（二）黨團運用；（三）救護；（四）運輸；（五）空襲服務；（六）防毒；
（七）情報；（八）其他有關課程。[31] 這份工作綱領顯示，國民黨海外黨務系
統方面之情報工作，在太平洋戰爭爆發前已悄然展開，鄰近緬甸的印度亦是
海外工作重點之一。

　　太平洋戰爭爆發後，南洋地區黨務工作日急，海外部進一步於 1942 年
4 月 11 日向中央祕書處提交「加強緬甸印度工作情形案」轉陳常會備查。
該案承「海外工作綱領」要旨擬具「戰時緬甸黨務工作綱要」，以派員與入
緬國軍互相配合，在臘戌等地策應僑民動員、組訓、救濟和宣傳工作。另
關於情報工作部分，海外部亦與中統局會擬「在緬建立通訊電臺計畫」。此
外，該案指出印度方面過去僑民不多，黨務、報務發展有限，然因印度地位
日趨重要，關於黨務及宣傳工作極應加強。是以海外部飭原派南洋各地人
員經過印度者，暫時留印協助工作，並另派海外部第三處處長薛農山（1905-
?）前往視察督導。[32]

　　仰光失陷後，國民黨先是強化印度黨務工作，以支援南洋和緬甸戰場，
同時，英國轉而積極向國民政府尋求合作。1942 年 4 月，英緬國防局中國
事務部主任魯賓生經中執會專員李漢元（1889-?）介紹到重慶洽商合作，蔣
中正責令中統局派員以海外部人員身分與之會商，雙方同意訂立「中國海
外部駐緬辦事處、緬甸國防局戰時合作辦法」，於 4 月 11 日奉蔣批准。[33] 是
年底前經二次修訂，合作條目有所異動（參見第四章第三節）。其結果雖不

31　「海外部戰時海外工作綱領」（1941 年 8 月 27 日），《特種檔案》，中國國民黨文化傳播
　　委員會黨史館藏，館藏號：特 8/3.63。

32　「加強緬甸印度工作情形」（1942 年 4 月 11 日），《會議紀錄》，中國國民黨文化傳播委
　　員會黨史館藏，館藏號：會 5.3/185.9。

33　「徐恩曾致吳鐵城報告」（1942 年 12 月 16 日），《特種檔案》，中國國民黨文化傳播委
　　員會黨史館藏，館藏號：特 14/16.8；「緬甸馬來亞中英特務合作商洽及呈報經過概要」
　　（1943 年），《特種檔案》，中國國民黨文化傳播委員會黨史館藏，館藏號：特 20/2.25；
　　「中國海外部駐緬辦事處、緬甸國防局戰時合作辦法」（1942 年 12 月），《特種檔案》，
　　中國國民黨文化傳播委員會黨史館藏，館藏號：特 14/16.9。

盡理想，[34] 但中統局在其基礎上，搭配 1943 年中擬訂之「南洋淪陷區工作綱領」，[35] 提出「中央調查統計局緬甸馬來亞兩區工作計劃」（下稱「中統局緬馬兩區工作計劃」，另按：軍統局派員參加緬甸馬來亞兩區主持軍事情報辦法），做為全面規劃整體敵後工作之推動。[36]

　　「中統局緬馬兩區工作計劃」雖是以緬甸和馬來亞為工作重心，印度在其中也扮演不可或缺之角色。該案「總則」第（五）點即說明，「為與英方聯絡並大量吸收僑胞開展緬馬兩區工作起見，以印度為聯絡區進行聯絡吸收工作」。因此，工作據點預定設立「印度聯絡區據點」，包括總據點為德里或加爾各答，分據點包括加爾各答、孟買。另打算在印度雪朗設立聯絡電臺，擔任英方與緬甸之聯絡工作，派一員受英方負責人指揮。而馬來亞工作機構，同樣規劃在印度境內設立聯絡電臺，由英方負責。此外，該計畫亦詳述建立印度聯絡機構之方式，其任務如次：

---

34 「建立緬甸區工作經過暨與緬國防局聯絡情形」（1943 年 12 月 7 日），《特種檔案》，中國國民黨文化傳播委員會黨史館藏，館藏號：特 16/4.11。

35 「南洋淪陷區工作綱領」旨在確保南洋華僑地位與利益，配合同盟國軍形勢規復南洋為目的；於淪陷區之工作完全以特務為主，並應統一指揮、集中力量、分工合作，以收步驟一致、計日程功之效。「南洋淪陷區工作綱領」（1943 年），《特種檔案》，中國國民黨文化傳播委員會黨史館藏，館藏號：特 20/2.21。

36 關於「南洋淪陷區工作綱領」批准日期，馬振犢根據吳鐵城 1945 年 10 月 30 日致蔣中正報告指出，係蔣中正於 1943 年 6 月 20 日侍秘第 18265 號代電批准在案；另根據《戴笠史料》所存資料顯示，1943 年 7 月 21 日戴笠仍收到吳鐵城擬提交蔣中正之「南洋淪陷區工作綱領」案，且針對內容提出修正建議。是以該案應於 1943 年中核准，確切日期待查。另「中央調查統計局緬甸馬來亞兩區工作計劃」之提出日期，國民黨黨史館所記錄之檔案日期為 1942 年 4 月，惟該計畫「總則」第（一）、（四）點明示計畫係依據「南洋淪陷區工作綱領」及「本局前此與英方所訂合作辦法為原則」，推知該計畫至少需至 1943 年中以後才可能提出，陳穎賢論文亦指出此時間點之誤差。參考馬振犢，《國民黨特務活動史》，下冊（北京：九州出版社，2012 年，第 2 版），頁 511；「戴笠批示」（1943 年 7 月 21 日），〈戴公遺墨－一般指示類（第 2 卷）〉，《戴笠史料》，國史館藏，數位典藏號：144-010113-0002-009；「中央調查統計局緬甸馬來亞兩區工作計劃」（1942 年 4 月），《特種檔案》，中國國民黨文化傳播委員會黨史館藏，館藏號：特 14/6.4；陳穎賢，〈太平洋戰爭時期中國在馬來西亞的情報工作〉（臺北：國立臺灣師範大學歷史學系碩士論文，2019 年），頁 130。

一、以印度為聯絡區，派聯絡專員一人（附助理一人）駐印負責
　　與同盟國情報機構聯絡。必要時並得奉命代表本局、僑務工
　　作委員會指導緬甸、馬來亞兩區工作。

二、派員以參加印度總支部工作為掩護，受聯絡專員之指揮，負
　　責祕密聯絡旅印緬馬兩地僑胞，物色華僑優秀青年予以個別
　　訓練，派入緬馬兩地補充工作。幹部並在加爾各答、孟買、
　　德里、麻德拉斯、喀拉蚩、地勃羅迦、凱士米等華僑集中地
　　建立聯絡站，各設聯絡員一人，進行聯絡吸收僑胞工作。[37]

　　從前述國民黨海外部、中統局於太平洋戰爭爆發前後所陸續推動之敵後工作計畫可知，隨著戰局發展需求，印度做為中緬印戰區唯一未淪陷地區，不僅是同盟國軍事反攻後方大本營，更為國民黨黨務和情報系統積極開拓布置之區域。只是在這過去「僑民不多，黨務、報務發展有限」之地，中統局如欲推動情報工作，解決「留印海員」問題遂成難得契機。

　　太平洋戰爭爆發後，香港及南洋地區因日軍占領導致英國輪船公司停駛，造成大量華籍海員約五、六千人被迫滯留印度加爾各答。中英雙方為彼等去留多次交涉，最終於 1942 年 4 月 25 日獲得初步解決。此事先由駐英大使顧維鈞與英國戰爭運輸部長萊瑟斯（Frederick Leathers, 1883-1965）簽訂《中英海員臨時協定及附件》，後由中統局專員李鴻鳴與英國大使館參贊台克漢接洽，成立加爾各答海員工作隊事宜。[38] 同年 5 月，甫上任試署駐加爾各答總領事的保君建，為留印海員處置，開始和英印總督府外務部中國事務局進行商談，其中包括針對「不願回船工作又無特別技能者，應即編組勞工

---

37 「中央調查統計局緬甸馬來亞兩區工作計劃」（1942 年 4 月），《特種檔案》，中國國民黨文化傳播委員會黨史館藏，館藏號：特 14/6.4。

38 「外交部電軍事委員會侍從室第二處」（1942 年 5 月 19 日），〈中英海員協定與海員逃亡處理〉，《國民政府》，國史館藏，數位典藏號：001-124503-00001-001；湯晨旭，〈中國留印海員戰時工作隊研究（1942-1945）〉（北京：中國社會科學院研究生院碩士論文，2014 年），頁 6-7、10；馬振犢，《國民黨特務活動史》，下冊（北京：九州出版社，2012 年，第二版），頁 502。

隊」，由中國派員前往統率。[39]

　　國民黨於 1942 年 6 月確定派員赴印度組訓留印海員，組訓幹部係由海外部及中統局分別選派。學者馬振犢指出，中統局認為面對此一龐大力量，應當加以利用，為中統培訓出一支較強的海外部隊，因此決定派員前往印度組訓「海員戰工隊」。[40] 湯晨旭認為此說並不全面，依渠對組訓幹部之分析，名譽總隊長為總領事保君建，隊長則先後歷經林本、王天雄（1907-2003）及劉翼凌，前兩任為軍人，劉翼凌則是海外部與中央黨部官員，僅總隊附由中統局印度區區長張彼德（1912-?）擔任。因此，「海員戰工隊」可說是由海外部、中統局和外交部共同領導，中統局主要負責戰工隊在印情報工作，並協助與上級聯絡事宜，以及印度黨務工作之開展。[41]

　　「海員戰工隊」1942 年 6 月組訓、10 月成軍，一直到 1945 年 5 月結束，人數曾多達 1,268 人。其實際任務主要為協助加爾各答當地政府在消防、救傷、搬運等戰時工作，但同時又經歷內部幹部矛盾、海員暴亂、隊員潛逃、紀律廢弛等諸多問題。[42] 海員戰工隊組訓和運作過程中，國民黨確實曾規劃用來推展情報工作，國民黨祕書長吳鐵城在幹部出發印度前，於訓示中提到幹部應加強英語學習與印度問題研究，以利情報工作與國民外交進行。海員戰工隊 1942 年 8 月的訓練課程，即包含「防諜須知」課目，教授「情報蒐集」、「間諜與反間諜」等內容。[43]

39　湯晨旭，〈中國留印海員戰時工作隊研究（1942-1945）〉（北京：中國社會科學院研究生院碩士論文，2014 年），頁 11-12。

40　馬振犢，《國民黨特務活動史》，下冊（北京：九州出版社，2012 年，第 2 版），頁502。

41　湯晨旭，〈中國留印海員戰時工作隊研究（1942-1945）〉（北京：中國社會科學院研究生院碩士論文，2014 年），頁 13-14。

42　湯晨旭，〈中國留印海員戰時工作隊研究（1942-1945）〉（北京：中國社會科學院研究生院碩士論文，2014 年），頁 143。有關「海員戰工隊」之組訓發展細節詳見湯晨旭專文研究。

43　湯晨旭，〈中國留印海員戰時工作隊研究（1942-1945）〉（北京：中國社會科學院研究生院碩士論文，2014 年），頁 17-18。

　　然而，湯晨旭研究認為國民黨在印度的情報布置，除海員戰工隊組訓幹部，中統局另派一批情報人員專門負責調查統計工作。從徐恩曾及張彼德之報告可知，國民黨在印情報關係發展，包括當地華僑及英印人士，而此時中統局人員在開闢祕密情報渠道上，已取得一定成績。如與印度三大政黨高層領導人均有關係，這三大政黨分為國民大會、回教聯盟及印度教大同盟等，縱使是印度共產黨，亦有物色對象。此外，為海員戰工隊的學習，特別聘請加爾各答國際大學教授授課，並安排戰工隊參加印度語、英語補習和討論會。只不過比對隊長林本之報告，海員戰工隊無論是語言學習或情報工作進展，都因人員紀律廢弛及態度不積極等因，未發揮作用，尤其在情報部分，大部分信息仍仰賴報紙等公開情報，導致信息滯後狀況發生。[44]

　　前述林本對中統局情報效能之批評，或出於海員戰工隊內鬥而衍生，且其批評主要係指派赴印度工作人員 1942 年 7 月之工作報告。[45] 在國民黨中央介入調解戰工隊內鬥問題後，旋即於 1942 年 10 月初派王天雄代理林本總隊長職務。[46] 此後，國民黨在印度之情報活動持續推展，除關注英印時局、政情、軍情，另對國軍在印情形、日敵襲擊印度軍情、共黨在印活動等都有回報。[47] 最特別者，係張彼德 1942 年 12 月蒐報有關「印政府郵件檢查所查覺我方公務員及機關郵寄函件洩漏政府秘密」之情報，甚至掌握執行郵件檢查之英印政府「中國情報處」組織狀況。[48] 此外，他也蒐獲加爾各答英國情

44　湯晨旭，〈中國留印海員戰時工作隊研究（1942-1945）〉（北京：中國社會科學院研究生院碩士論文，2014 年），頁 28-30。

45　「派赴印度工作人員 7 月份工作月報」（1942 年 8 月 20 日），《特種檔案》，中國國民黨文化傳播委員會黨史館藏，館藏號：特 13/13.128。

46　湯晨旭，〈中國留印海員戰時工作隊研究（1942-1945）〉（北京：中國社會科學院研究生院碩士論文，2014 年），頁 25。

47　諸如「英方在印招募技工情形」（1942 年 12 月 19 日）、「敵機襲加爾各答情形」（1943 年 1 月 7 日）、「我軍在印情形及印度時局之報告」（1943 年 8 月）、「英印當局將逮捕國民大會領袖」（1943 年 8 月）、「印度情報」（1943 年 9 月）有關奸黨把持加城作家學會情資等，詳見《特種檔案》，中國國民黨文化傳播委員會黨史館藏，館藏號：特 13/2.19、13/2.21、13/2.10、13/2.8、13/2.14。

48　「加爾各答張彼德來函」（1942 年 12 月）、「印度政府中國情報處之調查」（1942 年 12

報部華籍工作人員之簡歷等情資。[49]顯見國民黨在印情報系統，對印度整體情勢的蒐集，具有不可忽視之貢獻。

　　中統局一開始有著完整的情報布建計畫，印度據點屬於整體南洋情報工作之一環，定位為後方聯絡通訊支援性質。隨戰局發展，僑務與黨務工作推展日顯重要，於是將心力投注在海員戰工隊經營上，雖然結果差強人意，但就以黨組織為基礎的海外情報活動，則已深入華人社群，結合黨務與僑務資源發展組織關係，布建有效之情報網絡。不過，如同前述加爾各答中國情報科盯上軍統局與戴笠，毫不意外，中統局亦因此招致英印政府方面關切。

（四）在印其他組織之情報能量

　　軍統局與中統局，無疑是國民政府抗戰時期情報主力，為配合海外戰略，兩局均積極在南洋、印緬地區拓展情報網絡，以穩定中國國際交通線，並支援同盟國作戰。然而，實際上在印度從事情報工作，或針對印度各方面蒐集情報者，尚有國研所、軍事委員會派駐印度武官，以及外交部有關單位等等，有關該等機構對印度情報能量說明如次：

1、國研所

　　1938 年中國對日抗戰初期，蔣中正委派有「日本通」之稱的外交情報專家王芃生成立主持國研所，主責蒐集日本情報及對日問題研究與探討。[50]該所利用王芃生抗戰初期奉命布局西南國際交通線之機，廣泛布置中南半島

　　月 23 日），《特種檔案》，中國國民黨文化傳播委員會黨史館藏，館藏號：特 13/2.17、13/2.20；陳穎賢，〈太平洋戰爭時期中國在馬來西亞的情報工作〉（臺北：國立臺灣師範大學歷史學系碩士論文，2019 年），頁 47-48。

49 「加城英情報部華籍工作人員之略歷」（1943 年 2 月 2 日），《特種檔案》，中國國民黨文化傳播委員會黨史館藏，館藏號：特 13/2.22。

50 劉曉鵬，〈敵前養士：「國際關係研究中心」前傳，1937-1975〉，《中央研究院近代史研究所集刊》，第 82 期（2013 年 12 月），頁 148；何鳳山，《外交生涯四十年》（香港：香港中文大學出版社，1990 年），頁 155。

情報網絡，持續在太平洋戰爭爆發前蒐報預警情資，並發揮一定成效。[51]

　　根據王芃生部屬、友人之回憶，抗戰時期國研所在海外布置工作據點包括越南的河內、海防、印度新德里及緬甸等地。[52] 王芃生在印度之工作關係與外交體系密切相關，除與 1939 年任駐加爾各答總領事的黃朝琴為留日時期舊識，[53] 最重要者係向外交部推薦劉達人任駐印度新德里領事。曾任國研所國際組組長袁孟超（1905-1991）少將及上校電臺臺長郭福生，一致肯定劉達人在印度的貢獻。袁孟超指出劉達人之派任，增強南洋方面對日情報工作，此外亦促進印度和巴基斯坦之團結，爭取印度回教領袖真納（Muhammad Ali Jinnah, 1876-1948）勿因宗教因素而鬧獨立，以免影響同盟國團結抗日。郭福生也強調劉達人在情報提供方面卓有貢獻。[54]

　　黃朝琴與劉達人分別於加爾各答和新德里任職，兩人雖非隸屬國研所，然已為王芃生提供在印度的基本情報傳遞據點，使有關印度方面情資，可從緬甸和印度兩頭進行，如 1940 年 11 月王芃生即曾由加爾各答發函呈報「印度近情彙報」和「印積極擴軍及發展航空」兩則情報。[55] 然而，就國史館目前所藏檔案查詢，王芃生所報印度方面情報量稀少，或可說明國研所未持續在印度發展情報能量。

51　相關研究詳見相關研究詳見廖文碩，〈情報與外交：從檔案論王芃生與國際問題研究所（1937-1946）〉，《成大歷史學報》，第 56 期（2019 年 6 月），頁 91-131。

52　劉曉鵬，〈敵前養士：「國際關係研究中心」前傳，1937-1975〉，《中央研究院近代史研究所集刊》，第 82 期（2013 年 12 月），頁 150；郭福生，〈我所知道的王芃生及國際問題研究所〉；簡伯村，〈懷念王芃生及國際問題研究所〉；劉傑佛，〈追思生先生〉，收入陳爾靖編，《王芃生與臺灣抗日志士》（臺北：海峽學術出版社，2005 年），頁 62、66-68；120；184。

53　黃朝琴，〈思舊感言〉，收入陳爾靖編，《王芃生與臺灣抗日志士》（臺北：海峽學術出版社，2005 年），頁 169。

54　袁孟超，〈緬懷愛國主義戰士日本問題權威王芃生先生和國際問題研究所〉；郭福生，〈我所知道的王芃生及國際問題研究所〉，收入陳爾靖編，《王芃生與臺灣抗日志士》（臺北：海峽學術出版社，2005 年），頁 24；68。

55　「王芃生加爾各塔函」（1940 年 11 月 2 日），〈一般資料—呈表彙集（一○○）〉，《蔣中正總統文物》，國史館藏，數位典藏號：002-080200-00527-127。

　　王芃生在印度之情報能量雖小，但他在英印緬高層及情報友方所建立的人脈，實不可小覷。早在 1941 年中，英國特殊行動執行處幾經評估，已鎖定王芃生為其在華首要情報合作對象。[56] 此外，蔣中正訪印、緬期間，與英緬總督史密斯晤談合作時，史密斯曾向蔣推薦由王芃生擔任中、英、美聯合對日宣傳機構之主持人。[57] 由此可見，王芃生在情報與宣傳工作上，深獲英印緬高層信任。是以在第一次緬甸作戰之際，英國情報部駐緬代表紐亨迭勸王芃生赴印，協助遊說英印之政治問題。英緬總督亦曾希望透過王芃生，邀請刻在印度調解自治問題的克利浦斯訪緬，以免敵人趁機挑撥英國重印輕緬。[58] 王芃生將這些情況呈報蔣中正，雖未見後續發展，惟他對英印緬情勢之分析，以及與印緬情報高層之互動關係，可凸顯國研所的重要性。

2、駐印度武官和外交人員

　　1941 年 1 月 2 日，軍令部考量國際情勢發展，實有與英國保持在遠東軍事聯繫之必要，加以聽聞日本已在印度派有武官，遂請駐英大使館向英國和印度政府協商派遣駐印度武官，以增進軍事友誼並推廣聯絡。英國和印度政府對此事表示歡迎，軍令部同年 6 月即令派陸軍中校易德明（?-1977，黃埔五期）赴任。[59]

　　從情報蒐集角度觀之，駐外武官其實如同一般外交官，情蒐方法受到一

56　廖文碩，〈情報與外交：從檔案論王芃生與國際問題研究所（1937-1946）〉，《成大歷史學報》，第 56 期（2019 年 6 月），頁 110-111；Richard J. Aldrich, *Intelligence And the War Against Japan: Britain and the Politics of Secret Service* (New York: Cambridge University Press, 2008), pp. 282-283.

57　廖文碩，〈情報與外交：從檔案論王芃生與國際問題研究所（1937-1946）〉，《成大歷史學報》，第 56 期（2019 年 6 月），頁 109。

58　「王芃生呈蔣中正盟軍聯合作戰及在印緬收容組訓事宜」（1942 年 ? 月 3 日），〈盟軍聯合作戰（八）〉，《蔣中正總統文物》，國史館藏，數位典藏號：002-080103-00063-013；廖文碩，〈情報與外交：從檔案論王芃生與國際問題研究所（1937-1946）〉，《成大歷史學報》，第 56 期（2019 年 6 月），頁 110。

59　「國民政府軍事委員會軍令部致外交部公函」（1941 年 1 月 2 日、1941 年 6 月 6 日）、「軍令部」，〈中印緬交涉〉，《外交部》，國家發展委員會檔案管理局藏，數位典藏號：0029/013.2/0001。

定限制，也因此造成易德明在印度之活動掀起一陣波瀾。1942 年 7 月，蔣中正接獲宋子文電稱，據英代理大使卡爾反映，一易姓上校代理中國政府接觸印度國民會議各議員，英國和印度政府均知悉易德明與反英派議員接洽，並請中方如欲派人工作，最好先知會英方。蔣中正感受到英方對此不滿之態度，即令易德明速回國面報有關情況。[60] 次日，易德明電復，關於擅與印人接洽事，說明此事應是處內辦事員何廷光所為，何員不聽制止，於同年 3 月初前往南部訪問甘地（Mohandas K. Gandhi, 1869-1948），返回途中尚暗中與國會人員聯絡，且相關活動報告均已私呈侍從室第二處。[61] 依易德明說法，此事件顯係英方誤會造成，但也凸顯出駐外武官不可輕易踰越「體制及情感關繫」紅線，對其情報蒐集活動造成限制。

　　駐印度武官在對印情報工作，雖囿於先天的制度因素，但對於盟軍整體軍事情報溝通聯繫仍扮演關鍵角色。隨著中緬印戰區戰局發展需求，1943 年 6 月軍事委員會鑑於印度空軍與陸軍系統有別之獨立性，向外交部提出擬以駐新德里陸軍上校武官杜武（1909-?）暫時兼理空軍情報交換事宜。[62] 此一溝通管道攸關作戰情報資訊傳遞之暢通，是在探討盟軍軍事合作時，必須特別注意的地方。

　　駐外的外交人員可以正當方法蒐集當地資料，這個特點使得駐印公署、領事館成為中國在印度情報工作之核心。歸納原因有三：其一，如前所提，抗戰爆發前，英方為控制印度地區之密電傳遞，已限制中國只能以駐加爾各答總領事館為祕密通訊管道，升高情報傳遞難度。其二，在印度發展情報、黨務最大的困難在於「僑民不多」，因此即便是情報布建手段靈活如戴笠，

60 「1942 年 7 月 10 日」，〈事略稿本—民國三十一年七月〉，《蔣中正總統文物》，國史館藏，數位典藏號：002-060100-00166-010。

61 「1942 年 7 月 11 日」，〈事略稿本—民國三十一年七月〉，《蔣中正總統文物》，國史館藏，數位典藏號：002-060100-00166-011。

62 「國民政府軍事委員會軍令部公函」（1943 年 6 月 9 日）、「外交部電駐印專員公署」（1943 年 6 月 14 日），〈駐外武官與軍令部聯絡〉，《外交部》，國史館藏，數位典藏號：020-049906-0013。

或深獲印緬高層信任之王芃生，仍需派員依附於駐加爾各答領事館、新德里駐印度專員公署，作為情報工作之掩護與傳遞。其三，由於中英雙方互信不足，包括前已提及的軍統局和中統局，雖然與英方在南洋地區分頭合作，但在印度活動均受到英印情報單位掣肘。而國研所雖在 1942 年 4 月奉准與英方就對日策動事進行合作，並在所內成立顧問室，但實際上王芃生所核予交換之情報十分有限。[63] 諸多因素交錯下，蒐集情報任務自然落在駐印專員公署及各領事館，藉外交人員所謂正當的情蒐作法，掩護情報機構之祕密任務。

印度環境雖特殊，但圍繞著駐印外交機構所進行的情報活動，似乎頗為順利。軍統局與駐加爾各答總領事館相互掩護，是蒐報印度情勢的主要來源，總領事保君建幾乎僅次於駐印度專員沈士華，尤其在蔣中正訪印後之情報掌握和聯繫上，表現突出。[64] 另，此時德里已成為南太平洋戰區各方精神中樞人士匯聚地，與國研所關係密切的駐印度專員公署祕書劉達人，在英方特務機關提議下，於 1942 年 11 月出面組織「德里座談俱樂部」（Delhi Discussion Club）。該俱樂部的參與者多達七十餘人，雖以討論教育文化等議題為主旨，但出席人士不乏情報機構人員，如美國情報處長、英國情報部馬來亞主任等人。[65] 這些活動均說明，外交體系與情報機構的相輔相成，使國民政府在印度之情報工作愈顯靈活。

外交人員站在處理國與國之間關係的第一線，並有援助旅外華人之責，情報本非其主要任務，但因應情勢需求，駐印外交人員猶如情報專員，同時與外交部情報司及各情報機構配合，有助外交部乃至軍事委員會有效掌握整體國際情報。

推展海外情報工作本非易事，在他國從事特務情報活動，稍有不慎就會

63　廖文碩，〈情報與外交：從檔案論王芃生與國際問題研究所（1937-1946）〉，《成大歷史學報》，第 56 期（2019 年 6 月），頁 113。

64　參見〈訪問印度〉，《蔣中正總統文物》，國史館藏，數位典藏號：002-080106-00071。

65　「中華民國駐印度專員公署電外交部」（1943 年 3 月 17 日），〈中印關係〉，《外交部檔案》，國家發展委員會檔案管理局藏，數位典藏號：0031/012/0002。

觸犯駐在國禁忌，甚至引發外交糾紛。戴笠領導軍統局在日本席捲中南半島的第一時間，即派員建立起印度情報據點，並透過與駐加爾各答總領事館總領事保君建密切合作，確保情報傳遞通暢，彌補情報來源不足等困境，但免不了遭受英印情報單位提防。國民黨中統局立基於完整的海外工作計畫，嘗試在印度建立通訊據點，派員積極發展黨務，以填補印度華僑稀少、黨務與宣傳不足等情況，乃至試圖以「中國留印海員戰時工作隊」推動情報工作，雖然未能發揮預期效益，但從中統局陸續報回之情資，以及英印情報機構對國民黨人之防範，可見中統局的地下特務活動對英印當局已具一定威脅。

二、對泰國

1942 年初，盟軍組織「中國戰區」，推蔣中正為中國戰區最高統帥，指揮中、泰、越盟軍作戰，對中國孤軍奮戰四年是一大鼓舞，對中國與東南亞關係而言，這代表了自朝貢體制瓦解之後，中國首次對東南亞國際外交有發言權，故蔣中正特地在日記中記下：「於是我國列為四強之一，再自我允任中國戰區統帥之後，且越南、暹羅亦劃入本戰區內。於是國家與個人之聲譽與地位，實為有史以來，開空前惟一優勝之局也」。[66] 由此亦可見他對能主控越南及泰國局勢重視的程度。

（一）「對泰文告」

1941 年 12 月 21 日，泰國與日本簽訂攻守同盟條約。而中國因中國戰區設立得到主導對泰國的戰場，蔣中正就必須對泰國有個態度與立場。1942 年 1 月 27 日，蔣在日記中記下其考慮對泰態度的幾個因素，其謂：

> 對泰國有否宣戰之必要，應特別研究，不可以其國小而忽視之

---

66 「蔣中正日記」，1942 年 1 月 31 日，本月反省錄，史丹福大學胡佛研究所藏。

也。其一，為我在泰國華僑關係；其二，為泰族在我滇桂與緬甸
分布頗廣。如我對亞洲之敵，僅限於倭寇，則將來團結東方各民
族，實有其重要意義也。[67]

觀其日記所記，是否對泰宣戰，第一是考慮中國旅泰眾多華僑的人身
安全問題；第二則是要顧及境內邊區的少數民族的認同問題；最後，「將來
團結東方各民族」，則顯露出蔣中正對戰後「領導」東方各民族的企圖心。
1月31日，蔣中正決定對泰國不宣戰的方針，他自謂係「博採眾議之益
也」。[68]

在決定不對泰國宣戰之後，中國方面覺得必須把中國對泰國的立場，明
白地宣示予泰國，於是有1943年2月26日蔣中正的「對泰文告」。蔣中正
非常重視這次宣言的重要性，宣言方針、草稿在1942年4月即由外交部長
王世杰研擬後，將草稿電致駐英、駐美大使請英美盟國提供意見。[69]最後，
參酌英美意見後始定稿。在這次的文告中，中國表達了對戰時泰國的態度：
第一，中國認為泰國與日本簽訂軍事同盟，不是出於泰國自願，而是被日本
軍閥所劫持；第二，同盟國對於泰國決沒有任何領土野心；第三，希望泰國
人民勿為虎作倀，加入反侵略的陣線中，才是自救救人的良策。[70]確立中國
在戰爭時期對泰國抱持的核心原則。

此一文告從擬稿到定稿、宣布的時間將近一年，文稿經過幾次修改，
其中對於華僑的措詞，經歷了兩次的修正，而從修正的改變，可以看出在決

67　周美華編，《蔣中正總統檔案：事略稿本》，第48冊（臺北：國史館，2011年），頁
　　188。

68　「蔣中正日記」，1942年1月31日，史丹佛大學胡佛研究所藏。

69　「對泰宣傳方針（王世杰呈）」（1942年4月11日）、「王世杰函陳布雷各方對此意見」
　　（1942年5月26日），〈一般外交（三）〉，《蔣中正總統文物》，國史館藏，數位典藏
　　號：002-080106-00076-002。

70　「對泰宣言稿」（1942年4月11日）、「擬委員長告泰國朝野書（廣播用）」（日期不
　　詳）、「抄外交部蔣主席對泰文告案」（1943年2月27日，1952年4月1日抄），〈一般
　　外交（三）〉，《蔣中正總統文物》，國史館藏，數位典藏號：002-080106-00076-002。

策時對泰國華僑的處境及中國立場的反覆與折中。在王世杰初擬「對泰宣傳
方針」時，並未對華僑議題置一詞，但在草擬「委員長告泰國朝野書（廣播
用）」時，在宣示中國的對泰態度前，用了一整段文字在敘述中國與泰國歷
史上的緊密關係，例如「一千多年來實際的關係，卻不能不說是十分密切。
在你們總人口一千四百萬人中我們的僑胞竟佔到二百五十萬人，此外有華
泰兩族混合血統的人，亦約略有二百五十萬人。他們在泰國有的經商，有的
務農，有的辦實業，對於泰國社會經濟的構成，既然有密切關係，對於泰國
政治地位的安危，自然也有休戚相共的感覺。……再就民族血統說，中泰
是異常接近的兩個民族。」[71] 這段文字與泰國推動的「唯泰主義」訴求是針鋒
相對且一廂情願。後經外交部政務次長傅秉常（1896-1965）、常務次長錢泰
（1886-1962）建議，以「中泰兩族混血人數似以不述出為佳，因其既無詳確
之調查，又難引起泰方同情也」[72] 的理由，建議刪除。故在最後版本中，僅提
到「中國對泰的情感，中泰邦交有一千多年的歷史，我們在泰國的僑胞不下
三百萬人，我們向來認泰國是我們的兄弟姐妹之邦。」[73] 換言之，中國的領導
者仍認為中泰一千多年的邦誼和為數眾多的華僑，是建構中泰友誼的基礎，
是可以對泰國訴之於情的重要元素。殊不知這並不會引起泰國的同情，反而
是增加其抵制之心。可蔣中正在日記中稱「發表告泰國軍民事〔書〕，實有
歷史意義也。」[74] 一個星期後，他仍覺得該文告意義重大，故又寫下「自余對
泰國告書發表後，倭泰之互相疑懼更明矣。」[75] 其所說的歷史意義，似乎仍奠
基於傳統歷史朝貢制度下「恩施遠人」的想像。

　　另一方面，當泰國與日本簽訂攻守同盟條約後，中泰兩國實質上已處

---

71 「擬委員長告泰國朝野書（廣播用）」（日期不詳），〈一般外交（三）〉，《蔣中正總統文
　　物》，國史館藏，數位典藏號：002-080106-00076-002。

72 「王世杰函陳布雷各方對此意見」（1942 年 5 月 26 日），〈一般外交（三）〉，《蔣中正總
　　統文物》，國史館藏，數位典藏號：002-080106-00076-002。

73 「抄外交部蔣主席對泰文告案」（1943 月 2 月 27 日，1952 年 4 月 1 日抄），〈一般外交
　　（三）〉，《蔣中正總統文物》，國史館藏，數位典藏號：002-080106-00076-002。

74 「蔣中正日記」，1943 年 2 月 28 日，上星期反省錄，史丹福大學胡佛研究所藏。

75 「蔣中正日記」，1943 年 3 月 7 日，上星期反省錄，史丹福大學胡佛研究所藏。

於戰爭狀態。1942 年 1 月底，日泰聯軍即經由泰北猛犯中國滇南邊界，而中國亦調軍前往堵截，雙方對峙在滇南邊界之上。[76] 但在滇南的對泰軍事行動，只是作為中國遠征軍牽制敵軍在緬甸的作戰的側翼，並非主戰場。[77]

（二）與「自由泰運動」人士互動

除了軍事上的對峙外，1942 年後中泰外交關係的發展，主要體現在國民政府與泰國「自由泰運動」[78] 的合作上。當日本占領泰國後，與鑾披汶親日理念不合的泰國攝政委員比里·帕依榮（Pridi Phanomyng, 1900-1983），即祕密領導地下組織抗日。另一方面，泰國駐美大使社尼·巴莫（Seni Pramoj, 1905-1997）亦拒不聽從鑾披汶內閣之命令，在美組織「自由泰運動」，並獲得美國的支持。[79] 比里一直設法與國外的反抗運動聯繫，故自 1942 年開始，數次派人取道泰北進入中國，欲與重慶國民政府聯繫。直到 1943 年 4 月，在華僑黃有鶯（1889-1964）的協助下，自由泰祕書主任曾谷（Chamkat Phalangkun），抵達中國，被送往重慶。[80] 時任外交部次長的吳國

---

76 「蔣中正日記」，1942 年 1 月 31 日，上星期反省錄，史丹福大學胡佛研究所藏；「侯騰電何應欽徐永昌奉蔣中正指示以第六軍擔任南撣省邊境防禦以一部入暹羅游擊等六點情形」（1942 年 2 月 15 日），〈遠征入緬（二）〉，《蔣中正總統文物》，國史館藏，數位典藏號：002-090105-00007-245。

77 「戴笠手令南洋游擊隊在軍委會軍事處下專設一組主辦其事又為防守緬甸須向泰國多方擾亂以牽制敵軍行動故撥正規軍一團組織泰緬邊區挺進隊等事」（1942 年 1 月 23 日），〈戴公遺墨－組織類（第 4 卷）〉，《戴笠史料》，國史館藏，數位典藏號：144-010105-0004-015。

78 有關「自由泰運動」，請參考周寒麗，〈二戰期間泰國「自由泰運動」的興起及其活動〉，《東南亞縱橫》，2013 年第 2 期（2013 年 2 月），頁 59-64。

79 「蔣中正電宋子文希即查報泰國首相鑾披汶十八日稱泰駐美公使將集泰僑與赴美的泰王策劃在美組織泰國政府且用存美泰幣作為軍費一事是否屬實」（1942 年 8 月 26 日），〈對韓菲越關係（二）〉，《蔣中正總統文物》，國史館藏，數位典藏號：002-090103-00010-407。

80 「李濟琛電陳布雷希查照核辦自由泰國秘書主任曾谷要求重慶中央廣播電台以英語對泰廣播張李二君已安抵桂林」（1943 年 4 月 11 日），〈對韓菲越關係（二）〉，《蔣中正總統文物》，國史館藏，數位典藏號：002-090103-00010-424。

楨（1903-1984）接見曾谷等，基於泰國已對同盟國宣戰的事實，吳國楨表
示不能承認比里代表泰國政府，也不能承認曾谷是代表泰國政府而來的。而
曾谷也把比里致同盟國領袖的信，希望轉呈給蔣中正，信中表示鑾披汶對同
盟國宣戰是違憲的。同時曾谷也請求將信轉給英美的領導人。[81] 經過協商，
中國同意按照援助韓國模式給予泰國援助，給曾谷提供無線電設備，以便
他能夠與泰國的比里等人聯繫。中國還資助他前往美國華盛頓與社尼・巴
莫見面會談，使泰國國內的地下組織與國外的自由泰運動及同盟國取得聯
繫。[82] 此後，中國重慶成為自由泰運動與英美盟國的聯絡點，自由泰人員從
中國轉往英美，或英美自由泰成員由中國進入泰國或緬甸。

　　繼曾谷之後，有加蘭功塞（Kamjad Balankura）、阮都拉勒、塞古安
（Sanguon Tularake）及陶現烏隆（Thawin Udon）等相繼來華，與盟國商討
合作事宜。其中，以陶現烏隆最為重要。1944 年太平洋戰區的局勢對日本
非常不利，盟軍節節勝利，6 月東條英機（1884-1948）內閣垮台，泰國總
理鑾披汶失去了靠山，亦不得不提出辭職。8 月 1 日由親比里的地下組織成
員寬・阿派旺（Khuang Aphaiwong, 1902-1968）組閣。[83] 比里認為是泰國國
內反抗日本占領的時機到了，但仍需外來力量協助國內的反抗組織。1944
年 9 月 16 日，比里接到重慶自由泰成員傳來一封電文，文開「中國中央政
府歡迎泰國代表團來華」。因此，比里乃指派陶現烏隆（時任人民議會代表）
為領隊的代表團來華，並出具證明文件委託陶現烏隆為全權代表，要求中國
扶助泰國及轉求同盟國公認予以在同盟國領土內，建立臨時政府，成立泰國
代表團機構。如此泰國民眾可依據在國外的臨時政府、或代表團機構為基

[81]　F. Bruce Reynold, *Thailand's Secret War: The Free Thai, OSS, and SOE during World War II*
　　　(Cambridge: Cambridge University Press, 2010), p. 88. 轉引自周寒麗，〈二戰期間泰國「自
　　　由泰運動」的興起及其活動〉，《東南亞縱橫》，2013 年第 2 期（2013 年 2 月），頁 61。
[82]　Edwin Ride, *BAAG: Hong Kong Resistance, 1942-1945* (Hong Kong; New York: Oxford
　　　University Press, 1981), pp. 231-232. 轉引自周寒麗，〈二戰期間泰國「自由泰運動」的興
　　　起及其活動〉，《東南亞縱橫》，2013 年第 2 期（2013 年 2 月），頁 61。
[83]　段立生，《泰國通史》（上海：上海教育科學院出版社，2014 年），頁 240。

準，動員與日軍作戰。[84] 簡言之，陶現烏隆所要求的即允許在中國組織臨時政府或解放機構；並協定調派中國軍隊馳赴滇寮泰邊境，相機協助泰國自由軍準備向敵作戰。[85] 負責接待泰國代表團的中方代表中執會海外部駐越南辦事處主任兼駐泰國黨務特派員邢森洲（1895-1974），不斷地上簽呈請政府速允陶現烏隆的要求，[86] 邢森洲並著手組建了滇南邊區軍事運動力量及在泰越境內的軍事運動力量，呈給中央黨部。[87] 但此時中國受制於美國對華的軍經援助，在「自由泰運動」上必須配合美國的行動，而英美雙方對「自由泰運動」的立場又存在差異，雙方矛盾重重。

出於對戰後東南亞局勢的考量，英國對「自由泰運動」較為冷淡，極力反對比里建立流亡政權的想法。而美國的戰略意圖是希望在戰後保持泰國的獨立，但對比里希望建立流亡政權的提議較為謹慎。最後，羅斯福與邱吉爾達成妥協：美國不支持泰國流亡政府計畫，英國專心於歐戰。比里要建立流亡政府的設想，最終還是破滅了。[88] 另一方面，關於武裝起義的問題，英國基於政策，也不支持泰國起義，美國則要求起義日期必須得到美軍司令部同意。後因日軍在緬甸戰場上的失利，日軍第 15 軍退入泰國領土內，使得起義機會就更顯渺茫，直到戰爭結束，武裝起義一直未能實現。[89] 國際局勢如

---

84 「譯泰國攝政委員會主席鑾巴立致蔣主席證明陶現烏隆為全權代表之原函」（1944 年 9 月 9 日），〈一般外交（三）〉，《蔣中正總統文物》，數位典藏號：002-080106-00076-004。

85 「（邢森洲）懇函呈總裁迅令外交部火急與泰國代表團妥訂協定」（1945 年 3 月 11 日），《特種檔案》，中國國民黨文化傳播委員會黨史館藏，館藏號：特 15/9.7。

86 〈泰國游擊隊卷〉，《特種檔案》，中國國民黨文化傳播委員會黨史館藏，館藏號：特 15/9。

87 「滇緬泰邊區軍事運動力量統計表」、「滇南邊區軍事運動力量統計表」、「越泰軍事運動力量統計表」，〈泰國工作報告〉，《特種檔案》，中國國民黨文化傳播委員會黨史館藏，館藏號：特 15/18。

88 James V. Martin Jr., "Thai-American Relations in World War II," *The Journal of Asian Studies*, Vol. 22, No. 4 (August 1963), p. 465. 轉引自周寒麗，〈二戰期間泰國「自由泰運動」的興起及其活動〉，《東南亞縱橫》，2013 年第 2 期（2013 年 2 月），頁 61。

89 周寒麗，〈二戰期間泰國「自由泰運動」的興起及其活動〉，《東南亞縱橫》，2013 年第 2 期（2013 年 2 月），頁 63。

此，使得邢森洲的要求如石沉大海，最後只得到蔣中正對泰的指示：「目前往援似無必要，如敵軍向泰軍攻擊時，可允許向中國境內撤退」。[90]邢森洲最後分析如此的情勢將影響戰後泰國對中國的態度，「深恐泰國今後對我認為無力援助，甚或誤會我國對泰國有操縱之企圖，不特對我國失去信仰，其或受英方挑撥重演排華政策，則我西南國防從此更加紛擾，不易應付。」但只得到「無可奈何」的回應。[91]

三、泰越工作隊中方從參與到被迫退場

軍統局在 1942 年春緬甸戰況告急時，戴笠指示在南洋的游擊隊組織不必在渝設總指揮部，於軍事委員會軍事處專設一組主辦其事即可。其後為了協助中英兩軍防守緬甸，必須在泰國方面多方擾亂，藉以牽制日軍借道泰國的攻擊行動，乃有意撥正規軍一團以組織泰緬邊區挺進隊，任卓獻書為挺進隊指揮。另外，號召泰國華僑祕密在泰國境內成立別動小組或小隊，以游擊方式達成擾亂日軍目的。[92]

時至 2 月，戴笠又要求卓獻書簽呈軍委會委員長蔣中正，請蔣派卓赴緬甸組織華僑，準備發動泰國境內的游擊戰，襲擾日軍，但言明此事須徵得英方之同意。戴笠也指出卓獻書所擬的挺進隊編制，採類似別動軍指揮部的組織實過於龐大，在當前局勢下殊難完成，希望改為在別動軍指揮部之下成立一支隊伍，約一個團的正規軍，再搭配軍統局在泰緬工作的學生與華僑，至

---

90 「軍令部第二廳複中秘處代電」（1945 年 6 月 3 日），《特種檔案》，中國國民黨文化傳播委員會檔史館藏，館藏號：特 15/9.8。

91 「邢森洲致吳鐵城代電」（1945 年 4 月 6 日），《特種檔案》，中國國民黨文化傳播委員會檔史館藏，館藏號：特 15/9.13。

92 「戴笠批示」（1942 年 1 月 23 日），〈戴公遺墨－組織類（第 4 卷）〉，《戴笠史料》，國史館藏，數位典藏號：144-010105-0004-015。可事後戴笠又改派卓獻書赴新加坡任游擊工作。見「戴笠批示」（1942 年 1 月 28 日），〈戴公遺墨－組織類（第 4 卷）〉，《戴笠史料》，國史館藏，數位典藏號：144-010105-0004-016。

於武器方面則商請美方酌量協助。[93]

　　自緬甸戰爭失利後，戴笠對泰國工作愈加重視，認為泰國挺進義勇軍應即呈請蔣中正准予成立，隸屬於別動軍，並建議由卓獻書為泰國別動軍挺進縱隊的指揮。至於挺進縱隊之裝備與經費擬定編制後，則呈請蔣中正核准發給。其次，戴笠指示部屬簽請蔣中正准予在第四、第七兩戰區便衣混成隊整訓縮編時，將其編餘的部隊撥交泰國挺進縱隊編入挺進軍，不足之數准予軍統局在粵省境內徵募志願軍補充，人數約需 2,400 人。[94] 1943 年因中美合作所籌組進入泰越的工作隊，軍統局乃有意將這些力量整合。

（一）中美合作所規劃生變

　　1943 年 7 月中美合作所建立後，原針對泰越工作，美方意見是在泰越各自設立一支工作隊，但考慮法國不願其他國家勢力乘機進入越南，中美合作所副主任梅樂斯以為該所想在越南境內展開行動，最好由法國人出面。可當時的法國，除越南當權的「維琪政權」外，還有法國民族解放委員會，即所謂的「自由法國」，此政權受到英國的支持，同時也在中國設有法國駐華軍事代表團。梅樂斯為此頗感苦惱，後接受美國戰略情報局局長唐諾文的建議，在北非找到服役於自由法國海軍的梅利亞（Robert H. Meynier, 1906-1989）。梅利亞除年輕外，其夫人是法越混血，與越南若干政要有親戚關係，對梅樂斯而言，是位極佳人選。[95] 後中美合作所裁定入越南的工作隊，由法國海軍少校梅利亞負責，進入泰國的工作隊則由卡宮春（Kharb Kunjara, 1815-1993，亦譯孔雅納、卡公春）中校負責。卡宮春中校，原是泰國駐美

93　「戴笠批示」（1942 年 2 月 8 日），〈戴公遺墨—組織類（第 4 卷）〉，《戴笠史料》，國史館藏，數位典藏號：144-010105-0004-017。

94　「戴笠批示」（1942 年 4 月 30 日），〈戴公遺墨—組織類（第 4 卷）〉，《戴笠史料》，國史館藏，數位典藏號：144-010105-0004-014。

95　國防部軍事情報局編，《中美合作所誌》（臺北：國防部軍事情報局，2011 年，修訂 2 版），頁 64。

使館的武官，曾在英國受高等軍事教育，擔任過全泰防空司令一職。經挑選泰國留美學生 20 餘人，成立工作隊，由卡宮春率領來華加入中美合作所，接受特種訓練。然在泰越工作隊人選敲定後，突因自由法國的要求，情勢又生變化。

1943 年 8 月，梅利亞帶著夫人、軍官 7 人與士兵 20 人抵華，打算籌備應辦事項即入越工作，但卻接到法國民族解放委員會的命令，要求其加入法國駐華軍事代表團的系統，而美方未告知中國即表同意。中美合作所主任戴笠對此感到不滿，採取拖延方式爭取商議時間。同年 9 月 10 日，梅樂斯向軍統局幹員劉鎮芳抗議，以法泰人士之工作即待推展，而戴笠對此事似不甚積極，一再示以略需等待，但等待絕非作戰之道，亦非致勝之途，寶貴時機一過則永不復返，要求即時行動。[96] 戴笠以為當前泰國工作最重要的是「普洱訓練班」開辦事宜，至於越南工作可交由軍統局海外區區長黃天邁負責與梅樂斯交涉。[97]

同年 11 月，梅樂斯又針對此事抱怨，謂其返渝時始發現法越工作隊尚未開展，且對梅利亞工作隊尚未離渝至感憂戚，況且梅利亞表示其在渝無所事事，亦願儘早入越。另從負責泰國挺進隊的卓獻書處得知，泰國工作隊恐在一個月之內無法推動，梅樂斯對此感到失望。梅樂斯甚至以他再無具體的工作表現，恐怕無法維持其與法越人員現有關係。[98] 中美合作所主任室祕書潘其武（1907-1972）認為梅樂斯可能先前答應梅利亞入越，然至今未能履行承諾，恐有損其威信，未來將難以駕馭梅利亞，同時也擔心梅利亞以為中美合作的力量操之於中國手中。但潘其武仍建議宜儘早安排梅利亞出發，避免其留渝期間與法人多所接觸，產生變化；至於泰國工作方面，實因翻譯

96 「劉鎮芳報告」（1943 年 9 月 10 日），〈中美合作所工作案（二）〉，《軍情局（抗戰時期數位檔）》，國史館藏，數位典藏號：148-010200-0010。
97 「戴笠批示」（1943 年 9 月 11 日），〈中美合作所工作案（二）〉，《軍情局（抗戰時期數位檔）》，國史館藏，數位典藏號：148-010200-0010。
98 「劉鎮芳報告」（1943 年 11 月 11 日），〈中美合作所工作案（二）〉，《軍情局（抗戰時期數位檔）》，國史館藏，數位典藏號：148-010200-0010。

傳達錯誤，已讓卓獻書向航空委員會主任周至柔（1899-1986）請求撥機辦理。[99]

　　不過泰國方面的進展，並未如潘其武口中所稱即將成行。就在潘其武呈報的前四天，卓獻書向代主任祕書毛人鳳報告，美方要求有確切出發日期，但航空委員會主任周至柔尚未答覆，致中美談判幾至破裂，遂請求毛人鳳向周至柔請託，逕飭在昆明第五路空軍協助。卓獻書也提到談判挫折的最大癥結，在於言語困難、詞不達意，故請求儘速派陳龍前來，並讓其前往普洱擔任翻譯。此外，卓獻書提到英方在泰、緬、馬來亞等地活動頗為積極，還在昆明設立訓練班招收華僑，人數約 200 人，這些華僑進入越、泰為英人工作，其中最力者為西南聯大學生趙廣鉽（粵籍泰僑），卓獻書認為趙廣鉽置國家民族利益於不顧，請求毛人鳳派人扣留此人。[100]

　　由於美國海軍部與戰略情報局內鬨，1943 年 12 月美國戰略情報局局長唐諾文親自來華，取消梅樂斯兼任戰略情報局在華代表，改由戰略情報局派員與重慶方面直接聯繫。其原意要與戴笠另立組織，但在戴笠堅持下，商定在中美合作所下，戰略情報局與海軍部的業務各自分開。這個變數讓美方溝通進入越泰工作隊一事，從梅樂斯改為美國戰略情報局駐華代表霍夫曼（Carl O. Hoffmann，亦譯霍虎門、荷夫曼）中校，致談判生阻。

　　戴笠認為先前已與梅樂斯商定原則及實施辦法，而泰越地區之情報、爆破、策動工作，實可依據中美協定積極進行，無需將梅利亞組劃分出去，遂派黃天邁與美方交涉。1943 年 12 月 12 日，霍夫曼面對黃天邁時一再闡述對泰越工作的顧慮，仍主梅利亞工作隊歸屬法國駐華軍事代表團。15 日，黃天邁再奉毛人鳳指示與霍夫曼續談，黃稱此次為私人檢討性質，霍夫曼表示泰越工作應尊重其獨立性，即對越工作應以法國民族解放委員會主席戴

———
99 「潘其武擬辦」（1943 年 11 月 11 日），〈中美合作所工作案（二）〉，《軍情局（抗戰時期數位檔）》，國史館藏，數位典藏號：148-010200-0010。
100「卓獻書電毛人鳳」（1943 年 11 月 7 日），〈中美合作所工作案（二）〉，《軍情局（抗戰時期數位檔）》，國史館藏，數位典藏號：148-010200-0010。

高樂（Charles de Gaull, 1890-1970）意見為主，對泰工作則以泰國駐美公使為主，且梅利亞及卡宮春須奉行其本國之政策，故雖然雙方合作，但僅能作情報工作。黃天邁詢以先前決議是否皆成廢紙，霍夫曼回答戰略情報局本不贊同梅樂斯的龐大計畫，且已言明申請凡超過三十人的部隊訓練，戰略情報局即不參加，故先前雙方縱有決定，也是梅樂斯之錯誤。黃天邁再詢問中美協定本包括泰越工作範圍，且已確認梅利亞、卡宮春各作為合作範圍內之一組，既同為盟國工作，況中國無越權代謀人國之企圖，因此戰略情報局代表縱使變更前議，亦不能不負起前此決策之責任。然而霍夫曼聲稱梅利亞及卡宮春的部分，現由戰略情報局負責，這兩組人員從事情報工作，必要時方兼行爆破；至於進入泰越境內建立情報組，則不贊成有華人同往，似有監視之嫌。黃天邁再言華人同往，也是先前的商定原則，若同行則為監視，那麼美國人來華合作亦成監視，梅利亞及卡宮春組中各有美籍會計，此亦為監視。黃天邁表示既言合作，自然包含中方在內，否則梅利亞、卡宮春何必參加中美合作、何必利用中國邊區、又何以能利用中方工作人員。至此，霍夫曼仍然堅持梅利亞的地位須俟美國政府與戴高樂商議後決定，至於卡宮春則可立即命令出發，展開情報工作。[101] 換言之，中美合作所進入泰越的工作隊以蒐集情報為主，梅利亞和卡宮春組已改由戰略情報局負責，不歡迎中方人員隨行入境。

　　由於霍夫曼拒不讓步，黃天邁也直言美國戰略情報局與海軍部意見不一致，誠為美方內部問題，中方依據協定所商定者實施，豈可輕易更改，此為國家信用問題，不可輕忽，而盟軍反攻緬甸應為期不遠，若僅以情報為念，屆時如何配合軍事行動。黃天邁又言，中國與盟軍協作，向無領土野心，且梅利亞、卡宮春對此並無異議，似不應因美方內部不一致而停頓工作、影響盟軍對敵作戰。霍夫曼最後不得不坦白說出此乃「美國務院命吾人不涉及政治問題，泰越工作除上述外，尚因蒙巴頓（Louis Mountbatten, 1900-1979，

101「黃天邁呈毛人鳳」（1943年12月15日），〈中美合作所建撤案（四）〉，《軍情局（抗戰時期數位檔）》，國史館藏，數位典藏號：148-010200-0022。

東南亞戰區司令）、史迪威（中國戰區美軍司令）之主管問題，吾人不能過
事干涉。」[102]

黃天邁雖與霍夫曼頗有交情，但據理直言讓霍夫曼一度發怒，隨後黃天
邁表示戴笠堅持泰越工作隊納入中美合作所，希望仍依原定計畫進行。中美
為此交涉一段時日，最終中國還是不敵歐美國家的利益考量。

駐美武官蕭勃也在此時報告，卡宮春告以該組已劃歸美國戰略情報局上
校卡福林（John G. Coughlin, 1908-1987）指揮，今後與梅樂斯無關。[103] 卡福
林在中美合作所擔任情報組的訓練工作，原本該組計畫在浙江遂安舉辦短期
訓練班，為此國民政府緊急調集京滬杭幹練人員並經甄審適任者，卻因卡福
林返渝後拒絕實施，徒使國民政府耗損財力，並且影響淪陷區工作。[104] 由美
國戰略情報局安排卡福林指揮泰、越工作，可知該局確如霍夫曼先談所提，
為顧及英、法感受，泰越工作僅進行情報蒐集。

中美為泰越工作隊的交涉，因梅樂斯不再代表美國戰略情報局，該局以
梅樂斯之錯誤，故前議無效。於是此後梅利亞和卡宮春二組雖未脫離中美合
作所，實由美國戰略情報局指揮，中方人員不能參與。

（二）泰國工作隊和挺進隊等

中美合作所有意籌建進入泰國工作隊時，卓獻書即為整合資源，向鄭介
民請示未來與泰國工作隊的合作方式。鄭介民給予二項指示：一、囑擬訓練
班的裝備與預算先送請核准，方轉送美方商辦；二、與卡宮春合作方式，予
以領導名義並無問題，但倘能以階級分任正副職務最佳，或是在邊境編成的

---

102 「黃天邁呈毛人鳳」（1943 年 12 月 15 日），〈中美合作所建撤案（四）〉，《軍情局（抗戰
    時期數位檔）》，國史館藏，數位典藏號：148-010200-0022。
103 「蕭勃呈戴笠」（1943 年 12 月），〈中美合作所建撤案（四）〉，《軍情局（抗戰時期數位
    檔）》，國史館藏，數位典藏號：148-010200-0022。
104 吳淑鳳，〈軍統局對美國戰略局的認識與合作開展〉，《國史館館刊》，第 33 期（2012
    年 9 月），頁 165。

部隊，歸軍統局指揮，卡宮春負責泰國策動反正部隊，至於普洱訓練班由中方主持或由卡宮春領導均可。[105] 9 月 19 日，戴笠令部屬會同梅樂斯暨相關人員商議泰越工作的進行，經彙整後，有關泰國方面由卓獻書報告擬定的原則：

一、對泰國工作暫以車里為前進根據地；以普洱為供應站，便利美方運用小型飛機運輸重要人員與急用器材。

二、指導自由泰國運動塞古安、曾谷等人，與中美合作所泰國軍官卡宮春合作，進行爆破與政治宣傳工作，並策動泰軍反正，協助盟軍登陸作戰與降傘部隊活動。

三、加強卓獻書之泰挺進隊，並與卡宮春合作，同受中美合作所指導，且為便利泰國工作之進行，給予卡宮春對泰工作領導之名義，其方式另議。

四、設立普洱特別訓練班，擬二個月為一期，每期訓練 200 人至 500 人，隨即裝備派出作戰，計劃一年內完成四至六個突擊營。

五、派遣人員進入泰境各重要據點，建立情報組織，並派泰國歸來華僑協助裝備電臺與車里聯絡，並準備進行爆破工作。

六、訓練組更名為邊境部隊，其經費、裝備、武器等，依中美合作協定，均由美方負責供應。[106]

卓獻書的想法是讓自由泰運動和泰國挺進隊，配合中美合作所轄下的卡宮春工作隊，進行爆破、策動反正、配合盟軍作戰及蒐集情報等工作。

其後因越南的梅利亞工作隊隸屬問題，泰越工作隊因而延宕。同年 10 月，自由泰的塞古安向鄭介民表示，謂其可派五個單位之人員入泰策動，請軍統局準備電臺五架、並配備人員作業。鄭介民轉告梅樂斯後，梅樂斯謂入泰人員應為卡宮春工作隊，至於電臺及報務員，無需中方支援，美方業已

105「卓獻書報告」（1943 年 9 月 9 日），〈中美合作所建撤案（四）〉，《軍情局（抗戰時期數位檔）》，國史館藏，數位典藏號：148-010200-0022。

106「卓獻書報告」（1943 年 9 月 19 日），〈中美合作所建撤案（四）〉，《軍情局（抗戰時期數位檔）》，國史館藏，數位典藏號：148-010200-0022。

準備妥當。因此，軍統局決定對卡宮春組擬每一單位派遣一至二名泰國華僑參加。至於塞古安的隊伍，仍準備五個電臺及報務員，並派五位譯電、五位處理情報，與塞古安合作，此事指定香港區區長邢森洲[107]、海外區副區長張家棋與塞占安商討工作實施辦法。毛人鳳表示，該局與塞古安商談方向為：一、塞古安所派各單位的負責人姓名、工作路線及其與泰軍之淵源；二、中方與泰方人員應如何配合；三、各單位進入泰國境內的路線及地點；四、入泰各單位對於泰軍的瞭解，包含泰國軍官姓名、駐地、及其指揮部隊之人槍概數；五、經費問題。[108]

　　儘管中美雙方對梅利亞工作隊意見不合，但盟軍反攻緬甸為期已定，亟需積極策動泰國工作，以期切斷日本陸上補給線，故泰國的工作不能再事延擱。於是 1943 年 12 月 26 日，中美雙方高級幹部會同卡宮春再行會商，戴笠剴切闡明中國對泰國決無任何領土野心，僅希望在合作範圍之內全力以赴，盡最大力量幫助泰國愛國人士打擊中泰共同敵人。卡宮春也表示當以泰國軍事代表的身分，在美國戰略情報局的領導下，受中美合作所的指揮。27日，戴笠函請航空委員會派機將卡宮春組人員運送思茅，再轉車里相機入泰，卓獻書也與塞古安展開行動，配合緬甸反攻。

　　1944 年 8 月 11 日，卡宮春奉戰略情報局的命令前往美國。同年 9 月，戴笠要求即將回美述職的卡福林轉告唐諾文，應儘速將卡宮春派回泰國工作，以打擊即將循陸路撤退的日軍，但無結果。[109]

---

107 邢森洲為中統局、軍統局在南洋工作重要領導人，是日本特務鎖定對象，其後可能因中統局與軍統局不合，導致其行蹤洩露，為日軍所捕殺。
108「毛人鳳呈戴笠」（1943 年 10 月 26 日），〈中美合作所建撤案（四）〉，《軍情局（抗戰時期數位檔）》，國史館藏，數位典藏號：148-010200-0022。
109 國防部軍事情報局編，《中美合作所誌》（臺北：國防部軍事情報局，2011 年，修訂 2版），頁 63。

（三）法越工作隊

　　1942 年 3 月，軍統局得到密報，法越當局已下令與日本共同防禦，因此中國方面對法越軍隊的舉動甚關重要。此際法戴高樂派來軍事代表，戴笠即交代魏大銘與之接洽。[110] 原本軍統局與法國駐華軍事代表團關係不錯，直至 1943 年該代表團要求梅利亞工作隊歸其指揮後，雙方乃有心結。

　　1943 年 12 月 13 日，前述霍夫曼與黃天邁交涉時表示，英美不能直接或間接贊助派兵入越，因恐延長歐陸戰事，由於維琪政權並未對盟軍作戰，自由法國則左祖盟軍，因此越南的法國當局尚懷觀望態度。霍夫曼指出這三方面的法人有一共同信念，即越南屬於法國而不容英美之染指，倘英美直接或間接贊助派兵入越，則維琪政權必令越南當局反抗，致延長歐陸戰事，同盟國便不能專力打擊日本，於中國亦有不利。[111] 戴笠認為美方對泰、緬、越工作態度既然如此，中方大可利用美方首次違反中美合作協定為題，作為其他項目交涉之用，將此事交由蕭勃、潘其武和黃天邁與梅樂斯、霍夫曼討論。至於對泰、越之工作，戴笠要求應依照前奉蔣中正批准之工作計畫，考量種種可能後即積極進行，所需之預算、器材等，應即擬呈蔣中正核發，萬不可再事拖延。[112]

　　其後，梅利亞工作隊亦依先前 1943 年 9 月 19 日在中美雙方商議泰國工作之時，對越南問題採取的方針：一、在南寧設情報總站，在中越邊境設七個分站，與越南境內的法軍取得聯繫；二、由梅利亞及其人員編成「法越工作隊」，應儘速出發進入越南，並與南寧方面的軍統局組織取得聯繫，以應付可能發生的緊急事項。

---

110 吳淑鳳等編，《戴笠先生與抗戰史料彙編：軍情戰報》（臺北：國史館，2011 年），頁 273-275。

111「黃天邁電毛人鳳」（1943 年 12 月 13 日），吳淑鳳等編，《戴笠先生與抗戰史料彙編：中美合作所的業務》（臺北：國史館，2011 年），頁 308-310。

112「戴笠批示」（1943 年 12 月 18 日），吳淑鳳等編，《戴笠先生與抗戰史料彙編：中美合作所的業務》（臺北：國史館，2011 年），頁 332-334。

　　儘管梅利亞進入越南事受到很多阻礙，但是年 11 月困渝頗久的梅利亞急欲開展越南工作，立即率領工作人員前往越南。梅利亞對其工作頗具信心，計劃在越南發展情報網，向民眾宣傳、鼓勵抗日，如有可能，則從事破壞、騷擾日軍的運輸，並有組織地將橡膠和錫等禁運物資，經由邊界地區運入中國。另一方面，梅利亞已經開始安排與越南境內的法國官員、軍事領袖、教會等取得聯繫；希望能說服在越的法國海軍官兵反正，或把兵艦鑿沉，破壞西貢海軍船塢，進而作盟軍反攻時的內應。[113] 梅利亞入越後，確實取得有價值的情報。

　　1944 年 5 月卡福林由印度返回重慶，突然宣稱法越工作隊已改由法國直接指揮，此後與中美合作所只保持非正式的聯繫，實際上自由法國也已經把梅利亞調回北非。[114] 同年 7 月 16 日，法越工作隊併入法國駐華軍事代表團，但該組發現併入後，仍是卡福林及法國駐華軍事代表團兩方指揮，反而引起工作上的混亂與困難。[115]

　　軍統局在中美合作所組建的泰越工作隊，從參與其事到被迫退場，與東南亞戰區成立密切相關，而此戰區成立確實重擊了戰時中國對泰越的工作。1943 年 8 月，英美兩國在加拿大魁北克「四分儀」會議上提出籌備建立東南亞戰區司令部（South East Asia Command, SEAC）。[116] 在整個籌備的過程中，國民政府幾乎一無所知，8 月底，羅斯福終於通知宋子文，希望他去勸說蔣中正接受盟國所作的安排，即東南亞戰區包括緬甸、錫蘭、泰國、馬來半島、蘇門答臘和越南南部。[117] 此舉等於將原中國戰區的泰國及越南南部，

---

113 國防部軍事情報局編，《中美合作所誌》（臺北：國防部軍事情報局，2011 年，修訂 2 版），頁 64。

114 國防部軍事情報局編，《中美合作所誌》（臺北：國防部軍事情報局，2011 年，修訂 2 版），頁 65。

115〈中美合作所協商案〉，《軍情局（抗戰時期數位檔）》，國史館藏，數位典藏號：148-010200-0018。

116 何躍，〈蒙巴頓在緬甸戰場的地位和作用〉，《學術探索》，2002 年第 3 期（2002 年 5 月），頁 102。

117 齊錫生，《劍拔弩張的盟友：太平洋戰爭期間的中美軍事合作關係（1941-1945）》（臺

都讓與以英國人為主導的東南亞戰區。盟軍此舉作為，使蔣中正非常憤怒。是年10月底，蔣中正與新任東南亞盟軍總司令蒙巴頓、美國陸軍後勤司令薛莫維爾（Brehen B. Somervell, 1892-1955）討論改變泰越作戰區問題時，仍堅持「中國戰區之於泰、越，以各種利害不能改變。」[118] 但英美對蔣中正的抗議置之不理。是以二次大戰結束，在1945年8月底，蔣中正想起此事，猶有餘憤，在日記中記有「英、美擅畫泰國與越南南部歸東南亞戰區，事前毫不與我協商，僅以一紙通知，等於命令，只有忍受乎。」[119] 將泰國劃出中國戰區，僅剩下區區的越南北部地區，對國民政府的泰國外交政策打擊尤大。這也是戰爭後期中國在「自由泰運動」的議題上，突然興趣缺缺的主要因素。

自1943年10月泰越改變戰區事件後，在蔣中正的相關資料中，「泰國」兩字幾乎完全消失。直至戰後，蔣中正的日記裡也未曾再提泰國，這或可說明此後中華民國對戰後東南亞的新秩序安排喪失了話語權。[120]

北：中央研究院、聯經出版事業公司，2011年），頁335-336；何躍，〈蒙巴頓在緬甸戰場的地位和作用〉，《學術探索》，2002年第3期（2002年5月），頁102-103。

[118] 「蔣中正日記」，1943年10月20日，史丹福大學胡佛研究所藏。

[119] 「蔣中正日記」，1945年8月31日，上星期反省錄，史丹福大學胡佛研究所藏。

[120] 1945年5月24日蔣中正與美國駐華大使赫爾利（Patrick J. Hurley, 1883-1963）談越南、香港及朝鮮、滿洲軍事政治方略。同年9月22日日記：「臺灣恢復，如果越南能自治，則東南已無被侵之憂，西南英、法亦不如過去之可慮。」蔣都未再提到泰國的狀況，泰國已不再是中國東南亞外交上的議題。1946年2月28日上月反省錄中記有一條：「中、暹已建立外交關係，其訪華使節亦于本月杪到渝矣。」參見「蔣中正日記」，1945年5月24日、1945年9月22日，上星期反省錄；1946年2月28日，上月反省錄，史丹福大學胡佛研究所藏。

第六章
在華的英美情報機構競合

　　1937 年中日戰爭爆發，英、美、蘇等國雖未參戰，但早已在這場戰爭中粉墨登場。其中蘇聯提供「蘇聯空軍志願隊」（即「正義之劍」）及裝備，英、美則自 1937 年起對國民政府提供借款，並出售軍火予中國，其間英國更容許國民政府利用香港輸入大量軍火和戰爭物資到中國。在 1941 年太平洋戰爭發生前數月，美英兩國即小心翼翼地和國民政府方面展開軍事方面的討論，以備開戰時雙方能立即合作，其中英國與國民政府對未來軍事合作甚至有了具體的規劃和安排，美國也派出「中華民國空軍美籍志願大隊」（即「飛虎隊」）參戰。

　　1941 年 12 月 8 日太平洋戰爭爆發，隨後美、英兩國正式參戰，其後建立遍及中國的情報與特種作戰[1]網絡。可是建立這些機構的過程並非一帆風順，機構之間也非同仇敵愾，更因戰時中國並非鐵板一塊，國民政府與中共糾葛紛起，加上英國與美國之間競爭不斷，各國不同部門與機構幾乎勢成水火，甚或聯合其他國家的機構以打擊對手。二次大戰期間中國戰區補給困難，絕大部分時間只能依靠「駝峰」空運帶來有限的補給，英美各情報部門必須爭取表現，並與中方不同機構合作，以獲得資源繼續營運，甚至擴張。可是這些機構與中方合作時，面對的是中國極為複雜的內部問題，特別是國民政府不同部門、國民政府與地方實力派，以及國民政府與中共之間的拉

1　「特種作戰」（Special Operations）又稱「非正規戰爭」（Irregular Warfare），目標是利用非正規戰鬥手段達到戰略目的，具體行動包括宣傳、離間、聯絡戰俘、搜救迴避者，以至進行金融操作，走私等經濟戰手段。

鋸，甚至矛盾、衝突。英、美雖在檯面上不便攪和到中國的內政問題，但為情報之需，私下仍有互通消息、配合行為，故英美在華合作對象並不單一，這種多角互動讓戰時中外情報合作關係詭譎多變。

一、英美在華情報機構（1942-1943）

　　1940 年起日本對港、澳和東南亞蠶食鯨吞，英、美兩國已展開因應行動，迨 1941 年 12 月日本攻擊美國海軍基地珍珠港、菲律賓和香港等地，英、美亦加快步調，陸續在華成立軍事情報機構。以下條列 1942 年上半年英、美兩國在華活動的情報機構，簡述其成立時間和主要工作：

表 2　英美在華軍事情報機構（1942 年初）

英國
特殊行動執行處的「中國特種部隊」（China Commando Group）：1940 年左右，特殊行動執行處已開始在亞洲活動，其主要活動最初是訓練游擊隊，於新加坡建立特殊訓練學校（Special Training School），以訓練敵後作戰的核心人員，曾訓練了年輕殖民地官員何禮文（David R. Holmes, 1913-1981）和麥伊雲（Colin M. McEwan, 1916-1985）等人成為特種作戰人員。特殊行動執行處在亞洲首腦是澳洲人麥肯齊（Colin H. Mackenzie, 1898-1986），而在中國的主要人員包括未來怡和大班約翰·敬誠（John H. Kewsick, 1906-1982）和加拿大商人簡道爾（Francis W. Kendall, 1907-1973）。其活動包括訓練游擊人員及進行金融操作，為英國在華軍事情報活動提供經費。1942 年初，特殊行動執行處已在中國建立訓練基地。可是，由於戴笠不願特殊行動執行處在華勢力太大，遂要求敬誠交出部隊的控制及所有裝備和通信工具。敬誠拒絕後被趕出中國，中國特種部隊亦偃旗息鼓，但部分人員以「136 部隊」的名義在中國活動，並以英軍服務團成員身分繼續行動。
204 使團（Mission 204）：隸屬陸軍部，人員均是正規軍。1940 年底，英國遠東司令空軍上將樸芳（Robert Brooke Popham, 1878-1953）建議英國政府加強和國民政府的軍事合作，並派員到中國協助國軍進行游擊戰。1941 年 1 月，英陸軍少將戴尼斯（Lancelot E. Dennys, 1890-1942）到重慶出任駐華大使館武官，開始和國軍磋商軍事合作。1941 年春開始，英軍在緬甸建立特種部隊的訓練基地，召募來自英軍和澳洲軍人加入特種部隊。後因樸芳離任、戴尼斯於 1941 年 3 月在中國墜機身亡，該團失去強力領導者和高層次的支援，因此只能在東南地區進行小規模的行動，影響有限。1942 年 8 月，204 使團的大部分游擊兵力從中國轉移到印緬戰區，但在華中仍有一所學校訓練游擊隊，其中方接洽者是陸軍突擊隊司令李默庵（1904-2001），但部隊實際上受英國駐華大使館武官准將金士刁（Gordon E. Grimsdale, 1893-1950）指揮。

英國
三軍聯絡處（Interservice Liaison Department, ISLD）：屬於英國軍事情報局軍情六處（Military Intelligence 6, MI6），是英國政府的情報部門，並不屬於三軍。戰前，軍情六處只有少數人員在華南和香港進行情報工作，其效果並不突出，英國遠東總司令甚至認為這些人員大多已暴露身分，毫無用處。香港淪陷後，英籍警司譚臣（Walter P. Thompson, 1909-1978）從赤柱拘留營逃脫，到重慶向英國領事館報到。其後，譚臣被委任為軍情六處人員，以三軍聯絡處為名繼續在華南活動。三軍聯絡處在香港和汕頭等地均有數名特工，包括其後成為港督的麥理浩（C. Murray MacLehose, 1917-2000，在汕頭活動）。特工有自己的無線電，其中兩名英籍人員更一直在赤柱拘留所未被日軍發現，直至戰爭結束。
英軍服務團：屬於英國軍事情報局第九處（Military Intelligence 9, MI9），該部負責聯絡和營救所有落入敵軍手上的英國和盟國戰俘以及平民。軍情九處本來在中國大陸並無任何計畫和機構。1942年1月初，香港防衛軍（Hong Kong Volunteer Defence Corps）醫官賴廉士（Lindsay T. Ride, 1898-1977，本為香港大學醫學院教授）中校在其華人助理李玉彪協助下從深水埗戰俘營逃脫。他經西貢離開香港時曾受到游擊隊協助，遂萌生在香港鄰近地區建立情報機構的想法。英軍服務團在1942年5月在曲江成立，其主要目標是與身在香港的戰俘和被日軍拘留的平民取得聯繫，並見機行事將他們救出香港。由於香港牽動中英關係，英軍服務團直屬印度總司令部的軍事情報處（Department of Military Intelligence），但同時受英國駐華大使館武官金士刁節制。
皇家海軍情報處（Naval Intelligence Department, Royal Navy）：英美參戰後，皇家海軍曾派出軍官到華南嘗試建立海岸觀察站（coast watch），以監視日本海上活動。由於皇家海軍未有和國民政府的情報部門建立合作關係，加上前線人員和其華籍人員屢生摩擦，計畫成效不彰。
美國
美國陸軍使團（American Military Mission）：1941年10月成立，由在中國擔任武官的陸軍准將馬格魯德（John L. Margruder, 1887-1958）率領，馬格魯德在華資歷深，1920年代已在中國擔任武官。該團主要工作是分配給與中國的租借物資，並搜集軍事情報甚至指導特種作戰。由於陸軍少將史迪威在宋子文的支持下出任蔣中正的參謀長，並得到分配租借物資的權力，馬格魯德憤然不平，於1942年5月辭職回國。
中華民國空軍美籍志願大隊（American Volunteer Group）：計劃建立三個大隊，第一大隊為戰鬥機隊，1941年11月於緬甸成軍，日軍攻擊珍珠港後先在緬甸作戰，其後轉往中國大陸，以桂林為基地，為國民政府控制地區提供空中支援，使日軍未能取得制空權。第二大隊本為轟炸機大隊，但飛機和人員抵達澳洲後即被用於支援該地。第三大隊尚未組建即被取消。
美國海軍：開戰之初，美軍在上海、重慶尚有砲艇，其中在上海的砲艇於開戰時即被俘獲，在重慶的砲艇則轉交中國。美國海軍在華的主要情報人員是在中國居住超過二十年的陸戰隊上校麥曉（James M. McHugh, 1899-1966），他雖然與宋家關係良好，但由於與英國方面關係密切，因此不被蔣中正和戴笠信任。

美國（續）
情報協調局（Coordinator of Information, COI）：1942 年 2 月，唐諾文派出研究朝鮮的格雷（Esson M. Gale, 1884-1964）到中國，嘗試組織在中國的朝鮮人游擊隊，並和韓國李承晚（1875-1965）合作。可是，此舉與國民政府，特別是戴笠組織的朝鮮人游擊隊相衝突。由於格雷和英國特殊行動執行處的敬誠亦關係良好，其活動亦因為戴笠的不信任而未有太多進展。

資料來源：鄭智文整理。

　　從表 2 可見，除了使館的武官外，美國在太平洋戰爭爆發前在中國並無太多情報活動，其軍事存在亦只有美國志願航空隊能影響戰局。與此同時，英國在戰前已開始在華南布局，雖然未有派出陸、空軍參戰，但仍有進行「不對稱戰爭」（asymmetric warfare）的相關準備。賴廉士以中方（特別是希望收回香港的蔣中正和戴笠）對英國在華情報活動始終有極大保留，特別認為英方只想保持在華影響力，又和西南反蔣勢力甚至中共過從甚密，因此中國特種部隊和 204 使團的大部分亦相繼離開中國，只餘下以拯救戰俘為名，而且只於兩廣活動的英軍服務團得以繼續運作，並進行情報工作。此部分解釋了為何美軍戰略情報局的人員發現，國民政府前線人員對英國情報人員並不信任。[2]

　　1942 年春，美國海軍開始研究在中國建立海岸觀察站，以破壞日本海上交通線。該年 5 月，梅樂斯海軍中校到重慶出任海軍觀察員（U.S. Naval Observer），著手在中國沿岸地區建立情報網。梅樂斯採取與英方不同的做法，到達中國後即嘗試與戴笠建立直接聯繫，因此取得國民政府軍統局的全面合作。當時，美國戰略情報局剛剛成立，唐諾文打算以美國海軍和軍統局的合作框架為掩護，展開建立情報網的工作。經過駐華美軍司令史迪威、戰略情報局、海陸軍，以及軍統局之間的交涉討論，終於在 1943 年初梅樂斯與戴笠敲定合作協定，1943 年 7 月「中美合作所」建立，並進行大規模活

2　Lindsay T. Ride, "Report on the Activities of a M.I.9 Organization Operating in South China," Australian War Memorial Collection, MSS0840, pp. 10-11; "Report of Recent Trip to West River District," National Archives and Records Administration, RG 226, A1 99, p. 4.

動。[3]

英國特殊行動執行處的中國特種部隊計畫失敗後，它在中國的人員轉而嘗試打入國民政府的情報系統。敬誠離開中國後，他的職位由安獻今接手，他在第一次世界大戰時已在中國，當時是傳教士，但已為英國進行情報工作。[4] 1943 年，安獻今和王芃生（英國紀錄稱他為將軍）領導的國研所合作，由特殊行動執行處為國研所提供部分經費，安獻今則為國研所顧問。[5] 國研所轄下的資源調查室（Resources Investigation Institution, RII）是安獻今等英國人員的掩護機構，他們在國研所主要進行宣傳工作，並把國研所的情報和英國的其他部門分享。由於國研所有權使用無線電，因此變相特殊行動執行處可以利用其無線電網絡進行情報工作，其網絡遍及中國各地，包括兩廣的國民政府控制地區。[6]另一方面，戰略情報局曾派員到國研所要求合作，但遭到中方拒絕，中方希望就在中美合作所運作。

另，為準備在香港附近進行特種作戰，特殊行動執行處的簡道爾在1943 年 7 月於加拿大招募懂廣東話的華人進行訓練，預備建立特種部隊，利用潛水艇回到香港附近沿海登陸，並和粵南的中國游擊隊合作，在香港附近活動。計畫名為「湮沒行動」（Operation Oblivion），參與者包括 1942至 1944 年一直為英軍服務團工作的何禮文。至 1944 年底，計畫的人員已大致完成訓練，裝備亦已準備就緒。[7]與此同時，特殊行動執行處在中國進行

3　有關「中美合作所」，詳見張霈芝，《戴笠與抗戰》（臺北：國史館，1999 年）；Linda Kush, *The Rice Paddy Navy: U.S. Sailors Undercover in China: Espionage and Sabotage Behind Japanese Lines in China during World War II* (Oxford: Osprey, 2012); 馬振犢，《軍統特務活動史：民國第一特工組織的興衰》（北京：金城出版社，2016 年）。

4　Anthony Best, *British Intelligence and the Japanese Challenge in Asia, 1914-1941* (New York: Palgrave Macmillan, 2016), p. 9.

5　Charles Cruickshank, *SOE in the Far East* (Oxford; New York: Oxford University Press, 1986), p. 151; Panagiotis Dimitrakis, *The Secret War for China: Espionage, Revolution and the Rise of Mao* (London: I.B. Tauris, 2017), p. 110.

6　Charles Cruickshank, *SOE in the Far East* (Oxford; New York: Oxford University Press, 1986), p. 152.

7　Charles Cruickshank, *SOE in the Far East* (Oxford; New York: Oxford University Press, 1986),

「悔恨行動」（Operation Remorse），利用外匯炒賣所得來支持其他英國在華情報部門的經費。

　　1942 年 7 月，美籍志願航空大隊改編成美國「駐華航空特遣隊」（The China Air Task Force），其中一個主要機場為桂林，即英軍服務團的總部所在地，這二者是合作關係。由於中美空軍亟需準確的情報，特別是關於日軍占領區內軍事目標的位置和內情，以及前線的天氣情況。在 1942 至 1943 年的大部分時間，華南的軍事情報主要由英軍服務團提供。雖然該部的主要目標是聯絡和拯救戰俘及被拘留的平民，但服務團可以動員身在香港和華南的前殖民地政府人員，以及中國海關的洋員和華員。他們都懂得當地語言並熟悉當地情況，在地方亦有相關人脈，因此進行情報工作時事半功倍。例如，協助賴廉士逃出戰俘營的華人李玉彪，戰前在香港大學任職文員，就是賴氏的助理。他在英軍服務團成立後不久，即再次潛入到香港，並和何禮文進入新界，其後於西貢的 Y 站工作，負責把情報由香港轉到內地。[8] 英國政府亦派員到廣東，協助照顧從香港逃難的前香港政府華員，這個行動對維持他們對英國的信心，以及和英國合作的意願有頗大幫助。[9] 例如，在英軍服務團的照顧下，129 名華籍英兵組成中國部隊（China Unit），在 1943 年 8 月離開中國到印度服役，其後加入英軍的欽迪特突擊隊（Chindits，港譯殲敵部隊），成為「香港志願連」（Hong Kong Volunteer Company），於 1944 年 3 月到緬甸北部，參與星期四行動（Operation Thursday）。其時，英軍服務團即照顧這些士兵的家屬，並為他們提供教育和醫療服務。[10]

　　此外，英軍服務團至 1942 年 6 月開始定期出版《惠州情報彙編》

---

　　p. 157.

8　鄺智文，《老兵不死：香港華籍英兵（1857-1997）》（香港：三聯書店〔香港〕有限公司，2019 年，增訂版），頁 107-112。

9　Gordon Grimsdale, *Thunder in the East* (unpublished memoir of G. Grimsdale), Imperial War Museum Collection, Documents.8521, pp. 225-235; "British Intelligence Services in China," 4 January 1945, Australian War Memorial Collection, PR82/068/17/3, p. 6.

10　詳見鄺智文，《老兵不死：香港華籍英兵（1857-1997）》（香港：三聯書店〔香港〕有限公司，2019 年，增訂版），頁 136-137。

（*Waichow Intelligence Summary*），供中美軍使用，且於當月在惠州協助一名美軍飛行員回到後方。為此，陳納德（Claire L. Chennault, 1893-1958）派員到惠州和英軍服務團建立非正式的合作關係。其後，英軍服務團逐漸變成情報和搜救活動並重的機構，更為美國駐華航空特遣隊提供內部情報保密工作，為新招募的華籍人員進行背景調查，以找出日本間諜。此外，在英軍服務團建立初期一直困擾部隊的通訊問題，亦因為特殊行動執行處為服務團提供無線電而得到解決，使英軍服務團搜集到的情報可以儘快送到後方和中美空軍手上。[11] 1942 年中至 1943 年春，由於英美軍採取先歐後亞路線，行有餘力後才照顧澳紐太平洋地區，加上駝峰空運的運載能力有限，中美空軍少有對日軍控制地域進行大規模的戰略轟炸。這亦解釋了為何美國在此期間在華南的情報網建設工作進展緩慢。

　　1943 年 5 月，駐華航空特遣隊擴編為「第 14 航空隊」（14th US Army Air Force），其時英軍服務團開始出版《桂林情報彙編》（*Kweilin Intelligence Summary*）（見表 3），向中美空軍提供關於華南和香港的詳盡情報。至 1943 年 7 月，第 14 航空隊開始攻擊華南沿岸的船隻，並於 9 月空襲香港，幾乎摧毀全部日軍在該地的油庫。[12] 雖然英軍服務團在協助第 14 航空隊時展示了其效率，但對國民政府而言，它仍是個不受歡迎的存在，特別它在廣東東江地區和香港附近，是與中共的抗日游擊隊（1944 年更名為「東江縱隊」）合作的。當時，中共的港九大隊控制了香港西貢地區的一部分，英軍服務團於 1942 年底至 1943 年中在西貢曾成立據點，協助將情報送回惠州。可是，此舉自然遭到國軍第七戰區以及中央政府的反對。在國民政府壓力下，英軍服務團放棄西貢的前哨，並中止和中共的合作，但其人員仍要在中共的容許下才可以利用西貢出入香港，否則只能利用水路經澳門到三

11　Lindsay T. Ride, "Report on the Activities of a M.I.9 Organization Operating in South China," Australian War Memorial Collection, MSS0840, pp. 6-9, 17-19, 25-29.

12　詳見鄺智文，《重光之路：日據香港與太平洋戰爭》（香港：天地圖書有限公司，2015 年）。

埠。但這路線所需時間較長，且亦面臨日軍較嚴密的審查。英軍服務團曾嘗試「另起爐灶」，但中共游擊隊亦不甘示弱；當英軍服務團自行在大鵬半島建立監視哨時，中共游擊隊即把其人員和器械俘虜，最終事件要服務團交付贖金才可解決。[13]

表 3　《桂林情報彙編》的內容

第一類：戰俘、拘留所居民、逃出戰俘營者、回避者（被日軍擊落的盟軍飛行員）（PoW, Internees, Escapers, Evaders）
■ 戰俘營情況、人員狀態、逃走計畫、戰俘移出移入情況 ■ 逃出戰俘營者、回避者，以及難民的情報；來自占領區的書信
第二類：一般情報（General Intelligence）
■ 海港情況，包括海軍和平民船隻活動 ■ 空戰情報以及目標相關的情報 ■ 地面部隊動向
第三類：非軍事類（Non-Military Intelligence）
■ 政治和行政消息 ■ 社會情報，包括經濟資料、運輸、鐵路、公路、醫療、教育等 ■ 日本方面的宣傳、日軍暴行、特務機構活動、重要人物動向等
第四類：中國情報（Chinese Intelligence）
■ 軍事情報 ■ 政治情報
第五類：新聞官關係（Intelligence for Press Attaché）
■ 占領區出版物的翻譯
第六類：印人情報（Indians）
■ 印軍戰俘狀態、印度國民軍、印度獨立聯盟、平民、日軍宣傳、逃出戰俘營者和回避者

資料來源：Lindsay T. Ride, "Report on the Activities of a M.I.9 Organization Operating in South China," Australian War Memorial Collection, MSS0840, Appendix IV.

1943 年春，史迪威曾提出把英美在中緬印戰區成立統一的情報中心，但支持英軍服務團工作的英國印度總司令部的情報主管哥富倫（Walter J. Cawthorn, 1897-1970）少將則透過英美參謀首長聯席會議（Combined Chiefs-of-Staff）的英國代表迪爾（John G. Dill, 1881-1944）元帥，向美方

---

13 有關挾持事件，詳見 "BAAG Series Volume VII: Coast Watching and the Red Question," Elizabeth Ride Private Collection. 此文件集亦藏於香港大學圖書館。

提出把英美兩國在中緬印戰區的所有情報和特種作戰工作整合，並在德里（英軍總司令部處）建立一個情報委員會，並由英美的戰區司令派出代表全面分享情報。[14] 可是，美方內部討論時，有官員直言英美在中國戰區的目的不同，前者打算維持其地位，後者則「只打算擊敗日本而沒有帝國主義圖謀」，此案因而不了了之。[15] 8 月，在英方的推動下，盟國建立了「盟軍東南亞戰區司令部」（South East Asia Command），以英國海軍上將蒙巴頓勳爵為盟軍東南亞戰區司令（Supreme Allied Commander of the South East Asia Command）。中國戰區則繼續以蔣中正為中國戰區總司令，史迪威為美軍中緬印戰區司令兼蔣的參謀長，使中國戰區基本上成為中美兩軍的戰區，然而東南亞戰區司令部又把香港視為其作戰範圍。在美方和中方看來，東南亞戰區的建立，顯然是為了收復包括香港等英國在東南亞的殖民地。因此，美方即於 1943 年 11 月的開羅會議中，爭取將中國戰區的情報戰納入其範圍之內，以為抗衡。以上安排雖然未有太多即時影響，但使得英國始終未能在中國建立一定的航空戰力，特別是空中運輸能力。正如金士刁和賴廉士均指出，這個缺失一方面影響了英國在華聲望，亦使英國在兩廣甚至全中國的情報和特種作戰工作，受到不少影響。[16]

在此期間，美國在中國的情報工作仍然頗為有限。雖然中美合作所已經建立，但主要工作是為美國海軍提供天氣和日本船隻動向的情報。雖然戰略情報局的人員亦有參與，但只能處於次要地位，而且其前線人員認為軍統局並未能提供對他們有助的戰略情報。[17] 因此，戰略情報局仍繼續探索在中國擴展工作的辦法，並曾提出建立情報網協助第 14 航空隊攻擊日本在華

---

14 "John Dill to Lt. Gen. J. T. McNarney," 1943, National Archives and Records Administration, RG 226, NM54, pp. 1-2.

15 "Comments on the Proposal Submitted by Major General Cawthorn," 31/5/1943, National Archives and Records Administration, RG 226, NM54, p. 1.

16 Gordon Grimsdale, *Thunder in the East* (unpublished memoir of Maj. Gen. G. Grimsdale), Imperial War Museum Collection, Documents.8521, pp. 241-242.

17 David Scherer, "The Secret War in the Far East: American Espionage in China and the Establishment of AGFRTS" (M. A. Thesis, Texas Tech University, 2018), p. 61.

南沿岸的海運。[18] 1943 年底，戰略情報局派出霍夫曼中校到昆明和第 14 航空隊的陳納德接洽，當時第 14 航空隊急需關於日軍控制範圍內的情報以進行戰略轟炸任務。至 12 月 29 日，陳納德和霍夫曼簽署協定，雙方共同建立一個情報組織，並想出一個極含糊的名字以避人耳目：「地空技術處」（Air Ground Forces Resources and Technical Staff, AGFRTS），負責為陸軍航空隊提供情報。

二、英美情報和特種作戰組織在兩廣的消長（1944）

至 1944 年初，英國似乎仍在華南的情報戰中處於優勢。雖然中美合作所得到戴笠的支持和軍統局的合作，但戴笠一直對美方在前線的人員抱懷疑態度，特別由於戰略情報局在華指揮官分身於中印兩戰區而頗為不滿。戰略情報局雖然和第 14 航空隊以地空技術處名義合作，但其效果尚未明顯。因此，正如英軍服務團的賴廉士在其戰後報告中指出，1944 年中是英軍服務團最為得意的時期。他認為當時「每個部門均可以有一定把握解決大問題；我們在地方華人中間的聲望已經恢復，而且和他們處於友好和緊密的關係……我們和兩個剛來的美軍將領（步兵訓練中心〔Infantry Training Centre〕和戰鬥司令部〔China Combat Center〕的指揮官）的關係亦同樣良好。我們和第 14 航空隊的合作仍然緊密……。」[19] 可是，英軍和美軍一樣，面臨各部隊和背後的部門互相傾軋的問題。1944 年 2 月，三軍聯絡處提出英軍服務團不應在兩廣和香港地區繼續進行情報工作，而是應該專注於俘虜和被擊落的盟軍飛行員等「逃脫和迴避」（escape & evade）任務。賴廉士自然反對此項要求，但在印度陸軍總司令部的指示下，他仍要把其情報和三軍

18　"Proposed OSS Plan for a Radio and Intelligence Network for Use with the 10th and 14th Air Forces in China in Combating Japanese Shipping and Plane Movements," 31/5/1943, National Archives and Records Administration, RG 226, NM54, pp. 1-4.

19　Lindsay T. Ride, "Report on the Activities of a M.I.9 Organization Operating in South China," Australian War Memorial Collection, MSS0840, p. 63.

聯絡處分享，後者亦獲准繼續在兩廣和香港運作。

　　在廣東前線，英國的情報機構，特別是英軍服務團，卻仍然受制於中共和國民政府的衝突。1944年2月，第14航空隊的中尉克爾（Donald W. Kerr, 1915-1977）座機在香港附近被擊落，他跳傘到新界被中共在西貢的港九大隊救走，並被送回國民政府控制範圍。克爾回到惠州後，向英軍服務團的何禮文報告，指他將為游擊隊和「美方」直接接洽。為此，正暫代賴廉士指揮英軍服務團的何伯（Ernest D. Hooper, 1903-1996，本為英籍中國海關人員，通曉中文）中校向金士乜進言，指英方應不再被重慶方面的態度阻礙而不和中共游擊隊合作，因為如果「由於我們害怕傷害中國（國民政府）的政治敏感而不能援助在前英國領土和我們的敵人作戰的紅軍……使他們被迫投靠美國」，英國將於華南地區顏面無存。[20] 可是，金士乜顯然未打算接受冒著中英破局之險和中共合作，即使把合作限制於香港鄰近地區。他回信道：「首先我們要明白，對於我們需要面對的中國政府，『紅軍』或『共產黨』這些字眼就像公牛看見紅布一樣。因此，直至並除非英美政府準備掀翻桌子告訴他們（國民政府）必須要和中共合作，否則我們只能繼續視之為與我們無關的中國內政問題。」他重申他已經向軍委會辦公廳主任商震請求，他要惠州的惠淡守備隊司令葉敏予（1894-1986）容許服務團的人員進出中共控制地區，但他不能迫使惠州當局合作，除非英國大軍能重回香港。[21] 與此同時，陳納德已承諾派員到中共游擊隊地區和後者合作，雖然金士乜認為重慶的美國陸軍情報當局未必知曉。[22]

　　1944年3月，地空技術處於曲江建立電臺；6月，地空技術處於第七戰

20　"Hooper to Grimsdale," 24 March 1944, Australian War Memorial Collection, PR82/068/2/56, p. 1.

21　"Grimsdale to Hooper," 4 April 1944, Australian War Memorial Collection, PR82/068/2/56, p. 1.

22　"Grimsdale to Hooper," 4 April 1944, Australian War Memorial Collection, PR82/068/2/56, p. 1.

區的基地有四名軍官八名士兵。[23] 由於可以使用美國陸軍航空隊的資源和運輸，它不像英軍服務團一樣，要不斷面對後勤和通訊的問題，亦由於第七戰區司令部希望得到美軍的空中支援，因此它無須顧忌國民政府的態度而需要避免和中共游擊隊合作。[24] 至 7 月，地空技術處聲稱是第 14 航空隊的主要情報來源，並打算在香港建立情報網。[25] 由於他們能自由使用無線電，因此可以為第 14 航空隊提供較準確的日軍部隊和船隻位置的資訊。[26] 地空技術處在桂林設立基地時，向英軍服務團聲稱他們「並非戰略情報局的人」，但「英人顯然沒有上當」，可即便如此，雙方仍有情報上的交流。[27]

正當英方嘗試釐清三軍聯絡處和英軍服務團的權限，且處理和中共的關係時，日軍在中國發動「一號作戰」，引發一連串的政治和軍事影響，並從根本上改變了英美在華南的情報工作和特種作戰態勢。

1944 年 4 月中，日軍從北面渡過黃河大橋，開始進攻河南，陸續攻陷許昌、盧氏縣等地。其時，英國駐華武官金士刁因不理解日軍正在大規模進攻，離開中國到英國和印度進行一連串關於中國戰區將來安排的會議。至 5 月底，日軍攻陷洛陽，華中的日軍亦開始進攻湖南長沙，並於 6 月 18 日占領長沙。長沙以南約 150 公里的衡陽，是第 14 航空隊的主要基地，亦迅速被日軍包圍。中美空軍被迫放棄該地，其守軍則堅持到 8 月初。約在長沙淪陷時，金士刁才回到中國，此時只能指示身在桂林的賴廉士「見機行事」，

23 "Hooper to Grimsdale," 7 April 1944, Australian War Memorial Collection, PR82/068/2/7, p. 3; "Far East Theatre Office Report, June 1944," National Archives and Records Administration, RG 226, NM54, pp. 2-3.
24 "Monthly Report May 1944," 23/5/1945," National Archives and Records Administration, RG 226, A1 99, p. 12.
25 "Far East Theatre Office Report, July 1944, AGFRTS," National Archives and Records Administration, RG 226, A1 99, pp. 1, 4.
26 "Far East Theatre Office Report, August 1944, AGFRTS," National Archives and Records Administration, RG 226, A1 99, pp. 5-6.
27 "Monthly Report May 1944," 23/5/1945," National Archives and Records Administration, RG 226, A1 99, p. 2.

要求他和桂林的國民政府代表保持緊密聯絡。[28] 由此提示可以看出，金士刁最擔心者，仍然是英軍服務團是否會被國民政府方面指責和中共合作，使國民政府更為倒向美方，甚至不讓英方情報人員繼續活動。

　　日軍攻陷衡陽後，本來計劃繼續進攻柳州和桂林，掃蕩第 14 航空隊的基地，但由於日軍在衡陽消耗不少物資、彈藥和人馬，因此暫停進攻。此舉反而使國軍和英美軍方面產生錯誤的安全感，認為日軍已停止進攻。賴廉士認為桂林並不安全，但把英軍服務團的總部撤向後方卻並非易事。當時，英軍服務團在桂林有 20 名英籍官兵、228 名華籍人員及其家人，以及 69 名香港志願連成員的家屬。服務團只有有限的運輸能力，但除了上述 300 多名人員外，尚有大量的物資、裝備，以及檔案必須運走。最重要者，是撤退的政治後果：如英軍服務團先於其他在桂林的中美部隊和機構撤退，它將被指責為臨陣脫逃，使 1941 年末 1942 年初英軍戰敗的回憶再次浮上檯面，英國在華南的聲望將遭到無可挽回的打擊。另一嚴重問題是，撤退方向將無可避免和中國政治扯上關係。當時，廣西雖然屬於國民政府控制範圍，但桂林行營主任李濟琛（1885-1959）仍有不少影響力，而且他和蔣中正並不合拍。如日軍占領桂林和柳州，將會把廣西一帶和其他國民政府控制範圍分割，因此英軍服務團的總部如繼續往西北撤退到國民政府的控制範圍，那麼它將難以維持和廣東、香港的聯絡。但如果服務團把總部撤往廣西軍的控制範圍，則可能碰觸到該地軍政機關和國民政府關係微妙的情況。因此，賴廉士不採用撤退，而是儘量把必要的物資送到各前線基地，並勸喻華籍人員將其家人送到後方。[29]

　　日軍威脅長沙和衡陽時，盟軍內部出現風潮，牽動中英美三國，形勢一時極為混亂。蔣中正的參謀長史迪威希望借此機會成為中國戰區所有軍隊的

28　Lindsay T. Ride, "Report on the Activities of a M.I.9 Organization Operating in South China," Australian War Memorial Collection, MSS0840, pp. 64-70.

29　Lindsay T. Ride, "Report on the Activities of a M.I.9 Organization Operating in South China," Australian War Memorial Collection, MSS0840, pp. 64-70; Edwin Ride, *BAAG: Hong Kong Resistance, 1942-1945* (Hong Kong; New York: Oxford University Press, 1981), p. 248.

最高統帥，並要求總統羅斯福向蔣施壓，要他交出軍權。另一方面，廣西的李濟琛態度曖昧，盟軍情報機構則謠言滿天飛，互相指責對方和中共或勾結李濟琛，離間對方和重慶方面的關係。據美國戰略情報局報告，賴廉士供稱其主要對手三軍聯絡處的譚臣已經和李濟琛結成聯盟，甚至承諾向其提供兩個空降師的兵力，以協助李濟琛穩住廣西。譚臣有否作此荒謬承諾，頗成疑問；賴廉士會否向美軍情報人員作此供述，亦不太可能。可是，美方指責英國在廣西的情報機構正全力策動廣西獨立。這個指控甚至使英國駐華大使館武官金士刁向賴廉士發出嚴厲指責，要他不要和「桀驁不馴的政治領袖」進行政治遊戲，直言此舉將影響中英關係。英國駐華大使館甚至派出一等祕書到桂林實地了解情況。調查結果是賴廉士並無進行顛覆活動的嫌疑，遂請求後者繼續向重慶大使館報告當地政治動向。[30]

1944 年 9 月初，日軍繼續前進，占領零陵，距離桂林少於 200 公里。賴廉士離開桂林到前線的全縣（全州）視察時，發現該地守軍困守縣城，但其他通往桂林的道路卻無人防守。他隨即回到桂林，命令英軍服務團的總部人員離開桂林，西撤至柳州以西的宜山（今之宜州，與桂林直線距離為 180 公里）。廣西省政府亦於 8 日通知桂林進行疏散，城內的英美軍機構亦陸續撤退。為免予中方口實，賴廉士則和少數人員留在桂林，並組織人員到前方破壞橋樑和鐵路，嘗試遲滯日軍的前進。因此，當邱吉爾的個人特使德維爾（Adrian Carton de Wiart, 1880-1963）中將於 9 日抵達桂林時，剛好是各路人馬自桂林撤退之時。他同意賴廉士的計畫，並協助他和美軍的格連（Edgar E. Glenn, 1896-1955，第 14 航空隊參謀長）和韋森（Clinton D. Vincent, 1914-1955，第 68 混合聯隊司令）兩個准將聯絡，後者為賴廉士提供交通和炸藥。

其後，賴廉士即和地空技術處在桂林的史密斯（E. D. Smith）少校制訂計畫，並指揮英軍服務團和地空技術處的人員，在興安縣和桂林之間的道路

30　Lindsay T. Ride, "Report on the Activities of a M.I.9 Organization Operating in South China," Australian War Memorial Collection, MSS0840, pp. 65-66.

進行爆破工作。[31] 第 14 航空隊又把炸藥從各地運到桂林，包括一批本來已由桂林撤至柳州，屬於英國陸軍使團的炸藥。9 月 15 日，賴廉士的小組（共六名英軍軍官和一名地空技術處軍官）開始行動。[32] 當時尚在桂林的第四戰區司令張發奎（1896-1980）非常滿意賴廉士的爆破行動，因此請他再組織一隊爆破隊，負責桂林東南約 150 公里外的八步至荔浦一帶。賴廉士提到由於這個行動，英國在桂林的聲望「達到前所未有的高度」，他甚至被邀請參加 10 月 10 日的國慶儀式，並與守軍司令和戰區副司令一同向駐軍致詞。[33] 看見英軍服務團的人員取得不少成績，總部本已撤往貴陽的美軍地空技術處亦自行組織人員，在桂林附近進行爆破。

　　與此同時，英國在華情報體系再次因為金士刁和賴廉士缺乏信任而自亂陣腳。10 月中，金士刁從倫敦返回中國，即要求賴廉士到昆明和他見面，討論英軍服務團的改組安排。可是，賴廉士正於桂林前線指揮爆破行動。他在戰後的報告中提到，如他選擇利用為數不多的車輛前往昆明，服務團餘下的人員撤離桂林時車輛將不足。因此，賴廉士決定中止爆破行動，將任務交給地空技術處，然後於 18 日和所有服務團的人員離開桂林。雖然英美特種作戰人員的行動，加上國軍的抵抗和中美空軍的支援，一定程度上遲滯了日軍的進攻，但始終未能有效阻擋日軍的攻勢，因此日軍於 11 月 11 日占領桂林，而桂林西南的日軍亦於 12 日占領柳州。至此，盟軍和國軍在廣西經營多年的陸空軍根據地，幾乎全被消滅。[34]

31　Lindsay T. Ride, "Report on the Activities of a M.I.9 Organization Operating in South China," Australian War Memorial Collection, MSS0840, pp. 69-71.

32　Lindsay T. Ride, "Report on the Activities of a M.I.9 Organization Operating in South China," Australian War Memorial Collection, MSS0840, p. 71.

33　Lindsay T. Ride, "Report on the Activities of a M.I.9 Organization Operating in South China," Australian War Memorial Collection, MSS0840, p. 72. 可是，地空技術處在 1944 年 10 月的報告卻聲稱其一名軍官「被派到一個部隊」負責進行破壞工作，沒有提及英軍服務團的番號。見 "Far East Theatre Office Report, September 1944, AGFRTS," National Archives and Records Administration, RG 226, A1 99, p. 1.

34　Lindsay T. Ride, "Report on the Activities of a M.I.9 Organization Operating in South China,"

　　1944 年是英美情報和特種作戰部隊在中國的勢力此消彼長的分水嶺。1944 年初，美軍雖然坐擁控制「租借法案」物資的權力，但由於史迪威專注於訓練和裝備國軍反攻緬甸，對擴展美軍在中國大陸的特種作戰並無太大興趣，加上美國海陸軍和戰略情報局互不信任而且爭權奪利，美國在中國大陸的情報和特種作戰工作，只有中美合作所和與第 14 航空隊的地空技術處有所進展，其中兩廣地區則只有後者活躍。

　　另一方面，由於擁有較強的地區人脈和大量香港華人的協助，英軍服務團雖然缺乏資源（特別在通訊和交通方面），但其情報工作以及影響力則遠較美軍合乎成本效益。可是，英國方面的情報和特種作戰工作亦受制於內部分裂，其中英軍服務團和三軍聯絡處不斷爭奪情報戰的主導權，後者始終認為它應該負責所有情報戰的工作，而前者則應該專注於搜救工作，但該工作又和美軍的機構重疊。至 1944 年中，日軍的進攻終於威脅湖南和兩廣地區，但不少英美情報和外交人員卻認為日軍將不會深入廣西，多少顯示情報系統雖經營多年，但其成效始終有限。英軍服務團雖然向上峰提出桂林的情況極為危險，但其上峰卻和賴廉士出現溝通上的誤會，還以為後者正支援李濟琛向蔣中正發難。至是年夏末，日軍仍繼續進攻，桂林前線的國軍地面部隊抵抗乏力，中美空軍和特種作戰部隊均嘗試協助防守桂林，於此期間展現極為少見的有效合作。可是，這個情況並沒有持續多長，終因桂林的失陷而結束。

三、英美情報機關在華南的競爭（1945）

　　自 1945 年開始，由於歐洲戰局底定，英美兩國均將注意力轉到亞洲，加上魏德邁來華，英美情報部門在兩廣的競爭更趨白熱化。此時英美在華南的情報機構已無對等關係，地空技術處背後是戰略情報局，其地位比英軍服

Australian War Memorial Collection, MSS0840, p. 73.

務團和所有英國在華特種作戰機構要高，加上美國掌握空運和通訊等關鍵資源，因此英方逐漸落於被動狀態。在此背景下，英國陸軍部、特殊行動執行處，以及外交部再次嘗試改組英國在華的情報和特種作戰機構，以面對美方競爭。

桂林陷落後，英軍服務團和美國的步兵訓練中心、戰鬥司令部，以及地空技術處等特種作戰機構均把其司令部轉移到昆明。至 1945 年 1 月中，缺乏車輛的英軍服務團才順利把人員和物資遷往貴陽，其後再轉往昆明。與此同時，由於廣東的日軍為策應一號作戰亦掃蕩了東江，國軍在香港附近的據點和游擊隊亦不復存在。可是，日軍又隨即收縮戰線，離開部分剛占領的地區，使中共的游擊隊（時稱「東江縱隊」）得以在廣東快速擴張。1945 年 2 月，東江縱隊在東江以南已能控制黃崗、龍崗等村落，在廣東西南則已控制中山等地，而國軍的正規軍只能被日軍驅逐到離廣州和香港更遠的區域。[35] 在英軍服務團忙於撤離重組時，地空技術處則在東江地區繼續活躍。在 1944 年 9 月，服務團從曲江的基地後撤，地空技術處則繼續在當地附近利用無線電和空投物資運作，前者則沒有上述工具。地空技術處當時已能從東江縱隊收集情報，並為其提供物資。[36] 11 月，地空技術處提到其人員（一名懂得粵語，在廣東工作的長老教會牧師）已開始和港九大隊合作。[37] 可是，由於日軍推進，即使地空技術處亦難以於 1945 年初和它在香港的人員聯絡或收到情報。[38]

在撤退期間，英美情報機構繼續運作，其中英軍服務團在移動中仍在印刷《桂林情報彙編》並將之分送第 14 航空隊和其他部隊，並未因為轉移司

35　Commandant BAAG to HBM Military Attaché, "Chinese Communists in Kwangtung," Australian War Memorial Collection, PR82/068/2/56, p. 1.

36　"Far East Theatre Office Report, September 1944, AGFRTS," National Archives and Records Administration, RG 226, A1 99, pp. 4-6.

37　"Far East Theatre Office Report, November 1944, AGFRTS," National Archives and Records Administration, RG 226, A1 99, p. 4.

38　"Summary of OSS Activities during January 1945, AGFRTS," National Archives and Records Administration, RG 226, A1 99, pp. vii-viii.

令部而中止。撤到昆明後，英軍服務團即打算重組其前方據點，以整理其情報和救援工作。服務團分為東、西兩組，其中東組（BAAG East）由何伯中校率領，前往曲江重建前線基地，但由於日軍仍在該地附近活動，東組最終落戶惠州東北約 175 公里的興寧。1942 年中至一號作戰前，惠州是英軍服務團的前線基地，該地與香港只有約 80 公里，消息傳遞不難。興寧卻與香港距離約 250 公里，加上服務團仍不能使用電臺，使其交通頗感困難。西組以昆明為基地，其前線指揮所由於受一號作戰影響較少，可以繼續在麥伊雲的指揮下於香港以西 190 公里的恩平繼續活動。

　　1945 年 1 月，英方開始研究在中國進行情報和特種作戰工作的問題。最初的安排是由在重慶的特使德維爾中將負責統籌所有這些機構，但倫敦的參謀長委員會認為此舉可能影響英國政府和蔣中正的關係，因此未有實行。[39] 同時，倫敦亦決定以三軍聯絡處取代英軍服務團成為情報工作的主力；英軍服務團被指示要停止進行「純粹的」情報工作，即獨立於搜救任務的情報工作。服務團的情報資格亦被降低，只能接收和它行動相關的情報，亦只能經三軍聯絡處批准才可以向第 14 航空隊共享這些情報。這個安排，明顯是要把英軍服務團和第 14 航空隊的合作關係中斷，使前者不能再享受第 14 航空隊在交通和通訊方面的援助，變相提高了三軍聯絡處在英美情報系統的地位。因此，《桂林情報彙編》自 2 月底開始不再包括任何軍事情報，只餘下和戰俘和逃脫相關的資料。賴廉士對此安排極為不滿，他在戰後寫道：

> 這個安排……對我們與美國人的合作影響很壞。我們的友好關係，是基於個人友誼，以及我們的情報對他們的幫助，這些（使我們和美國人）得以克服我們沒有官方身分的障礙……

> 新安排使這個已經存在兩年的互惠關係終結，此事不幸地發生於

39　"Extract from COS (45) 52th Meeting," 26 February 1945, *Clandestine organisations in China and Indo-China*, FO 371/46196, TNA.

> 美軍正需要更多關於華南在日軍控制下的海灘、道路、通訊、食
> 物，以及木材儲備等情報的時候。我們不能提供這些情報，立即
> 使美國人覺得『他們不願合作』，尤其昆明的三軍聯絡處人員不容
> 許我們把情報（和美軍）共享；他們堅持要先把情報送到印度集
> 中，再（以他們的名義）送回中國（供美軍）使用。[40]

自此，他提到服務團即不能再得到美國陸軍航空隊協助運輸物資和人員，且被美國人公然視為「窮表親」。另一方面，美國戰略情報局的人員則可以享受美國陸軍航空隊的空運，亦可以使用無線電而毋須顧忌國民政府或地方軍政機構的態度。

正當英國的情報機構仍在爭權奪利之時，美方於 1945 年初即全面整理擴張其情報和特種作戰機構。是年 1 月初，美國駐華大使赫爾利向總統羅斯福提交報告，直斥英軍服務團只是英國在華攪局的機構，不但阻礙美軍抗日，更打算長期分裂中國。[41] 魏德邁抵華後不久，即命令詳細調查所有英美在華情報和特種作戰機構，並要求這些機構均向他負責。據稱，他召集所有英美在華的情報和特種作戰部隊主官開會，會上他「像個粗魯的校長面對一班頑皮學生」一樣，聲言他們所有計畫必須得到他和國民政府軍令部第二廳廳長、軍統局高層鄭介民的同意，才可以實行：「我要你們的手下不要再耍花樣。我要你們親自負責⋯⋯如果你們的活動和相關人員進行未經批准的活動，他們將被趕出這個戰區。」[42] 由於魏德邁要求調查、統整在華情報機構，美國戰略情報局可謂最大贏家，其與第 14 航空隊私下商議的地空技術處成為正式單位，且在中美合作所的名號下加派人手入華工作。

---

40 Lindsay T. Ride, "Report on the Activities of a M.I.9 Organization Operating in South China," Australian War Memorial Collection, MSS0840, p. 77.

41 "Hurley to the President," 1 January 1945, Australian War Memorial Collection, PR82/068/17/3, pp. 1-3.

42 Charles Cruickshank, *SOE in the Far East* (Oxford; New York: Oxford University Press, 1986), p. 161.

　　美國戰略情報局在華北和華南成立兩個基地，開始利用美國在資金、物資、運輸和通訊的絕對優勢，在中國各地推進情報和地下抵抗活動。據賴廉士稱，戰略情報局在兩廣地區（部分以地空技術處名義），進入日軍戰線後方的地區，與利用日本一號作戰在廣東擴張的東江縱隊展開合作，同時提供中共裝備武器。[43] 此外，美軍在昆明成立和英軍服務團相類似的機構——「空地支援組」（Air Ground Aid Section, AGAS，在中國稱為 MIS-X），負責搜救美軍飛行員。[44] 此時美國戰略情報局在報告中直指英軍服務團阻礙美軍影響力擴張。[45] 據賴廉士稱，為消弭英國在華擴張機會，魏德邁以戰況吃緊為由，將英國飛機進入中國限制為每星期六架次；但這些飛機要負責供給所有英國在華機構和部隊，根本不足應付，更不可能進行調遣人員或運送急件等任務。[46]

　　在英軍研究改組其在華情報和特種作戰機構時，1944 年 12 月到任特殊行動執行處的戴維士（Derek Gill-Davies, 1913-1974）中校，重提由英國組織和建立游擊隊之議。戴維士曾參與 1942 年的 204 使團，來華主要工作是指揮英軍在中國海岸情報工作，掩護身分為英國駐華大使館武官。他當時認為中方前線人員不願合作，是因為不想平靜的戰區生變，但他仍認為組織英軍率領的游擊隊在中國大有可為。

　　戴維士提議在中國組織 30,000 人的「馬其」（Maquis，德國占領法國期間的反德反維琪游擊隊統稱），在日軍的後方大肆破壞，支援盟軍的反攻。其時特殊行動執行處在中國已運作三年多，竟然會提出如此浮誇的提案，而且是出自戴維士之口，一位曾在中國境內有過實際游擊戰的英軍人員。對於

43　Lindsay T. Ride, "Report on the Activities of a M.I.9 Organization Operating in South China," Australian War Memorial Collection, MSS0840, p. 95.

44　Lindsay T. Ride, "Report on the Activities of a M.I.9 Organization Operating in South China," Australian War Memorial Collection, MSS0840, p. 79.

45　"China Theatre Monthly Report February 1945," National Archives and Records Administration, RG 226, A1 99, p. 1.

46　Lindsay T. Ride, "Report on the Activities of a M.I.9 Organization Operating in South China," Australian War Memorial Collection, MSS0840, p. 87.

他的這個建議，不適合驟然認定此時的英國對中國缺乏理解或無知，而應從世界戰局的背景理解。當時歐洲戰爭已近尾聲，法國和低地國家已幾乎完全解放，特殊行動執行處擁有大量剩餘人員和物資，其指導者自然轉向亞洲思考出路。正如特殊行動執行處的首腦、英國經濟戰部部長帕爾默（Roundell C. Palmer, 1887-1971，第三代塞爾伯恩伯爵）在 1945 年 3 月向邱吉爾指出，他手下有些軍官「曾接受游擊訓練三年而且被證明是出色的游擊隊領袖」，因此只需「有限的空運」，即可在對日戰爭中發揮作用。[47]

另一方面，對部分擔心美軍完全主導中國戰區的國民政府高層而言，鼓勵英國增加對中國戰區的投入確是可取的策略。因此，這個計畫一開始竟得到軍令部鄭介民的支持。[48] 然而這項計畫對在中國一直從事情報工作的英軍人員而言，卻顯得極為荒謬。金士刁在其自傳中寫道：

> 要實行這個計畫，估計需要 3,500 架次的達科他（C-47 Dakota 型運輸機）把武器和其他裝備由印度經「駝峰」運到昆明……在上海這些地方，當地人有這樣那樣的家庭和幫派恩怨，為 20,000 個當地人提供武器，自然使當地子彈橫飛，但顯然不會對敵人造成傷害。魏德邁跟我談到這個異想天開的計畫時，說他如果可以騰出 3,500 架次的達科他運輸機，他將為陳納德的空軍提供更多汽油和炸彈。這個計畫自然未有實行，但設想這個計畫的相關人等脫離現實的程度，實在頗令人驚訝。[49]

金士刁未參與其後的討論，因此只知道 1945 年 1 月最初提出時的大概計畫，可是也反映了其他部門對此計畫的態度。

---

47 "SOE in the Far East," *Clandestine organisations in China and Indo-China*, FO 371/46196, TNA.

48 "Para-Military and Subversive Operations in China," *Clandestine organisations in China and Indo-China*, FO 371/46196, TNA.

49 Gordon Grimsdale, *Thunder in the East* (unpublished memoir of Maj. Gen. G. Grimsdale), Imperial War Museum Collection, Documents.8521, p. 235.

　　由於帕爾默向邱吉爾指出這個計畫將有助收回香港，邱吉爾即指示詳細研究。[50] 1945 年 3 月，英國的聯合情報委員會（Joint Intelligence Committee）討論改組在華情報和特種作戰工作時，再次提出修正後的計畫。當時在會議上的共識是，在決定任何實際安排前應先決定這些工作的目的。特殊行動執行處指出中國戰區始終是美國主導的戰場，如計畫不能呼應中美軍的反攻行動，將不會得到他們支持。但特殊行動執行處認為，不能把中國戰區視為只能有美軍參與的戰場，因為英國在華利益廣泛，其殖民地香港仍在日軍手中，因此英國在軍事上參與並非師出無名。特殊行動執行處又判斷中方未必願意被美國操控，因此仍然希望英方參與，且提及軍令部的鄭介民和副參謀總長白崇禧（1893-1966）曾表示歡迎英方在華有更多參與，其中鄭介民還明白表示希望英國參謀長委員會知道他支持這個計畫。特殊行動執行處提到，由於魏德邁強調英美在華的情報和特種作戰工作只能和戰爭有關，而且要得到他和中國政府的批准，因此最有可能進行的工作，就是訓練游擊隊支援中美兩軍作戰，而選擇廣東是因為英軍服務團在該地已建立一定信譽，其人員亦有相當經驗。因此，特殊行動執行處提出利用已經在中國的英軍服務團和特殊行動執行處（即 136 部隊）的人員為核心，成立一個新組織，一方面繼續服務團的情報和搜救工作，另一方面在兩廣和香港鄰近地區建立游擊隊。計畫提到空運問題，指出其實並不需要大量駝峰噸位，只需 553 架次的運輸機，或只是魏德邁手上每月 37,000 噸配額中的 120 噸。鑑於先前的後勤安排為人詬病，該計畫又特別指出如魏德邁將軍仍反對投入飛機，則可先以小規模試驗，遂暫用 7 架飛機運作一段時間。[51]

　　特殊行動執行處提出的這個建議，遭到幾乎所有部門的反對，如英國陸軍部、東南亞總司令部，以及印度陸軍總司令部均反對計畫。由於印度陸軍

50　"SOE in the Far East," *Clandestine organisations in China and Indo-China*, FO 371/46196, TNA.

51　"Para-Military and Subversive Operations in China," *Clandestine organisations in China and Indo-China*, FO 371/46196, TNA.

總司令部視英軍服務團為其直屬部隊，自然反對其人員用於戰時經濟部的作戰計畫。東南亞總司令部則指出在美國參謀長委員會撐腰下，魏德邁根本不會讓英軍使用美國飛機。英國軍事情報局則以阻礙其華南沿岸的情報工作為由，予以反對。[52] 1945 年 3 月底，英國陸軍部提交報告，整理了所有英國在華情報和特種作戰機構的情況。該報告特別提到「時至今日，英軍服務團已極為成功，救助了 130 名英美軍民、350 名印度人，以及數千名華人。在執行任務時，英軍服務團在廣東和廣西的民眾之間建立了極大的信心和好感。實際上，如果沒有上述兩者，很難想像這類機構可以在該地運作。」[53] 陸軍部把服務團的成功歸功於三個因素：為華人提供醫療支援、使用英國的資金在兩廣進行賑濟；照顧為英國服務的華人。[54] 外交部詢問駐華大使薛穆和德維爾的意見，兩者首先認同有必要整理英國在華的情報和特種作戰工作，但均反對計畫，表示計畫過於龐大，而且魏德邁不會允許使用如此數量的飛機，加上英軍服務團和軍事使團的任務不應受特殊行動執行處指揮（他們把「集中資源」看成是特殊行動執行處的陰謀）。可他們認為如果要使蔣中正贊同行動，則不應愚蠢地嘗試隱瞞英國有意借此收回香港的計畫。[55] 可是，他們認為可先以小規模實行。顯然，來自兩人的最大阻力，除了美方態度外，恐怕是特殊行動執行處會否借計畫大肆擴張。

　　特殊行動執行處的麥肯齊嘗試遊說薛穆和德維爾，後者則反客為主，反對將特殊行動執行處和英軍服務團的資源共用，但又提出可以由服務團的賴廉士指揮整個計畫，又指印度總司令部方面已經同意。他們指出如果魏德邁始終否決計畫，即代表美方從根本上反對任何英國的半軍事組織在中國大陸

52 "Office to Chungking," 29 March 1945, *Clandestine organisations in China and Indo-China*, FO 371/46196, TNA.

53 "British Agencies in China," 29 March 1945, *Clandestine organisations in China and Indo-China*, FO 371/46196, TNA.

54 "British Agencies in China," 29 March 1945, *Clandestine organisations in China and Indo-China*, FO 371/46196, TNA.

55 "Seymour to FO," 30 March 1945, *Clandestine organisations in China and Indo-China*, FO 371/46196, TNA.

活動。[56]

當時，英美聯合參謀首長聯席會議已決定將來的作戰計畫，如中國戰區發動反攻，其目標亦包括廣州和香港，因此倫敦的參謀長委員會認為有必要盡快改組英國在華組織，以免完全由國軍占領香港。最終，參謀長委員會決定採納聯合情報委員會的建議，把英國在中國的情報和特種作戰機構改編成理論上由中央控制的「英國駐華陸軍（British Troops in China）」，並於4月20日通知薛穆和德維爾。[57] 其時，英國駐華武官金士刁被調走，取而代之是來自在戰爭期間少有實戰經驗的將官海斯（Eric C. Hayes, 1896-1951）少將。海斯與自1920年代末即參與中國情報工作的金士刁不同，海斯沒有中國經驗，在戰爭期間也一直出任閒職。這個調動表面看來匪夷所思，但實際上可能是因為當時英國政府，認為邱吉爾的中國特使德維爾中將可以在背後「垂簾聽政」，因此海斯只是用來裝潢門面的角色。金士刁雖然和賴廉士意見不時相左，但總體仍支持英國服務團的活動，只是擔心服務團會否因為和地方強人或中共關係太接近，而惹怒國民政府。相比之下，海斯則與賴廉士相處不睦，海斯認為他只是執行倫敦的決定。

有見英方蠢蠢欲動但內部尚未完成整理，美方即向英國在華情報和特種作戰機構先下手為強。早於魏德邁到任初期，已多次拒絕金士刁請求用飛機為華中的英國軍事使團的訓練學校補給。[58] 他在2月回美述職時，拒絕了英方邀請他在回程時路經倫敦和參謀長委員會開會，討論英國情報和特種作戰部門在華安排，並在華盛頓嘗試說服在英美聯合參謀首長聯席會議的英國代表團長威爾遜（Henry M. Wilson, 1881-1964）元帥，希望英方把中國

---

56 "Seymour to FO," 4 April 1945, *Clandestine organisations in China and Indo-China*, FO 371/46196, TNA.

57 "WO to MACHIN," 16 April 1945, *Clandestine organisations in China and Indo-China*, FO 371/46196, TNA.

58 "BMM Chungking to SACSEA," 4 January 1945, *Clandestine organisations in China and Indo-China*, FO 371/46196, TNA.

戰區和泰國及中南半島的情報和特種作戰工作交給他控制，但遭到拒絕。[59]
當時，魏德邁向美國駐華大使赫爾利聲稱英國在中國的活動對抗日戰爭全無
效益，只是英國為了維持在華利益和影響力的行動。他甚至要求英軍服務團
每星期透過海斯向其報告其服務團所有軍官的去向。[60] 4 月底，他召見海斯
少將，聲稱陳納德向他報告，指英軍服務團數月以來只曾救助一名美軍飛行
員，詰問英軍服務團所謂協助中美兩國抗日的作為。[61] 海斯反駁指出單是 2
月至 4 月間已有九名飛行員因英軍服務團而獲救，而且服務團長期協助身在
日本占領區的盟軍戰俘。魏德邁轉移話題，指希望服務團將來可發揮更大角
色，否則將難容於戰區內。魏德邁極不客氣，直指如果英方有飛機和汽油，
則應協助阻止日軍對芷江的進攻，而非將之用於擴大其情報組織。他對海斯
直言對特種作戰興趣不大，希望以「直接行動」擊敗日本。[62]

　　魏德邁把英國服務團視作單純的救援飛行員組織，並將之和空地支援組
比較，認為服務團規模不必要擴大，顯然打算借作戰需要為名，把英國的半
軍事組織趕走。德維爾也承認，在美方完全控制後勤的情況下，已難以維持
英軍服務團的規模，更遑論實行特殊行動執行處的計畫。[63] 海斯直言：「現
在我們要和魏德邁解決的是空運問題。」[64] 當時，空地支援組在兩廣地區擴
張，雖然表面上和英軍服務團劃出負責區域，並把香港附近的地區留給服務

59　Gordon Grimsdale, *Thunder in the East* (unpublished memoir of Maj. Gen. G. Grimsdale), Imperial War Museum Collection, Documents.8521, p. 238.

60　Lindsay T. Ride, "Report on the Activities of a M.I.9 Organization Operating in South China," Australian War Memorial Collection, MSS0840, p. 80.

61　"Military Attaché China to C-in-C India," 30 April 1945, *Clandestine organisations in China and Indo-China: withdrawal of British troops in China*, FO 371/46197, TNA.

62　"Military Attaché China to C-in-C India," 30 April 1945, *Clandestine organisations in China and Indo-China: withdrawal of British troops in China*, FO 371/46197, TNA.

63　"Military Attaché China to C-in-C India," 30 April 1945, *Clandestine organisations in China and Indo-China: withdrawal of British troops in China*, FO 371/46197, TNA.

64　"MA China to SACSEA," 5 May 1945, *Clandestine organisations in China and Indo-China: withdrawal of British troops in China*, FO 371/46197, TNA.

團，但其前線指揮官卻毫不避諱地於英軍服務團範圍內運作。[65]

　　印度總司令部認為海斯對魏德邁的態度頗為軟弱，指出英軍服務團對收復香港至關重要，因此即使空運受限，亦要維持現有規模，同時提到服務團為華南和中緬印戰區的盟軍提供不少有用情報，因此不應把英軍服務團與只負責搜救的空地支援組比較。印度總司令部要海斯少將和魏德邁會面時應指出這些要點，頗有責怪海斯的意味。[66] 印度總司令部顯然得到盟軍東南亞戰區司令部撐腰，指出「英軍服務團的成功主要歸功於賴廉士上校的人格與個性，他戰前是個醫生，多年來和不少華人有緊密聯繫而且深得他們的信任」。[67] 印度總司令部特別提醒海斯不要忘記英軍服務團早已被美方容許存在，而且其戰時工作除了救助美國飛行員外，亦包括和日軍占領範圍內的盟國戰俘和平民聯絡。[68] 陸軍部亦同意盟軍東南亞戰區司令部和印度總司令部的看法，但加上要小心隱藏英軍服務團的潛在政治任務（即收復香港）。[69] 因此，賴廉士在 1945 年 5 月 19 日出發前往服務團的前線指揮部視察，並和余漢謀（1896-1981）達成使用無線電的協議，但空運問題始終難以解決。[70] 5 月底，印度總司令部向陸軍部提議能否考慮由太平洋方面（即菲律賓）而非昆明為服務團提供補給，因為魏德邁顯然打算趕走服務團。[71] 在其

65　Lindsay T. Ride, "Report on the Activities of a M.I.9 Organization Operating in South China," Australian War Memorial Collection, MSS0840, pp. 80-81.

66　"C-in-C India to War Office," 2 May 1945, *Clandestine organisations in China and Indo-China: withdrawal of British troops in China*, FO 371/46197, TNA.

67　"SACSEA to C-in-C India, BAAG Kunming, MA Chingking, War Office," 2 May 1945, *Clandestine organisations in China and Indo-China: withdrawal of British troops in China*, FO 371/46197, TNA.

68　"C-in-C India to BAAG Kunming, MA Chingking," 2 May 1945, *Clandestine organisations in China and Indo-China: withdrawal of British troops in China*, FO 371/46197, TNA.

69　"WO to C-in-C India," 6 June 1945, *Clandestine organisations in China and Indo-China: withdrawal of British troops in China*, FO 371/46197, TNA.

70　Lindsay T. Ride, "Report on the Activities of a M.I.9 Organization Operating in South China," Australian War Memorial Collection, MSS0840, p. 97.

71　"C-in-C India to WO," 21 May 1945, *Clandestine organisations in China and Indo-China: withdrawal of British troops in China*, FO 371/46197, TNA.

後兩個月，英國政府決定維持英軍服務團，但將之置於新成立的英國駐華陸軍之下，由海斯節制，生效日期被定為 8 月 1 日。[72] 對於前線人員而言，不斷延續的行政改組和計畫使前線人員士氣受到極大影響，正如賴廉士提到：「（這個等待的時間）對部隊不無影響，個別軍官即開始認為他們在中國有所作為的時間即將結束。」[73]

　　在兩廣前線，美方雖然看似擁有絕對優勢，但情勢並非一面倒向美方。英軍服務團在三埠——恩平一帶的指揮官，戰前是香港政府官學生的麥伊雲在他的回憶錄中提到他和他的副手均懂得廣東話，容易得到當地軍民的信任，可以和華籍的情報人員溝通良好，因此建立了一個遍及香港、澳門、廣州、西江，以至廣州灣的情報網。麥伊雲最信任的情報員之一，是一位在美國出生的台山女記者，她戰前即在香港工作，香港淪陷後則為服務團在香港和澳門之間遞送情報。這名女記者除了提供關於香港情報的報告，也曾嘗試調查日軍在珠江口的島嶼的防禦，她有一次在街上被日軍隨機掃蕩捉走，但服務團成功地在她被送往憲兵隊前，賄賂衛兵（麥伊雲聲稱是朝鮮衛兵，但更可能是臺籍、印籍或華籍人員）將她救走。這些人員願意繼續留在服務團工作，其中一個原因是成員之間的密切關係。[74] 麥伊雲提到一事，1945 年初戰略情報局的人員到達西江地區，發現當地游擊隊對美國的人員非常熱情，因為「本地的大哥們知道，在送出現金和裝備而言，我們（英軍服務團）遠不及大方的美國人」。可是，來西江運作的戰略情報局人員竟無一人懂廣東話，又不願英軍人員協助翻譯，只能靠一名由游擊隊找來、自稱「來自廣州的大學教授」協助。美軍人員甚至帶上大量美軍的 K 種野戰口糧（K-Ration），又收到命令不得進食當地食物，所以「當（美軍）各自吃著自己帶來的 K 口糧時，英軍和本地人則正在品嚐蒸石斑、乳豬、魚翅湯、切

72　"BMM Chungking to Adv ALFSEA," 16 July 1945, *Clandestine organisations in China and Indo-China: withdrawal of British troops in China*, FO 371/46197, TNA.

73　Lindsay T. Ride, "Report on the Activities of a M.I.9 Organization Operating in South China," Australian War Memorial Collection, MSS0840, p. 79.

74　"Major C M McEwan," Imperial War Museum Collection, Document 16232, Ch. IV, pp. 6-7.

雞等」。[75] 賴廉士亦提到語言障礙和缺乏當地知識，使戰略情報局在廣東找
到的人員並不十分可靠，而即使美方出手極為闊綽，英軍服務團的香港華人
卻不願離開部隊。[76] 正因美軍人員對當地情況並不熟悉，他們在香港及鄰近
地區的工作，如無當地正規軍或游擊隊（不論國共）協助，均難以進行。
至 1945 年春，戰略情報局人員才得以在香港進行首次心理戰工作，他們把
宣傳品張貼在香港街頭，但當時香港已瀕臨饑荒、而且經歷了多次大規模空
襲，日軍的士氣早已大受打擊，這些宣傳實可有可無。[77]

　　不過，英軍服務團在美方壓迫下始終處於下風。1945 年 7 月，地空技
術處人員向海斯投訴，指賴廉士視察前線時散布反美情緒，又指他向第七
戰區的指揮官投訴美國協助中共游擊隊。其後賴廉士發現，美方收買了一
位前線國軍將領的參謀長，使賴廉士和該將領的對話內容全被美方知曉。此
外，地空技術處在興寧的指揮官也指控英軍服務團在當地的指揮官曾向他聲
稱，英國就是要奪回香港。這些報告顯然讓英軍服務團陷入干涉中國內政、
從事政治活動的罪名泥淖，使魏德邁得以在發動進攻廣東和香港前，將服務
團掃除出戰區外。[78]

　　賴廉士在回覆未曾為他辯解的海斯電文上，憤怒地聲稱「如果堅持自己
的正當權利會被視為反美，那我就是全華南最反美之人」。[79] 戰略情報局的
人員得悉英軍服務團華人傳訊員的身分後，即嘗試要求他們協助美軍散布傳

75　"Major C M McEwan," Imperial War Museum Collection, Document 16232, Ch. V, pp.7-8.

76　Lindsay T. Ride, "Report on the Activities of a M.I.9 Organization Operating in South China,"
　　Australian War Memorial Collection, MSS0840, p. 90. 即使美軍亦有類似觀察，參見
　　"British Intelligence Services in China, " 4 January 1945, Australian War Memorial Collection,
　　PR82/068/17/3, p. 5.

77　"Subversion of Japanese Morale in China," 4/1945, National Archives and Records
　　Administration, RG 226, NM54, p. 3.

78　引自海斯致賴廉士的電報，見 Lindsay T. Ride, "Report on the Activities of a M.I.9
　　Organization Operating in South China," Australian War Memorial Collection, MSS0840, pp.
　　97-98.

79　引自賴廉士的回電，見 Lindsay T. Ride, "Report on the Activities of a M.I.9 Organization
　　Operating in South China," Australian War Memorial Collection, MSS0840, p. 99.

單，但賴廉士認為如果那些華員同意合作，服務團即會被指責進行政治宣傳工作。[80] 與此同時，空運問題使賴廉士難以維持服務團在兩廣的地位，特別是中共游擊隊在一號作戰後在廣東大為擴張，並和戰略情報局人員合作。在此期間，海斯只忙於重組一事，未能為賴廉士提供任何協助。賴廉士指出美方人員可以自由和中共合作又可以使用無線電，使英軍人員「頓時給比下去……中方的基層人員對此心領神會，並將我們視為無足輕重。這對我們的工作產生即時影響。」[81]

在補給困難和美方機構的雙重壓力下，賴廉士仍繼續嘗試維持英軍服務團，但他和海斯在 7 月中卻發生正面衝突。海斯認為賴廉士向倫敦投訴他對美方過份妥協，更於 7 月 25 日要求賴廉士離開中國。賴廉士本打算立即離開，但德維爾希望他留下兩個月再看情況作決定。[82] 8 月 8 日，賴廉士從空地支援組得悉該部打算全面接管英軍服務團地區時，他終於「投降」，且向印度總司令部報告「我們不能進入紅軍控制地區，他們（美軍）可以；我們不獲批准使用無線電，他們可以隨便用；我們不能利用空運以維持前線人員，甚至不能運送足夠物資到前線地區，也沒有飛機運送逃脫者，更沒有人員興建跑道。簡言之，我數月前的預言已成事實，我們不能達到他們（美方）的要求，空地支援組可以做到，所以他們即將取代我們。」他再請求倫敦考慮兩個做法，要麼將服務團隸屬於空地支援組，要麼將之解散，將官兵用作接管香港的行動中。他又提出將自己軍階降為中校，以便和空地支援組合作，或被調離中國。[83] 賴廉士寫下這個電報時，應該還不知道美軍已在廣

80　Lindsay T. Ride, "Report on the Activities of a M.I.9 Organization Operating in South China," Australian War Memorial Collection, MSS0840, p. 100.

81　Lindsay T. Ride, "Report on the Activities of a M.I.9 Organization Operating in South China," Australian War Memorial Collection, MSS0840, p. 80.

82　Lindsay T. Ride, "Report on the Activities of a M.I.9 Organization Operating in South China," Australian War Memorial Collection, MSS0840, p. 102.

83　"C-in-C India to WO, BAS Washington, SACSEA," 10 August 1945, *Clandestine organisations in China and Indo-China: withdrawal of British troops in China*, FO 371/46197, TNA.

島和長崎投下原子彈，更不清楚日本已打算投降。駐華大使薛穆收到賴廉士的報告時，向外交部遠東司司長貝奈德（John C. Sterndale-Bennett, 1895-1969）提到「新型炸彈有可能在短時間內結束戰爭」，因此反對即時採取任何動作。[84]

在美方成功趕走英軍服務團之時，日軍卻在此時投降，情勢一變，服務團得以參與最重要的工作，即維持英國在華南的聲望、並協助英國收回香港。8月10日，日本通過第三國通知盟國打算接受《波茨坦宣言》部分條件。陸軍部於此時即通知印度總司令部，提到應確保賴廉士可以在需要時前往香港，又反對將服務團置於任何美軍序列之下。[85]

一直對美方頗為屈從的海斯少將剛因病回到印度休假，只餘下駐華大使薛穆和特使德維爾在中國，後者則正於昆明。其時，賴廉士已透過136部隊的無線電通知恩平的前線人員準備進入香港，並於11日和德維爾見面，得到他的支持。當英內閣於10日即決定派艦隊接收香港時，英國外交部於13日指示駐華大使聯絡英軍服務團，要該團派員到香港聯絡被日軍拘留的輔政司詹遜（Franklin C. Gimson, 1890-1975）。[86] 美方亦於14日嘗試組織人員到香港，賴廉士以聯絡戰俘為由，要求跟從美國飛機到香港。[87] 恩平和香港沒有無線電聯絡，因此只能以人手傳遞訊息，其人員在23日清晨才抵達。信使三人均非英籍，其中包括長期與服務團合作的華人梁昌和葡人告山奴。計

---

84 "Seymore to Bennett," 8 August 1945, *Clandestine organisations in China and Indo-China: withdrawal of British troops in China*, FO 371/46197, TNA.

85 "WO to C-in-C India, SACSEA, BRITCHIN, BAS, Washington," 14 August 1945, *Clandestine organisations in China and Indo-China: withdrawal of British troops in China*, FO 371/46197, TNA.

86 Lindsay T. Ride, "Report on the Activities of a M.I.9 Organization Operating in South China," Australian War Memorial Collection, MSS0840, p. 106.

87 有關賴廉士和美軍人員在廣州滯留過程，詳見 Lindsay T. Ride, "Report on the Activities of a M.I.9 Organization Operating in South China," Australian War Memorial Collection, MSS0840, p. 107; "Report on Hong Kong-Canton US-British Humanitarian Reconnaissance Operations," Lindsay T. Ride, "Report on the Activities of a M.I.9 Organization Operating in South China," Australian War Memorial Collection, MSS0840, Appendix VIII.

劃任務時，賴廉士特地叮囑澳門的下屬不能驚動空地支援組。[88] 另一方面，載著賴廉士等人的飛機則在廣州被日軍扣起，未能到達香港。[89] 英軍服務團的人員將密令轉交詹遜後，詹遜隨即與日軍接洽，並於香港日軍在 26 日決定向英軍投降後，於 28 日離營建立臨時政府，至 30 日皇家海軍艦隊回港接收。8 月 18 日，面對中英兩國的遊說，美國總統杜魯門（Harry S. Truman, 1884-1972）決定容許英國接收香港，兩廣的空地支援組人員未參與香港的行動。由於英軍服務團的網絡仍然有效，加上華盛頓的決定，魏德邁數月以來擠走英軍服務團的計畫，最後卻以服務團人員先回香港，協助英國重奪香港結束。

綜觀 1942 至 1945 年間英美情報和特種作戰部門在兩廣地區的合作和鬥爭，可見中緬印戰區在指揮體系和後勤方面的特殊性不但影響盟軍作戰，亦對中、美、英三國在亞洲和中國的勢力消長有重要影響。太平洋戰爭初期，英美兩國均無力無暇在中緬印戰區進行大規模的情報和特種作戰工作，英國方面雖然有相關的準備，但其正規的特種作戰機構卻因為和中方未能有效合作已未有太大效果。反而由於賴廉士和個別逃離香港的軍民的努力，英國在兩廣維持了一定規模的半軍事組織英軍服務團；不但使英軍得以聯絡身在日本占領區的盟國戰俘和被拘留平民，日後逐漸成為華南情報機構中頗有效率者。究其原因，英軍服務團能在華南動員廣泛的人脈，其中包括大量身在香港或逃難到中國大陸的香港居民，而且能和當地的中國軍政機構維持良好關係，其中包括中共在粵南和香港西貢的游擊隊。英軍服務團也為中美空軍提供情報，雙方發展了非正式的合作關係。1943 年中起，美國的戰略情報局與軍統局展開合作，但美軍在華最高指揮官史迪威對特種作戰興趣不

88　"Ride to DMI and Cartwright" (13 August 1945), Lindsay T. Ride, "Report on the Activities of a M.I.9 Organization Operating in South China," Australian War Memorial Collection, MSS0840, Appendix VII, p. 2; "Message to Y.C. Leung," Hong Kong Public Records Office, HKMS 30.

89　Lindsay T. Ride, "Report on the Activities of a M.I.9 Organization Operating in South China," Australian War Memorial Collection, MSS0840, pp. 109-110.

大，因此美方在華南的活動雖有進展，但英美雙方的情報和特種作戰活動處於各自為政的階段，最大的問題反而是各自陣營內不同部門的爭權奪利。

可是，1944 年日軍發動一號作戰，使華南形勢一變，加上太平洋戰局對美國有利，美方即開始加強在華南地區的情報和特種作戰工作，並利用駝峰空運的配額擠壓英國機構在華的生存空間。由於在中緬印戰區美國主導中國大陸的後勤，英國此時才發現在華南的工作將處於下風。正當英美展開始出現競爭之時，日軍的進攻卻迫使雙方暫時合作，並在保衛桂林的戰鬥中發揮作用。可在桂林淪陷後，雙方的競爭隨即進入白熱化。在 1945 年，由於魏德邁來華，加上英國陸軍部、特殊行動執行處，以及外交部再次嘗試改組英國在華的情報和特種作戰機構，英美情報部門在兩廣的競爭更趨激烈，最後以美國全面接管華南地區的情報和特種作戰活動告終。然而日軍在 1945 年 8 月突然投降，給了英國「反擊」的機會，利用其情報部門的地緣重奪香港，達成英國在華南工作的最重要目標。

第七章
結論

　　國民政府面對日本 1931 年以來的步步侵逼，雖努力與之周旋，並藉國際力量介入尋求避戰，但知中日戰事一起，中國沿海口岸勢必遭日軍封鎖，西南將成重鎮，其對外路線至關重要，是以在抗戰爆發前已著手調查。1935 年曾養甫銜命赴雲南考察，事後雖有開通西南國際路線之議，但迫於現實無法啟動，然而西南的對外關係已受到重視。1937 年 2 月受蔣中正青睞的王芄生，提交了「對日側面工作計畫大綱」，向蔣中正自薦擔任情報工作，並希望安插於與對日外交無關的部會工作，以利掩護。抗戰爆發不久，8 月初蔣中正即派時任交通部次長的王芄生赴中南半島考察。王芄生此行的收穫：一、促請法越當局同意中越鐵路運入軍火但不洩露消息；二、評估開通中緬公路勢在必行，建請外交部與英緬當局商議；三、嘗試在越、泰、緬、印等地布置情報網，是日後國研所在東南亞情報量能不容小覷之因。不過，王芄生雖打算與泰國政府商洽修建滇泰公路，因泰國諸多顧忌，雙方並未會面。

　　國研所因王芄生的考察行，有了在東南亞布局先機，但國民政府其他的情報機構也未落後太多，大抵自抗戰軍興起，工作區域開始由國內向外延伸，於香港、澳門、東南亞重要城市陸續建立工作站。1938 年廣州淪陷後，以軍統局為例，加速在東南亞布局腳步，曼谷、河內、仰光、新加坡等工作站約於 1939 年初建置完成。此後情報機構的海外工作站送回大量的報告，尤其關於日本在當地的動態及與當地政權的往來，提供政府參酌。然而 1940 年起日本的南進政策讓這些工作站受到重大打擊，日軍對東南亞的蠶食鯨吞，工作站幾難以維持、甚至遭到破獲。

　　當東南亞相繼淪陷、成為日本占領區，國民政府情報機構必須改弦更

張。其一,徵召因抗戰回國、投入軍旅的東南亞華僑,轉為情報効力。華僑青年在僑居地的人脈、資源,以及熟諳當地語言,正是情報機構所需,遂予羅致、給予短期訓練,隨即派發潛入敵後工作。是以部分華僑青年轉而投身中國南方邊境,甚至潛入東南亞地區從事情報工作,成了戰時另類的情報員。事實上,華僑在二戰時期對中國的貢獻,不單是捐款、獻身軍旅和情報工作,也因專業技術,如由汽車司機和維修技工組成的南僑機工,支援後勤運輸,擔任搶運工作,尤其是參與滇緬公路物資運輸,支持國民政府的持久作戰,這點是過往少被提及的。

　　其二,國民政府情報機構在東南亞受挫後,轉向英屬印度發展。從現有檔案可知,至遲於 1942 年情報機構在印展開工作。軍統局在日本實施南進政策時,即有意在印度部署,1942 年夏應在加爾各答有了工作站。國民黨海外部於 1942 年 4 月向中央委員會祕書處提交「加強緬甸印度工作情形案」,也令原本要派往南洋的海員仍留印協助工作。國研所在印力量雖小,卻是被英國特殊行動執行處評估為對華合作對象。由於英印政府對蔣中正訪印之行有所防範,連帶限制了國民政府的情報工作,因此在印度的情報傳遞,反而是駐印的外交人員才能名正言順地運作。是以駐外機構人員也成了戰時另類的情報員。事實上,此時駐加爾各答總領事館幾乎是軍統局在印度的工作站。

　　此外,國民政府在東南亞發展情報合作,卻對當地政情、民情認識有限,甚或有誤,是其缺失。然而尷尬的是,國民政府處在同盟的英法與東南亞獨立運動者之間,角色頗為微妙。日本 1940 年發動大東亞戰爭,聲稱要帶領亞洲國家從歐美殖民者的手上解放出來,這項主張是獲得東南亞反殖民的獨立運動者支持。這些人士想利用殖民者統治鬆脫之際,如國民政府助其一臂之力,便能趁機獨立。而國民政府一旦態度稍趨近盟國,便被這些獨立運動者視為與殖民者無異。另一邊殖民者——英法,或對國民政府與其殖民政權情報合作感到不安,或對國民政府人員進入殖民地事深具戒心,懷疑國民政府意圖解除其殖民統治,有著建立亞洲新秩序的野心,國民政府往往動輒得咎。

　　過去對二次大戰時期中國與英、美的國際情報合作，大多停留在中統局與英國合作，軍統局與美國合作的刻板印象。此與事實相違，英美的情報機構作法靈活，並不設限。英國特殊行動執行處與國研所合作，在馬、新與當地華人組織過 136 部隊，同樣也找上軍統局合作。英國軍情五處認為戴笠帶領的軍統局是優秀情報組織。美國方面，則是海軍部與戰略情報局共同加入中美合作所。美國戰略情報局有意在中國自行建立情報網，與國民政府合作，也接觸中共，更在華南與英軍服務團互通聲息，同時因陳納德的第 14 航空隊迫切需要即時的情報、氣象資訊等，而私議有了地空技術處（該處是在魏德邁整頓英美在華情報機構時，才正式搬上檯面）。反觀國民政府情報機構，也是與英、美各自合作，圖能發揮最大效能。

　　英美兩國在中國的情報作戰出現不同部門各自為政，是因太平洋戰爭初期英美兩國的領導者均忙於應付歐洲與太平洋戰區，而中國戰區在盟軍的資源與人力順序上幾乎敬陪末座。雖然缺乏上層協調各部門與機構，但這個狀態反而使英美部分機構出於實際需要，在前線建立臨時但有效的合作關係，甚至有助於中美空軍打擊日本占領區的運輸與後勤。但因二次大戰期間中國戰區補給困難，絕大部分時間只能依靠「駝峰」空運帶來有限的補給，英美各情報部門必須爭取表現、並與中方不同機構合作，以獲得資源繼續營運，甚至擴張。這些機構與中方合作時，也面臨中國複雜的內部問題，只能各行其是、各自合作，導致魏德邁抵華後發現在華的情報機構冗雜，不得不予整頓。在英美情報作戰較勁中，雖然美方擁有操控在華後勤物量的優勢且取得指揮權，但美方沒有英方在華南較為深厚的人脈，且擁有熟悉當地、企圖心又強的前線人員，加上 1945 年日軍的匆促投降，因此美方並非真正占據上風。

　　對戰時中國而言，最大打擊來自 1943 年東南亞戰區的出現，將泰、緬、馬、越南的南部劃入新戰區，這導致中國此後失去處置戰後泰國的話語權，同時在中美合作所組織泰越工作隊、為反攻緬甸預做準備時，軍統局也失去參與機會。二次大戰時期中外的情報合作關係是脆弱的，一旦可能危及歐美的殖民利益，中國就遭到排擠、被邊緣化，而其情報機構在合作過程中的努力也往往就此被抹滅。

附錄
1939 至 1943 年王芃生呈報有關日本南進動態情報、緬甸情報、綜合情勢研析摘錄

日本南進動態情報			
項次	日期（發報地）	情報摘要	備註
1	1939/01/10（北平）	敵積極進攻西南，海軍主力艦隊將開往華南沿海，將有大舉犯海南島之勢。敵軍部東方會首領中野正剛之論述，亦主進攻西南，並以奪回西沙群島，遮斷安南、緬甸國際路線，及收回各地各國租界為口號，並主張決不與英法談判以解決中日問題。	1. 國史館典藏號：002-080200-00521-012 2. 傅作義有類似情報，晚於王芃生呈報。王、傅情報均交軍令部參考。國史館典藏號：002-080200-00521-013
2	1939/01/21（上海）	據敵囑託部洩出消息，敵積極準備進攻北海：敵決在北海方面登陸，因各項準備尚未完成，約在本月中或下月初開始行動。	1. 國史館典藏號：002-080200-00521-017 2. 處理：擬電白主任並交軍令部擬電張代長官。
3	1939/01/25（天津）	敵對西南方面近因英法外交急進，似欲施以威脅手段，日來由青島、臺灣南下軍隊頗多，覓地登陸，頗堪注意。	國史館典藏號：002-080200-00521-023
4	1939/02/26（香港）	敵將舉行所謂亞細亞防共懇談會：定今秋九月二十至二十一日在東京舉行，擬請臨時、維新兩偽府、偽滿、偽蒙疆政府，及暹羅、緬甸、阿富汗、菲律賓、印度、波斯、荷屬東印度、法屬越南等派員出席。	國史館典藏號：002-080200-00519-034
5	1939/02/27（仰光）	日企圖挑動世界大戰：敵現乘緬多事，大肆鼓動，並挾暹國法越挑動世界大戰。	國史館典藏號：002-080200-00521-030
6	1939/04/10（天津）	敵擴大反英運動：乙、敵現派大批間諜潛入印度、暹羅、緬甸等地，煽動反抗民主國家，又乘伊蘭太子結婚表親善，藉以離間伊英感情，俾能被敵利用。	國史館典藏號：002-080200-00518-055

日本南進動態情報（續）			
項次	日期（發報地）	情報摘要	備註
7	1939/05/26（上海）	敵決定參加德意軍事同盟：閣議已於二十五日正式決定，仍行參加，如歐戰發生，敵在東亞方面，將擔任新加坡、安南及香港等地之攻略。	國史館典藏號：002-080200-00519-084
8	1940/06/27（香港）	敵佔深圳之作用甲、威脅香港，壓迫英政府停止滇緬路貨物運輸。	國史館典藏號：002-080200-00530-041
9	1940/09/04	傳桂南敵增兵，現築明江至愚店間輕便鐵路，以圖切斷諒山、齒街間之越南軍區。	1. 國史館典藏號：002-080200-00530-060 2. 處理：擬交軍令部。
10	1940/09/20（上海）	倭於九月初續派第五縱隊一百二十人以經商為名混入緬甸調查及鼓吹緬人反英運動。	國史館典藏號：002-080200-00531-073
11	1940/10/01（上海）	敵酋安藤對侵越緬主張：據法方息，敵酋安藤建議倭府重新與越談判，修改現約，建議內容係主張一面談判，一面以武力佔領越南軍事要地及資源區域，以後再謀代管地之實現，深得陸相東條讚許，故採取其建議。又息，安藤並要求解除越軍武裝及法越人應退出越境。安藤對英開放滇緬路，向倭府建議應先向緬施行空襲及政治壓力，必要時當進兵緬甸邊界，使其就範。	1. 國史館典藏號：002-020300-00002-086 2. 筆者注：本條記入1940年10月1日「事略稿本」，典藏號：002-060100-00145-001
12	1940/10/20（香港）	敵諜欲藉泰為侵略南洋根據地：倭諜和知鷹二，自經越入泰後，曾力促泰國提出向越之強硬要求，並託詞援助泰國，建設新海軍，俾泰成為太平洋之海軍國家，現泰國軍隊亦聘有倭軍官佐藤少將等十餘人為軍事顧問，其軍事將逐漸為倭所操縱云。	國史館典藏號：002-080200-00528-096
13	1940/10/11（香港）	敵前後增兵於南洋代管各島嶼兵力約三師團，係準備進攻荷印之用，又越敵對西貢，刻正伺機發動佔領。	1. 國史館典藏號：002-080200-00293-013 2. 處理：擬電鄭介民轉知英方。

日本南進動態情報（續）			
項次	日期 （發報地）	情報摘要	備註
14	1940/10/19 （新加坡）	星洲敵僑首領對三國同盟之悲觀： 據星洲倭「三菱」公司副經理伊東談，倭當前重大危機包括：甲、德意倭同盟將加深日本之禍害；乙、促成美加緊制倭援華；丙、蘇聯遠東空軍足以毀滅倭島。	國史館典藏號：002-080200-00529-071
15	1940/10/25 （上海）	日決向南洋移民，第一期規定向日南洋代管島方面移民五千名，第二期向越泰馬來亞菲律賓等地移民五千名，在出國前，仍使受政治墾殖訓練各一個月。	國史館典藏號：002-080200-00531-089
16	1940/11/20	敵金剛、長門兩主力艦，均已開到瓊島待機，聞俟日泰交涉成功後，即擬開往曼谷準備南進。	國史館典藏號：002-080200-00531-097
17	1940/11/22 （上海）	一、<u>日定十二月一日佔領西貢</u>。 二、<u>敵擬於明春實行南進：據港敵諜洩出，倭南進步驟業已決定，惟發動將在明年二月以後</u>，倭擬先鼓動泰國侵犯越緬，聞倭對越要求之西貢問題及租借軍港、擴大機場等事，越方俟將接受，大約下月中旬可全部解決	國史館典藏號：002-080200-00531-099
18	1940/11/23 （香港）	敵南進兵力及其部署：據敵諜傳，華南日軍六師將派第五師團往海南島協助該省倭軍完成掃蕩工作後，再以<u>第五及第二十八師團負南進任務</u>，近衛師團擔任越北守備，其他各師團駐廣州外圍，另<u>由國內編機械化部隊一師攻緬甸</u>，其部署將<u>在越陸軍分二路，第一路攻仰光，第二路俟第一路攻入仰光後，則經泰攻新加坡</u>，同時海軍則配合在仰獲有根據地之<u>海軍由海南島出擊，並以水雷封鎖香港及菲律賓</u>。	1. 國史館典藏號：002-080200-00531-102 2. 批示：轉軍令部。
19	1941/03/21 （上海）	倭於二月間曾秘密與英國談判，<u>請英犧牲中國，停止一切援華行動，封鎖中國對外出路</u>，俾其解決事變，則願停止南進，並予英國以保證，<u>英國曾表示同意，美國對此極端反對</u>。	國史館典藏號：002-080200-00294-046

日本南進動態情報（續）			
項次	日期（發報地）	情報摘要	備註
20	1941/04/11	關於敵南進情況： 傳敵於三月廿七日在<u>海口舉行南進軍事會議，其議決要點如次</u>： 甲、自四月十日起，實行封鎖海南島沿岸，其封鎖地帶如附圖。 乙、在海口由德人協助編練一機械化師團，併另設一和平國際軍，其司令擬用一為希特拉所利用之英人某，專收編不願為英國犧牲之澳、荷、印、馬來亞及緬甸之士兵。	國史館典藏號：002-020300-00002-105
21	1941/05/05（上海）	<u>敵軍南進軍事準備</u> 一、敵海軍主力奉命向南集中，另以輕快艦艇編成之第四艦隊，亦已馳抵海南島，又敵在西沙群島及海南島之清瀾港等處，以及代管島等處所建之潛艇根據地，現均已完成。 二、<u>敵用作南進陸軍之主力部隊近衛師團、第十八師團、第五師團（現上項敵軍之一部，正使用於浙閩戰役），以及特種部隊</u>，均已於七日奉令開始集中候命，在台灣整訓之敵軍計五萬名，亦待命出動。南進陸軍之<u>最高指揮部</u>，亦於<u>五月一日在海南島成立</u>，并<u>另成立南進參謀團</u>，聘德、義軍事專家四十餘人為顧問。	
緬甸情報			
項次	日期（發報地）	情報摘要	備註
1	1940/03/31（仰光）	前傳倭在仰須採米五十萬噸，依現在所購總計尚不及三分之一，據英人實　公司經理談稱，倭因外匯支絀，已停止購米。	國史館典藏號：002-080200-00531-020
2	1940/05/25（仰光）	最近歐戰擴大，英政府在緬已採取加緊防空組織，及嚴密監視倭僑等預防工作。	國史館典藏號：002-080200-00528-036

緬甸情報（續）			
項次	日期（發報地）	情報摘要	備註
3	1940/05/27（仰光）	敵積極拉攏緬人赴倭：據「太陽報」宇慎、宇巴丹及「理篤報」宇巴雀三人稱，倭最近策動親倭，緬人巴茂赴倭因緬政府拒發護照，故派巴茂自由集團黨徒宇巴印赴倭轉南京及泰國，其目的在考察敵國工商，參觀汪逆偽組織，設法推銷倭貨及調查泰政府之統治法，以便日後代倭向緬人宣傳，新緬報經理宇吞貌亦已赴倭觀光。	1. 國史館典藏號：002-080200-00528-042 2. 附注：戴副局長亦有同樣報告。
4	1940/09/17	駐緬倭領對自由集團之策動：敵駐緬新任領事於九月二日前往被捕判處一年監禁之前總理現自由集團領袖巴茂寓所，訪問其夫人，略稱僉望緬甸不久在世界新秩序下獲得自由，歐西各國勢力，已成強弩之末，正待日緬兩國以平等為基礎通力合作，共謀福利。日政府對巴茂博士之被監禁，不勝扼腕，故命余向夫人及公子等代表慰問云云。	國史館典藏號：002-080200-00528-083
5	1940/11/09（仰光）	緬閣揆宇素宇商務部長擬於月底飛印，此行係簽訂印緬新商約，以加強英帝國集團內之貿易關係。	國史館典藏號：002-080200-00531-097
綜合情勢研析			
項次	日期（發報地）	情報摘要	備註
1	1939/03/04（香港）	張伯倫因羅斯福之鼓勵已願戰。 王芃生註：倭正注視美俄態度及歐局發展情報，在歐局未能以德軍牽制蘇聯，及美艦無由太平洋移調大西洋之行跡以前，將採待機姿勢，英法與德意宣戰，倭海軍或先佔領香港，及安南之東京灣，陸空軍仍待蘇德形勢決定後，方能決定其主力動向。懇鈞座電訓各駐外大公使，密速查報，並與美俄英法密切聯絡	1. 國史館典藏號：002-080200-00520-003 2. 處理：原電已交軍令部。
2	1940/05/24（香港）	倘意大利參加歐戰，而美國態度消極時，倭在遠東將有所行動，倭正在海南瀾洲等島以及桂南趕建海空軍根據地，同時並對泰國大肆活動，倭艦隊近日復在廣州灣舉行演習，一般咸以為<u>將來倭如參戰，其犯安南之可能性較侵犯荷印為大</u>。	國史館典藏號：002-080200-00528-036

綜合情勢研析（續）			
項次	日期（發報地）	情報摘要	備註
3	1940/10/25	轉呈劉曠甫研究報告「美日關係之前途及我國英有之對策（摘要）」，就目前情勢觀之，已可得下列之推論： 一、美國支持英國開放滇緬公路以供給中國軍火資源一事，可視為英美兩國第一次聯合動作。 二、英國似已放棄損人利己即調解中日衝突之意念，除英美確實合作外，美蘇、英蘇關係亦俱見轉好。 目下美報一律主張組織非極權國家之太平洋聯盟，將以中法英美蘇加拿大澳荷葡紐西蘭馬來亞等國組成之，此向同盟，又可視為反日陣線，故太平洋四國（中蘇美英）反日陣線之結成，已有可能，且時機亦已漸臻成熟。	國史館典藏號：002-080200-00528-097
4	1943/06/13（國研所）	「密呈由盟方探獲美蘇對日部署進度及進攻時機之續報並陳愚見敬供參考」：推定美負攻日之主要責任，蘇允藉用西伯利亞一事以有端倪。詢問美發動攻擊時機，倘日本不主動發動攻蘇，在九月底前美不致自動由西伯利亞攻日，理由： 1. 滇緬與中國戰場配合，俟緬甸雨季一過，即先反攻緬甸，打通較短運路；並趁九月以前肅清地中海，屆時向遠東之運路縮短。為求戰略配合，以秋末冬初同時在西伯利亞發動，使敵首尾難應。 2. 因夏季秋初蘇陸軍主力仍須反攻德軍，此際蘇頗慮兩面受敵，即入冬季歐洲壓迫感減輕。 總結及愚見：美蘇如俟秋末冬初發動，則我方宜催促美國勿俟滇緬路打通，應即速增派運輸機以大量軍火、飛機運華，庶能稍有訓練時間，以便趁機呼應反攻。（餘略）	1. 國史館典藏號：002-080103-00045-037 2. 總註：因內容頗重要，不復選摘，以圈點代之，請鈞座覓暇賜閱全文為幸。 3. 筆者註：本篇幅過長，僅錄有關滇緬戰略部分。

資料來源：彙整資料為國史館藏《蔣中正總統文物》，檔案系列包括：革命文獻／抗戰時期、特交檔案／一般資料、特交檔案／分類資料／中日戰爭、特交文電／領袖事功／對日抗戰，尤其是〈革命文獻—敵偽各情：敵情概況〉、〈全面抗戰（十二）〉、〈遠征入緬（二）〉等卷。

說明：1. 本表所錄非檔案內容之全文，僅依需求摘錄有關中南半島、滇緬情報。
　　　2. 備註欄「筆者註」為彭思齊附加之說明。

徵引書目

檔案

Australian War Memorial Collection.

Elizabeth Ride Private Collection. The University of Hong Kong Libraries, HK.

FO 371 – Foreign Office: Political Department: General Correspondence from 1906-1966. The National Archives, UK.

　　Co-operation with the Chinese, FO 371/31633

　　Political Situation in Free China, FO 371/31644

　　Political Warfare in the Far East, FO 371/31787

　　Political Warfare in the Far East, FO 371/31788

　　Political Warfare in the Far East, FO 371/31794

　　Clandestine organisations in China and Indo-China, FO 371/46196

　　Clandestine organisations in China and Indo-China: withdrawal of British troops in China, FO 371/46197

HKMS 30 – Documents relating to Hong Kong and Macao during and after the Japanese Occupation. Hong Kong Public Records Office, HK.

Imperial War Museum Collection.

Record Group 226: Records of the Office of Strategic Services, Records of the Office of Strategic Services, 1919–2002. National Archives and Records Administration, US.

《外交部》，國家發展委員會檔案管理局藏。

　　〈中印緬交涉〉

　　〈中印關係〉

《國民政府》，國史館藏。

　　〈中日關係〉

〈中英海員協定與海員逃亡處理〉

〈日本對華軍事外交情報（五）〉

〈外交部組織法令案（二）〉

〈交通部官員任免（二）〉

〈宣慰南洋報告書〉

《外交部》，國史館藏。

〈中泰問題討論會（二）〉

〈中泰問題討論會（三）

〈中越合作及越船運米濟日〉

〈外交部處務規程〉

〈華僑從軍（一）〉

〈滇緬運輸─公路（一）〉

〈滇緬運輸─日軍的破壞與威脅（二）〉

〈滇緬運輸─緬甸情報〉

〈盟軍戰訊〉

〈對泰廣播〉

〈對暹（泰國）政策〉

〈確保緬甸馬來亞華僑安全〉

〈緬甸農林部長宇素訪華〉

〈調查統計局工作人員在緬甸景棟被捕〉

〈駐外武官與軍令部聯絡〉

〈關於滇緬及滇川湘各鐵路修築事〉

《蔣中正總統文物》，國史館藏。

〈一般外交（三）〉

〈一般資料─手令登錄（六）〉

〈一般資料─民國二十六年（五）〉

〈一般資料─呈表彙集（二十九）〉

〈一般資料─呈表彙集（六十）〉

〈一般資料─呈表彙集（六十一）

〈一般資料─呈表彙集（六十六）〉

〈一般資料─呈表彙集（七十八）〉

〈一般資料─呈表彙集（八十三）〉

〈一般資料—呈表彙集（九十一）〉

〈一般資料—呈表彙集（九十二）〉

〈一般資料—呈表彙集（九十三）〉

〈一般資料—呈表彙集（九十四）〉

〈一般資料—呈表彙集（九十五）〉

〈一般資料—呈表彙集（一〇〇）〉

〈一般資料—呈表彙集（一〇一）〉

〈一般資料—呈表彙集（一〇二）〉

〈一般資料—呈表彙集（一〇三）〉

〈一般資料—呈表彙集（一〇四）〉

〈一般資料—呈表彙集（一〇五）〉

〈一般資料—呈表彙集（一二三）〉

〈全面抗戰（十二）〉

〈卵翼傀儡（三）〉

〈事略稿本—民國二十六年三至六月〉

〈事略稿本—民國三十一年三月〉

〈事略稿本—民國三十一年七月〉

〈革命文獻—國際運輸〉

〈革命文獻—同盟國聯合作戰：重要協商（一）〉

〈革命文獻—同盟國聯合作戰：遠征軍入緬（一）〉

〈革命文獻—同盟國聯合作戰：蔣委員長訪印（一）〉

〈革命文獻—對美外交：一般交涉（一）〉

〈革命文獻—敵偽各情：敵情概況〉

〈特種情報—軍統（一）〉

〈國交調整（四）〉

〈訪問印度〉

〈盟軍聯合作戰（二）〉

〈盟軍聯合作戰（八）〉

〈對英法德義關係（四）〉

〈對韓菲越關係（二）〉

〈遠征入緬（二）〉

〈籌筆—抗戰時期（二）〉

〈籌筆─抗戰時期（八）〉
《陳誠副總統文物》，國史館藏。
　　〈國際問題研究資料（一）〉
《軍事委員會侍從室》，國史館藏。
　　〈梁長培〉
　　〈曾慶集〉
　　〈曾鎔浦〉
　　〈廖崇聖〉
　　〈劉翼凌〉
　　〈羅劍雄〉
《戴笠史料》，國史館藏。
　　〈戴公遺墨──一般指示類（第 2 卷）〉
　　〈戴公遺墨──一般指示類（第 4 卷）〉
　　〈戴公遺墨─人事類（第 1 卷）〉
　　〈戴公遺墨─人事類（第 3 卷）〉
　　〈戴公遺墨─人事類（第 4 卷）〉
　　〈戴公遺墨─人事類（第 7 卷）〉
　　〈戴公遺墨─其他類（第 4 卷）〉
　　〈戴公遺墨─政治類（第 2 卷）〉
　　〈戴公遺墨─訓練類（第 1 卷）〉
　　〈戴公遺墨─情報類（第 3 卷）〉
　　〈戴公遺墨─情報類（第 5 卷）〉
　　〈戴公遺墨─組織類（第 1 卷）〉
　　〈戴公遺墨─組織類（第 4 卷）〉
　　〈戴公遺墨─經理類（第 1 卷）〉
　　〈戴公遺墨─電訊類（第 1 卷）〉
　　〈戴公遺墨─總務類（第 4 卷）〉
《軍情局（抗戰時期數位檔）》，國史館藏。
　　〈中美合作所工作案（二）〉
　　〈中美合作所協商案〉
　　〈中美合作所建撤案（四）〉
《特種檔案》，中國國民黨文化傳播委員會黨史館藏。

《會議紀錄》，中國國民黨文化傳播委員會黨史館藏。

「蔣中正日記」，史丹福大學胡佛研究所藏。

專書

Aldrich, Richard J., *Intelligence and the War Against Japan: Britain and the Politics of Secret Service*. New York: Cambridge University Press, 2008.

Bayly, Christopher, and Tim Harper, *Forgotten Armies: The Fall of British Asia, 1941-1945*. Cambridge: Harvard University Press, 2005.

Best, Anthony, *British Intelligence and the Japanese Challenge in Asia, 1914-1941*. New York: Palgrave Macmillan, 2016.

Cady, John F., *A History of Modern Burma*. Ithaca and London: Cornell University Press, 1958.

Charney, Michael W., *A History of Modern Burma*. Cambridge: Cambridge University Press, 2015.

Cruickshank, Charles, *SOE in the Far East*. Oxford; New York: Oxford University Press, 1986.

Dimitrakis, Panagiotis, *The Secret War for China: Espionage, Revolution and the Rise of Mao*. London: I.B. Tauris, 2017.

Dodd, William Clifton, *The Tai Race: Elder Brother of the Chinese*. Cedar Rapids: Torch, 1923.

Keegan, John, *Intelligence in War: Knowledge of the Enemy from Napoleon to Al-Qaeda*. London: Pimlico, 2004.

Kush, Linda, *The Rice Paddy Navy: U.S. Sailors Undercover in China: Espionage and Sabotage Behind Japanese Lines in China during World War II*. Oxford: Osprey, 2012.

Lin, Hsiao-ting, *Tibet and Nationalist China's Frontier: Intrigues and Ethnopolitics, 1928-49*. Vancouver: University of British Columbia Press, 2006.

Maung, U Maung, *Burmese Nationalist Movements, 1940-1948*. Honolulu: University of Hawaii Press, 1990.

Miles, Milton E., *A Different Kind of War: The Unknown Story of the U.S. Navy's Guerrilla Forces in World War II China*. New York: Doubleday & Company, 1967.

Miles, Wilma, and Hawthorne Daniel, *A Different Kind of War: The Unknown Story of the U.S. Navy's Guerrilla Forces in World War II China*. Taipei: Caves Books, Second Printing, 1986.

Reynold, F. Bruce, *Thailand's Secret War: The Free Thai, OSS, and SOE during World War II*. Cambridge: Cambridge University Press, 2010.

Ride, Edwin, *BAAG: Hong Kong Resistance, 1942-1945*. Hong Kong & New York: Oxford University Press, 1981.

Wakeman, Frederic E., *Spymaster: Dai Li and the Chinese Secret Service*. Oakland: University of California Press, 2003.

中國人民政治協商會議全國委員會文史資料研究委員會編,《文史資料選輯》,合訂本第五冊。北京:中國文史出版社,2000年。

中國抗日戰爭史學會、中國人民抗日戰爭紀念館編,《海外僑胞與抗日戰爭》。北京:北京出版社,1995年。

公安部檔案館編注,《在蔣介石身邊八年:侍從室高級幕僚唐縱日記》。北京:群眾出版社,1991年。

太田常藏,《ビルマにおける日本軍政史の研究》。東京:吉川弘文館,1967年。

日本防衛庁防衛研修所戰史室,《ビルマ攻略作戦》。東京:朝雲新聞社,1967年。

日本防衛廳防衛研修所戰史室編,李坤海譯,《大戰前後政略指導(三):對中俄政略之策定》,日軍對華作戰紀要叢書(38)。臺北:國防部史政編譯局,1991年,再版。

日本防衛廳防衛研修所戰史室編,賴德修譯,《大事年表與軍語:陸海軍年表》,日軍對華作戰紀要叢書(43)。臺北:國防部史政編譯局,1991年,再版。

王世杰著,林美莉編校,《王世杰日記》,上冊。臺北:中央研究院近代史研究所,2012年。

何鳳山,《外交生涯四十年》。香港:香港中文大學出版社,1990年。

吳淑鳳、張世瑛、蕭李居編,《不可忽視的戰場:抗戰時期的軍統局》。臺北:國史館,2012年。

吳淑鳳等編,《戴笠先生與抗戰史料彙編:中美合作所的業務》。臺北:國史館,2011年。

吳淑鳳等編，《戴笠先生與抗戰史料彙編：軍情戰報》。臺北：國史館，2011年。

呂芳上主編，《蔣中正先生年譜長編》，第6冊。臺北：國史館，2014年。

李國梁、林金枝、蔡仁龍，《華僑華人與中國革命和建設》。福州：福建人民出版社，1993年。

沈醉，《軍統內幕》。北京：文史資料出版社，1984年。

《東江縱隊史》編寫組編，《東江縱隊史》。廣州：廣東人民出版社，1985年。

《東江縱隊志》編寫組編，《東江縱隊志》。北京：解放軍出版社，2003年。

周美華編，《蔣中正總統檔案：事略稿本》，第48冊。臺北：國史館，2011年。

段立生，《泰國通史》。上海：上海教育科學院出版社，2014年。

泰國黃埔校友會編，《鐵血雄風：泰國華僑抗日實錄》。曼谷：泰國黃埔校友會，1991年。

秦郁彥編，《日本陸海軍総合事典》。東京：東京大学出版会，2005年。

馬振犢，《國民黨特務活動史》。北京：九州出版社，2008年。

馬振犢，《國民黨特務活動史》，下冊。北京：九州出版社，2012年，第2版。

馬振犢，《軍統特務活動史：民國第一特工組織的興衰》。北京：金城出版社，2016年。

國防部軍事情報局編，《中美合作所誌》。臺北：國防部軍事情報局，2011年，修訂2版。

國防部情報局編，《戴雨農先生全集》，上冊。臺北：上海印刷廠股份有限公司，1979年。

張朋園、沈懷玉編，《國民政府職官年表》。臺北：中央研究院近代史研究所，1987年。

張瑞德，《無聲的要角：蔣介石的侍從室與戰時中國》。新北：臺灣商務印書館，2017年。

張霈芝，《戴笠與抗戰》。臺北：國史館，1999年。

梅樂斯著、臺灣新生報編輯部特譯，《神龍‧飛虎‧間諜戰：戴笠和看不見的中美合作戰爭》。臺北：臺灣新生報社，1979年。

連震東等輯，《王芃生先生紀念集》。編者自刊，1966年。

陳予歡，《軍中驕子：黃埔一期縱橫論》。臺北：秀威資訊科技，2012年。

陳河，《米羅山營地》。天津：天津人民出版社，2013年。

陳瑞璋，《東江縱隊：抗戰前後的香港游擊隊》。香港：香港大學出版社，2012

年。

陳爾靖編，《王芃生與臺灣抗日志士》。臺北：海峽學術出版社，2005 年。

陳鴻瑜，《緬甸史》。新北：臺灣商務印書館，2016 年。

曾虛白，《曾虛白自傳》，上集。臺北：聯經出版事業公司，1988 年。

雲南省檔案局（館）編，《抗戰時期的雲南：檔案史料彙編（上）》。重慶：重慶
　　出版社，2015 年。

齊錫生，《劍拔弩張的盟友：太平洋戰爭期間的中美軍事合作關係，1941-
　　1945》。臺北：中央研究院、聯經出版事業公司，2011 年。

齊錫生，《劍拔弩張的盟友：太平洋戰爭期間的中美軍事合作關係，1941-
　　1945》。臺北：中央研究院、聯經出版事業公司，2012 年，修訂版。

劉達人、謝孟圜，《中華民國外交行政史略》。臺北：國史館，2001 年。

劉維開編，《中國國民黨黨務發展史料：海外黨務工作》。臺北：中國國民黨中
　　央委員會黨史委員會，1998 年。

蔡盛琦編，《蔣中正總統檔案：事略稿本》，第 45 冊。臺北：國史館，2010 年。

鄭介民，《軍事情報學》。出版者不詳，1943 年。

繆雲台，《繆雲台回憶錄》。北京：中國文史出版社，1991 年。

鄺智文，《重光之路：日據香港與太平洋戰爭》。香港：天地圖書有限公司，
　　2015 年。

鄺智文，《老兵不死：香港華籍英兵（1857-1997）》。香港：三聯書店（香港）
　　有限公司，2019 年，增訂版。

魏斐德（Frederic Wakeman, Jr.）著，梁禾譯，《特工教父：戴笠和他的祕勤組
　　織》。臺北：時英出版社，2004 年。

蘇聖雄，《戰爭中的軍事委員會：蔣中正的參謀組織與中日徐州會戰》。臺北：
　　元華文創，2018 年。

顧維鈞著，中國社會科學院近代史研究所譯，《顧維鈞回憶錄》，第 5 分冊。北
　　京：中華書局，1987 年。

論文

Clipson, E. B., "Constructing an Intelligence State: The Development of the
　　Colonial Security Services in Burma, 1930-1942," Ph. D. dissertation,
　　University of Exeter, 2010.

Kyaw, Toe Toe, "A Study on the Colonial Administration in Myanmar (1886-

1945)," *Hinthada University Research Journal*, Vol. 5, No. 1 (2014), pp. 103-113.

Martin, James V., Jr., "Thai-American Relations in World War II," *The Journal of Asian Studies*, Vol. 22, No. 4 (August 1963), pp. 451-467.

Murphy, Christopher J., "'Constituting a Problem in Themselves': Countering Covert Chinese Activity in India: The Life and Death of the Chinese Intelligence Section, 1944-46," *The Journal of Imperial and Commonwealth History*, Vol. 44, No. 6 (September 2016), pp. 928-951.

Scherer, David, "The Secret War in the Far East: American Espionage in China and the Establishment of AGFRTS," M. A. Thesis, Texas Tech University, 2018.

王文隆，〈戰時中國國民黨在澳門情報工作初探（1941-1945）〉，《抗日史料研究》，2012 年第 1 輯（2012 年 3 月），頁 74-84。

王文隆，〈抗戰時期中國國民黨對緬甸的接觸與政策〉，「再認識與再評價：二戰中的中國與亞洲民族獨立運動學術討論會」，北京：中國社科院世界史研究所，2016 年 12 月 16-19 日。

王建朗，〈從蔣中正日記看抗戰後期的中英美關係〉，《民國檔案》，2008 年第 4 期（2008 年 11 月），頁 107-115。

他差隆祿另那編，張映秋譯，〈「國家主義」的通告（一－十二號）〉，收入中山大學東南亞歷史研究所編，《東南亞歷史譯叢》，第 3 集（廣州：中山大學東南亞歷史研究所，1984 年），頁 148-149。

朱浤源，〈中日首戰緬甸（1942 年）與華僑華人〉，收入黃自進、潘光哲主編，《中日戰爭和東亞變局》，下冊（新北：稻鄉出版社，2018 年），頁 123-176。

朱浤源、姚敏芝、蕭明禮，〈緬甸建國者與臺灣（上）：二戰初期（1939-1942）〉，收入鄭德美主編，《戰爭與和平：紀念抗戰勝利七十週年國際學術研討會》（桃園：國防大學，2015 年），頁 295-333。

何躍，〈蒙巴頓在緬甸戰場的地位和作用〉，《學術探索》，2002 年第 3 期（2002 年 5 月），頁 97-100。

吳淑鳳，〈軍統局對美國戰略局的認識與合作開展〉，《國史館館刊》，第 33 期（2012 年 9 月），頁 147-174。

李君山，〈抗戰時期西南運輸的發展與困境：以滇緬公路為中心的探討（1938-1942）〉，《國史館館刊》，第 33 期（2012 年 9 月），頁 57-88。

李盈慧,〈淪陷前國民政府在香港的文教活動〉,收入港澳與近代中國學術研討
　　會論文集編輯委員會編,《港澳與近代中國學術研討會論文集》(臺北:國
　　史館,2000 年),頁 441-476。

李盈慧,〈吳鐵城與戰時國民黨在港澳的黨務活動〉,收入陳鴻瑜主編,《吳鐵城
　　與近代中國》(臺北:華僑協會總會,2012 年),頁 65-88。

周寒麗,〈二戰期間泰國「自由泰運動」的興起及其活動〉,《東南亞縱橫》,
　　2013 年第 2 期(2013 年 2 月),頁 59-64。

林孝庭,〈二戰時期中英關係再探討:以南亞問題為中心〉,《近代史研究》,
　　2005 年第 4 期(2005 年 10 月),頁 32-56。

林威杰,〈顧順章「自新」與「中統」的發展〉,《國史館館刊》,第 68 期
　　(2021 年 6 月),頁 95-139。

林國榮,〈滇緬公路與戰時運輸(1937-1942)〉,嘉義:國立中正大學歷史研究
　　所碩士論文,2018 年。

金以林,〈戰時國民黨香港黨務檢討〉,《抗日戰爭研究》,2007 年第 4 期(2007
　　年 11 月),頁 83-106。

馬振犢、邱錦,〈抗戰時期國民黨中統特工的對英合作〉,《抗日戰爭研究》,
　　2006 年第 3 期(2006 年 8 月),頁 160-192。

張力,〈關於中美特種技術合作所的歷史記憶與論述〉,收入國防部軍事情報局
　　編,《中美合作所誌》(臺北:國防部軍事情報局,2011 年,修訂 2 版),
　　頁 205-221。

張奕善,〈二次大戰期間中國特遣隊在馬來亞的敵後活動(1942-45)〉,《國立編
　　譯館館刊》,第 2 卷第 2 期(1973 年 9 月),頁 192-236。

張魁堂,〈關於滇緬路與王芃生的緬甸行〉,《中國建設》,1989 年第 4 期(1989
　　年 4 月),頁 47。

陳呂範,〈所謂「泰族七次南遷說」剖析〉,《東南亞》,1989 年第 1 期(1989
　　年 3 月),頁 31-36。

陳穎賢,〈太平洋戰爭時期中國在馬來亞的情報工作〉,臺北:國立臺灣師範大
　　學歷史學系碩士論文,2019 年。

湯晨旭,〈中國留印海員戰時工作隊研究(1942-1945)〉,北京:中國社會科學
　　院研究生院碩士論文,2014 年。

賈中福,〈國民外交的近代意蘊〉,《理論學刊》,2010 年第 1 期(2010 年 1
　　月),頁 102-105。

廖文碩，〈王芃生與國民政府戰時結盟外交：以印、緬工作為中心（1937-1942）〉，「近代中印關係史國際學術討論會」，臺北：國史館，2015 年 8 月 28 日。

廖文碩，〈邁向亞洲大國：太平洋戰爭時期中國地區大國角色定位與困境〉，收入呂芳上主編，《中國抗日戰爭史新編・第五編：對外關係》（臺北：國史館，2015 年），頁 285-344。

廖文碩，〈情報與外交：從檔案論王芃生與國際問題研究所（1937-1946）〉，《成大歷史學報》，第 56 期（2019 年 6 月），頁 91-131。

廖敏淑，〈清末到巴黎和會時期的國民外交〉，收入金光耀、王建朗主編，《北洋時期的中國外交》（上海：復旦大學出版社，2006 年），頁 245-272。

劉維開，〈淪陷期間中國國民黨在港九地區的活動〉，收入港澳與近代中國學術研討會論文集編輯委員會編，《港澳與近代中國學術研討會論文集》（臺北：國史館，2000 年），頁 477-499。

劉曉鵬，〈敵前養士：「國際關係研究中心」前傳，1937-1975〉，《中央研究院近代史研究所集刊》，第 82 期（2013 年 12 月），頁 145-174。

潘婉明，〈馬來亞共產黨：歷史、文獻與文學〉，收入黃錦樹，《南洋人民共和國備忘錄》（臺北：聯經出版事業公司，2013 年），頁 303-331。

齋藤照子，〈二戰時期日軍對緬工作機構：南機關再考〉，《南洋資料譯叢》，第 2 期（2009 年 6 月），頁 49-56。

鄺智文，〈中國國民黨調查統計局在日本占領香港時期的情報活動，1942-1945〉，《國史館館刊》，第 57 期（2018 年 9 月），頁 39-78。

報章雜誌

《中央日報》，重慶，1938-1939 年。

《中原報》，曼谷，1940 年。

《京華中原聯合日報》，曼谷，1987 年。

網路資料

"Government of Burma Act, 1935," Myanmar Law Library, http://www.myanmar-lawlibrary.org/law-library/laws-and-regulations/constitutions/government-of-burma-act-1935.html (accessed 10 July 2019).

〈Force 136 部隊中「龍組」的說明〉，收錄於「小兵的悄悄話隨意窩 Xuite 日

誌」：http://blog.xuite.net/ymliang2923/twblog/136565732（2018 年 8 月 13 日
　　點閱）。
〈大馬最後一位南僑機工　李亞留逝世〉（2018 年 5 月 4 日），收錄於「東方
　　網」：http://www.orientaldaily.com.my/s/241861（2018 年 8 月 1 日點閱）。
〈南僑機工老戰士許海星逝世〉（2017 年 10 月 5 日），收錄於「東方網」：http://
　　www.orientaldaily.com.my/s/215271（2018 年 8 月 13 日點閱）。
「曾宗鑒」，收錄於中央研究院近代史研究所「近現代人物資訊整合系統」：
　　http://mhdb.mh.sinica.edu.tw/mhpeople/（2020 年 11 月 22 日點閱）。
林永美整理，〈林謀盛（1909-1944）〉：https://libportal.nus.edu.sg/media/lib_ch/
　　databank-linmousheng.pdf（2018 年 8 月 13 日點閱）。
劉峨，〈人生進行事：我的父親劉達人〉（2015 年 5 月 10 日），收錄於《中時
　　電子報》：https://www.chinatimes.com/newspapers/20150510000654-260117
　　（2015 年 5 月 10 日點閱）。

索引

後記

　　本冊係中國遠征軍系列叢書之一，由國立政治大學歷史學系教授兼人文中心主任周惠民總主編，國史館纂修吳淑鳳、國立東華大學歷史學系副教授李道緝擔任本冊主編。

　　由於本冊研究議題尚屬起步階段，成果為數有限，是以採取整合既有的研究成果方式，編輯成冊。為求課題聚焦並避免內容重複，部分篇章非由單一作者完成，除導論、結論由吳淑鳳撰寫，謹將各章所本說明如下（作者簡介另附）：

　　第二章　西南國際交通線的籌謀和東南亞情報布置，內容來自彭思齊撰〈王芃生與二戰中國滇緬戰略情報運作〉。

　　第三章　戰時另類的情報員，內容來自李道緝撰〈中國與東南亞──以抗戰時期中國對泰國政策形成為例（1937-1945）〉與〈華僑青年與東南亞戰場──以泰國為例〉、陳穎賢撰〈太平洋戰爭時期中國在馬來亞的情報工作〉（部分內容）、鄭宏興撰〈大後方的南洋身影：馬來亞華人與中日抗戰〉等文，以吳淑鳳撰〈抗戰時期「軍統局」在泰越的工作〉補充。

　　第四章　中國對英屬緬甸的運用，內容主要來自廖文碩撰〈1942年緬甸戰役前後國民政府對英屬緬甸工作〉，以彭思齊撰〈王芃生與二戰中國滇緬戰略情報運作〉補充。

　　第五章　反攻緬甸前對英屬印度和泰越的工作，內容來自彭思齊撰〈二戰期間中國在印度之情報能量初探〉、吳淑鳳撰〈抗戰時期「軍統局」在泰越的工作〉，以李道緝撰〈中國與東南亞──以抗戰時期中國對泰國政策形成為例（1937-1945）〉補充。

　　第六章　　在華的英美情報機構競合，內容來自鄺智文撰〈英美情報機構在中緬印戰場的合作和競爭：以英軍服務團及美國戰略情報局在華南的工作為例（1942-1945）〉。

　　為求書稿符合專書面貌，各篇論文做了調動、調整，但保留各作者對該歷史的詮釋，以示對讀者負責。

作者簡介（依姓名筆畫排序）

吳淑鳳

國史館纂修。國立政治大學歷史學系博士。主要研究領域為軍統局研究、戰後中國、1940 年代國共關係等。撰有〈戰爭損害的調查與索償〉、〈軍統局與美國戰略局的合作與矛盾〉、〈抗戰時期蔣介石的「譯員」認知及培育〉、〈軍統局對汪精衛出走後的因應——兼論蔣介石日記有所不載〉，以及 "The National Government's Attitude toward Post-War Japan" 等論文，並編撰《不可忽視的戰場——抗戰時期的軍統局》（合著，2012）、《中國抗日戰爭史新編：戰後中國》（合著，2015）等書。

李道緝

國立東華大學歷史學系副教授兼系主任。國立政治大學歷史學系博士。主要研究領域為海外華人史、東南亞史、中國近現代史、影視史學。撰有〈近代海外華人國家認同的塑造：以中暹建交談判為例（1869-1937）〉、〈中國與東南亞——以抗戰時期中國對泰國政策形成為例（1937-1945）〉、〈抗戰時期華僑青年回國從軍運動〉、〈華僑青年與東南亞戰場〉、〈泰國華僑學校之研究——以泰京培英學校為例〉、〈華僑、國旗與國家：戰後泰國僑界的懸旗事件〉等論文。

陳穎賢

國立臺灣師範大學歷史學系碩士。撰有〈太平洋戰爭時期中國在馬來亞的情報工作〉（碩士學位論文），及〈改組後中國國民黨中央派系之爭對美洲黨部

的衝擊（1924-1927）：以三藩市總支部為例〉等論文。

彭思齊

國立政治大學歷史學系博士研究生。撰有〈晚清閩省英籍華民管轄權交涉
（1842-1911）〉（碩士學位論文），及〈《儀若日記》所見日俄戰爭之中國中立
問題〉、〈五口通商時期廈門英籍華民管轄權交涉（1843-1860）〉等論文。

廖文碩

國史館簡任協修。澳洲雪梨大學亞洲研究碩士、藝術史博士。主要研究領域
為對外關係史、文化交流史。撰有〈國民政府與印度的歷史互動回顧：以印
度獨立前後中印關係演變為中心〉、〈情報與外交：從檔案論王芃生與國際
問題研究所（1937-1946）〉、〈邁向亞洲大國：太平洋戰爭時期中國地區大國
角色定位與困境〉、〈1942 年緬甸戰役前後國民政府對英緬工作〉、"Between
Alliance and Rivalry: Nationalist China and India during World War II" 等 論
文。

鄭宏興

國立臺灣大學歷史學系博士研究生。撰有〈從印尼到馬來亞「最近的道
路」：馬來亞共產黨建黨背景及其歷史意義〉（碩士學位論文）。

鄺智文

香港浸會大學歷史學系副教授。英國劍橋大學亞洲及中東研究學院博士。主
要研究領域為近現代軍事史、近現代中國與東亞史、香港軍事史。著有 *War
and Geopolitics in Interwar Manchuria: Zhang Zuolin and the Fengtian Clique
during the Northern Expedition*、《老兵不死：香港華籍英兵 1857-1997》等
書，及 "Debating 'Douhetism': Competing Airpower Theories in Republican
China, 1928-1945"、"Reappraising the Battle of Hong Kong: Preliminary
Observations from a Spatial History Project"、"The Warlord Officers': A

Collective Biography of the Anguojun Officers during the Republican Period and Beyond, 1871-1995"、"They Are a Little Afraid of the British Admiral: The China Station of the Royal Navy during the First Sino-Japanese War, 1894-5" 等論文。